德育理论探新丛书

范树成 ◎ 主编

礼仪德育论

王贺兰 ◎ 著

中国社会科学出版社

图书在版编目(CIP)数据

礼仪德育论 / 王贺兰著. —北京：中国社会科学出版社，
2021.3

(德育理论探新丛书)

ISBN 978-7-5203-7929-8

Ⅰ.①礼… Ⅱ.①王… Ⅲ.①礼仪—关系—德育—研究
Ⅳ.①K891②G41

中国版本图书馆 CIP 数据核字(2021)第 029159 号

出 版 人　赵剑英
责任编辑　任　明　周怡冰
特约编辑　芮　信
责任校对　李　莉
责任印制　郝美娜

出　　　版　中国社会科学出版社
社　　　址　北京鼓楼西大街甲 158 号
邮　　　编　100720
网　　　址　http://www.csspw.cn
发 行 部　010-84083685
门 市 部　010-84029450
经　　　销　新华书店及其他书店

印刷装订　北京君升印刷有限公司
版　　　次　2021 年 3 月第 1 版
印　　　次　2021 年 3 月第 1 次印刷

开　　　本　710×1000　1/16
印　　　张　14.5
插　　　页　2
字　　　数　243 千字
定　　　价　85.00 元

总　序

　　无论人们如何理解和界定德育，德育总是在一定的时间、空间条件下，在德育理念的指导下，教育者运用一定的策略与方法，引导受教育者内化德育内容，并将其外化为相应的行为习惯的过程。因此，德育的时间（时机）与空间、内化与外化、具体的德育理念与策略方法便成为德育理论研究与实践必须关注的最基本问题之一。鉴于此，我在指导博士生论文选题和研究过程中，有意识地引导他们围绕这些德育理论与实践问题确定选题和进行研究。经过十多年地不辍耕耘、辛勤劳作，终于结出了硕果。今天呈现在大家面前的这套《德育理论探新丛书》便是这一努力的成果。

　　当前，我国德育改革不断深入，德育实践进一步发展。在德育理论与实践中，一些旧的问题尚未解决，而且在新的时代条件下这些问题还呈现出新的表现形式；同时，与时代发展相伴随，又出现了一些新的问题。这些问题都需要我们去探讨、去研究，提出解决这些问题的时代对策，促进这些问题的解决，推动德育理论与实践的进一步发展。

　　德育是我们这个时代的一个重要话题和课题。德育理论及其研究随着时代的变迁而变化和发展，具有鲜明的时代特征。理论是行动的先导，德育实践的发展需要德育理论的引领。要实现德育理论的引领作用，就必须从学理上对德育中的课题进行新的探究，对这些课题做出新的回答。本套丛书就是我们对这些课题做出新回答的一种尝试。本套丛书围绕德育在什么时间（时机），什么场所（空间），以何种理念为指导，采用什么样的策略与方法，以什么为目标进行才能取得理想的效果，来确定选题和研究思路，对当代中国德育的一些基本理论、基本问题进行新的研究，主要包括德育时间与空间、德育内化与外化、礼仪教育、榜样教育、智慧德育、道德智慧培养、导育等，内容具有广泛性。本套丛书力图对这些基本的理论问题和实际问题，从不同维度和视角，运用不同的方法和言说方式做出体现时代特征、符合德育规律的回答。

这套丛书力求体现以下特色。

创新性。德育理论和实践呼唤创新，德育理论研究贵在创新，德育实践同样需要进行创新，需要在新的德育理论指导下突破传统的、低效的德育束缚。因此，本套丛书并不寻求建构系统的理论体系，而是着眼于在德育理论与实践领域的某一方面有所创新。因此，从选题到具体内容均以提出新的观点和新的见解为追求。在这些著作中，有的选题学者很少研究，选题本身就具有创新性；有的选题虽然是老的话题，已有一些研究，但是人们很少作为一个专门的研究课题进行系统、深入的学理探讨；有的课题虽已有一定的研究，但是这些课题是常探常新的。本套丛书试图对这些问题运用新的理论与方法，从新的视角，根据时代的特征，提出新的观点和看法。

实践性。德育理论是一门实践性很强的理论，是一种实践理性，德育理论研究旨在服务于德育实践。因此，本套丛书虽然注重德育理论的形而上的研究，注重德育基本理论的探讨，但是，本套丛书从选题到具体内容都力求做到理论联系实际，对选题进行形而下的研究，对德育实践进行深刻的反思，并提出具体的德育实践策略，以为德育实践提供具体的理论指导。

开放性。开放是创新的必要条件。本套丛书根据研究与创新的需要，尊重作者的创作自由，从选题到研究范式与方法，从研究思路到框架结构等方面均坚持开放性，不追求形式上的一致。本套丛书的作者努力解放思想，冲破传统思维方式和观念的束缚，提出了自己的新观点、新看法。

反思性。在当代中国，从党和政府到学界都高度重视德育理论与实践。国家和社会投入了大量的人力、物力和财力进行德育，然而德育的实效性常常遭到人们的质疑、诟病。是何种原因造成了此种状况，如何扭转这种现状，是本套丛书非常关注的一个问题。本套丛书根据研究的主题，运用不同的视角对我国德育现状进行审视，从理论依据、指导思想、操作理念、实践策略等多维度反思造成这种状况的深层次原因，以求提出具有针对性的对策。

本套丛书，除了我的《德育中的道德智慧培养研究》一书外，均是我指导的博士生在其博士学位论文的基础上精修而成的。尽管每部专著的作者研究基础不同、学术造诣不同，但是他们都在力所能及的范围内尽了最大努力，对自己研究的课题大胆探索、缜密思考、严谨论证、勇于创新，为本套丛书的出版贡献了自己的智慧。

我们愿借本套丛书的出版求教于专家、同人，同时我们也期待本套丛书有助于推进我国德育理论研究和德育实践的进一步发展。由于我们的理论水平和认知能力有限，书中难免有缺点、不足甚至错误，祈请各位专家、同人指教。

本套丛书的出版，得到了河北师范大学原法政学院领导的大力支持，任明编审为本套丛书的出版倾注了大量的心血，在此一并表示真挚的感谢。

范树成

2016 年 1 月 20 日

于河北师范大学

目　录

引　言

一　问题的提出及研究的意义

礼仪德育论是关于礼仪德育的一般理论。礼仪是指以建立和发展和谐的社会生活与人际关系为目的，由人们在长期的共同生活和社会交往中逐渐形成，并以礼貌、礼节、仪式和风俗、习惯、惯例等方式固定下来的约定俗成的行为规范。礼仪德育就是以礼仪为载体和手段的德育。本书在解析礼仪德育相关概念的基础上，通过梳理礼仪德育的历史渊源、现实发展和未来走向，揭示礼仪德育的功能及其发挥作用的内在机理，提出礼仪德育实施策略和行动方案，力求构建礼仪德育理论的基本框架。

(一)　问题的提出

本书选题的确定基于两方面：一是实践的探索；二是理论的追问。二者具有内在的一致性。通过实践探索，在推进实践的过程中发现问题，激发改进实践的思想动力，提出深化理论探索的现实要求；通过理论追问，解决思维困惑，开辟学理新境界，深化理论与实践的互动，在指导实践、解决问题的过程中检验、丰富和发展理论。

1. 实践的探索

(1) 开展礼仪德育研究与实践，是对党和国家有关决策部署的一种回应

进入新时代，党和国家更加重视礼仪和礼仪德育，不断从顶层设计层面做出日益周详、更具操作性的安排部署。2019年10月27日，中共中央、国务院印发《新时代公民道德建设实施纲要》，强调推动道德实践养成，充分发挥礼仪礼节的教化作用，要求"制定国家礼仪规程，完善党

和国家功勋荣誉表彰制度，规范开展升国旗、奏唱国歌、入党入团入队等仪式，强化仪式感、参与感、现代感，增强人们对党和国家、对组织集体的认同感和归属感"①。同时强调要"研究制定继承中华优秀传统、适应现代文明要求的社会礼仪、服装服饰、文明用语规范，引导人们重礼节、讲礼貌"②。2019 年 11 月 12 日，中共中央、国务院印发《新时代爱国主义教育实施纲要》，要求丰富新时代爱国主义教育的实践载体，"注重运用仪式礼仪。认真贯彻执行国旗法、国徽法、国歌法，学习宣传基本知识和国旗升挂、国徽使用、国歌奏唱礼仪"③。还要"认真组织宪法宣誓仪式、入党入团入队仪式等，通过公开宣誓、重温誓词等形式，强化国家意识和集体观念"④。上述规定，使礼仪和礼仪德育完全超越了以往曾经在某种程度上被作为战术手段的基调，擢升到了关系中华民族的民族心、民族魂、民族精神品格和崇高价值追求的战略高度，有助于加速推进中华优秀传统礼仪文化随着中华民族伟大复兴而涅槃重生，也为新时代礼仪德育加速成长注入了强劲的发展动力。

新时代的礼仪和礼仪德育是中华民族优良传统的延展、接续和升华。从娃娃抓起，高度重视礼仪和礼仪德育，是我们党建设社会主义精神文明伟大实践的重要工作和具体形式。20 世纪 80 年代以来，党和国家积极倡导礼仪和礼仪德育实践，将礼仪、礼节、礼貌等相关要求作为社会主义新人的基本素质，列为思想道德建设的重要任务，推动有着深厚历史渊源的礼仪和礼仪德育在社会主义初级阶段重获新生。1981 年 2 月 28 日，中共中央宣传部、教育部、文化部、卫生部、公安部回应全国总工会、团中

① 中共中央、国务院：《新时代公民道德建设实施纲要》，载中国法制出版社编《〈新时代爱国主义教育实施纲要〉〈新时代公民道德建设实施纲要〉》，中国法制出版社 2019 年版，第 36 页。

② 中共中央、国务院：《新时代公民道德建设实施纲要》，载中国法制出版社编《〈新时代爱国主义教育实施纲要〉〈新时代公民道德建设实施纲要〉》，中国法制出版社 2019 年版，第 36 页。

③ 中共中央、国务院：《新时代爱国主义教育实施纲要》，载中国法制出版社编《〈新时代爱国主义教育实施纲要〉〈新时代公民道德建设实施纲要〉》，中国法制出版社 2019 年版，第 12 页。

④ 中共中央、国务院：《新时代爱国主义教育实施纲要》，载中国法制出版社编《〈新时代爱国主义教育实施纲要〉〈新时代公民道德建设实施纲要〉》，中国法制出版社 2019 年版，第 13 页。

央、全国妇联等 9 个单位联合向全国人民特别是青少年发出的倡议，发布
《关于开展文明礼貌活动的通知》，站在"礼仪之邦"继承和发扬中华民
族优良传统的高度，组织发动广大群众和青少年开展以讲文明、讲礼貌、
讲卫生、讲秩序、讲道德和心灵美、语言美、行为美、环境美为主要内容
的"五讲四美"文明礼貌活动①，开启了我国礼仪文化和礼仪德育的回
归、重建之门。1986 年召开的党的十二届六中全会通过《中共中央关于
社会主义精神文明建设指导方针的决议》，将"文明礼貌"作为社会公共
生活的重要范畴②，要求"从小学开始""进行理想、道德、文明礼貌
等"教育③；1996 年召开党的十四届六中全会，通过《中共中央关于加
强社会主义精神文明建设若干重要问题的决议》，将"文明礼貌"列为社
会公德建设的首要内容④，并强调仪式的作用，要求"用重要纪念日、重
大历史事件和重大社会活动，运用升国旗、唱国歌等仪式，大力弘扬爱国
主义精神"⑤，至此确立并巩固了礼仪和礼仪德育在社会主义精神文明建
设系统工程中的重要地位。2001 年，中共中央颁发《公民道德建设实施
纲要》，明确指出"明礼"是基本的道德规范，强调开展礼仪、礼节、礼
貌活动的重要性，提倡"在重要场所和重大活动中升国旗、唱国歌，开
展入队、入团、入党宣誓、成人仪式以及各种形式的重礼节、讲礼貌、告
别不文明言行等活动，引导公民增强礼仪、礼节、礼貌意识，不断提高自
身道德修养"⑥。2006 年，党的十六届六中全会通过《中共中央关于构建
社会主义和谐社会若干重大问题的决定》，提出在全社会形成男女平等、

---

① 中共中央文献研究室：《中共中央宣传部、教育部、文化部、卫生部、公安部关于开展
文明礼貌活动的通知》，载中共中央文献研究室编《社会主义精神文明建设文献选编》，中央文
献出版社 1996 年版，第 81—85 页。

② 中共中央：《中共中央关于社会主义精神文明建设指导方针的决议》，人民出版社 1986
年版，第 13 页。

③ 中共中央：《中共中央关于社会主义精神文明建设指导方针的决议》，人民出版社 1986
年版，第 16 页。

④ 中共中央文献研究室：《中共中央关于加强社会主义精神文明建设若干重要问题的决
议》，中共中央文献研究室编《社会主义精神文明建设文献选编》，中央文献出版社 1996 年版，
第 13 页。

⑤ 中共中央文献研究室：《中共中央关于加强社会主义精神文明建设若干重要问题的决
议》，中共中央文献研究室编《社会主义精神文明建设文献选编》，中央文献出版社 1996 年版，
第 16 页。

⑥ 中共中央：《公民道德建设实施纲要》，学习出版社 2001 年版，第 16 页。

尊老爱幼、扶贫济困、礼让宽容的人际关系①。党的十八大以后，党和政府站在建设社会主义文化强国的高度，将礼仪和礼仪德育作为传承发展中华优秀传统文化的重要内容。2014 年 12 月，中共中央办公厅、国务院办公厅印发《关于规范国歌奏唱礼仪的实施意见》，提出通过规范国歌奏唱礼仪，力求更好发挥国歌在推进社会主义核心价值观建设中的教育引导作用②；2017 年 1 月，中共中央办公厅、国务院办公厅印发《关于实施中华优秀传统文化传承发展工程的意见》，站在建设社会主义文化强国、增强国家文化软实力、实现中华民族伟大复兴的中国梦的高度，对如何实施中华优秀传统文化传承发展工程提出了具体要求，强调充分利用国家公祭仪式等培育爱国主义精神，同时"加强国民礼仪教育。加大对国家重要礼仪的普及教育与宣传力度，在国家重大节庆活动中体现仪式感、庄重感、荣誉感，彰显中华传统礼仪文化的时代价值，树立文明古国、礼仪之邦的良好形象。研究提出承接传统习俗、符合现代文明要求的社会礼仪、服装服饰、文明用语规范，建立健全各类公共场所和网络公共空间的礼仪、礼节、礼貌规范，推动形成良好的言行举止和礼让宽容的社会风尚"③。2017 年 5 月，中共中央办公厅、国务院办公厅印发了《国家"十三五"时期文化发展改革规划纲要》，强调要"制定国家礼仪规程。实施全民文明礼仪教育养成行动，培育文明行为习惯。规范升国旗仪式、成人仪式、入党入团入队仪式等礼仪制度"④。上述近 40 年的发展历程，代表着党和国家对礼仪和礼仪德育的认识不断深化，礼仪和礼仪德育在我国社会主义现代化建设伟大实践过程中的地位不断提高，作用日益突出，并逐渐从初起时期的号召、呼吁和倡导，演进为以国家政权强制力作为实施保障的法律法规和行政规程。

  总之，这些重要的决策、部署和要求，为我国礼仪和礼仪德育实践与

---

  ① 中共中央：《中共中央关于构建社会主义和谐社会若干重大问题的决定》，人民出版社 2006 年版，第 23 页。

  ② 中共中央办公厅、国务院办公厅：《关于规范国歌奏唱礼仪的实施意见》，2014 年 12 月 12 日，中国政府网（http://www.gov.cn/gongbao/content/2015/content_2799002.htm）。

  ③ 中共中央办公厅、国务院办公厅：《关于实施中华优秀传统文化传承发展工程的意见》，2017 年 1 月 25 日，中国政府网（http://www.gov.cn/zhengce/2017-01/25/content_5163472.htm）。

  ④ 中共中央办公厅、国务院办公厅：《国家"十三五"时期文化发展改革规划纲要》，2017 年 5 月 27 日，中国政府网（http://www.gov.cn/xinwen/2017-05/07/content_5191604.htm）。

研究指明了前进方向，提供了发展动力。深入开展礼仪德育研究与实践，是贯彻落实党和国家有关决策部署的必要措施，也是教育工作者、社会科学研究者应尽的社会责任。

（2）深入开展礼仪德育研究，是快速发展的礼仪德育实践的现实诉求

内在需求是新事物产生和发展的根本动力，也是最强劲的动力。社会对礼仪和礼仪德育的认同，缘于现实需求，并与我国改革开放和社会主义现代化建设的历史进程相依相伴。随着改革开放以来特别是"一带一路"倡议实施以来我国与世界各国的联系日益密切，礼仪形象作为个人形象的重要内容以及组织形象、国家形象的重要表现形式的观念已被我国人民广泛认同和接受。如何满足社会需求、培养提高青少年一代的礼仪素质，成为社会各界共同关注的话题，并通过多种渠道、多种形式进行探索与尝试。很多地方和学校的礼仪德育实践活动方兴未艾、如火如荼。如：河北省提出"以思想道德教育为核心，以文明礼仪教育为载体，狠抓行为养成教育"的中小学德育思路，历经二十余年的探索，全省中小学文明礼仪教育蓬勃发展并已成为河北中小学德育的鲜明特色。又如，为迎接2008 年北京奥运会的召开，自 2005 年秋季起，文明礼仪教育纳入首都学校课程，编写印发大、中、小学礼仪读本，高校则在《思想品德修养》课中加大礼仪知识教育内容，力求通过学校课程让学生了解和掌握与生活和学习密切相关的礼仪知识，改进文明礼仪行为；另外，文明礼仪教育实践开展情况、学生文明礼仪行为的表现，还作为评价德育工作的重要内容。与此同时，河南、天津等地也陆续开设了礼仪教育地方课程，全国范围内很多学校开设礼仪教育校本课程，开展礼仪教育试验。2010 年 12月，教育部印发《中小学文明礼仪教育指导纲要》①，对进一步加强中小学文明礼仪教育提出系统性和规范性要求。进入新时代，礼仪德育从娃娃抓起的特点更加鲜明，在实践上正在全面覆盖各级各类幼儿园。

虽然当前我国礼仪文化建设和礼仪德育实践迅速发展并产生了广泛影响，但现实并非尽如人意。以下问题让我们无法否认：

第一，目前我国国民包括青少年的礼仪素质状况尚不能满足社会发展

---

① 教育部：《中小学文明礼仪教育指导纲要》，2010 年 12 月 30 日，教育部网站（http：//old. moe. gov. cn/publicfiles/business/htmlfiles/moe/s3325/201101/114631. html）。

要求，这一局面亟待改善。当前，我国公民言行举止不够文明，礼仪、礼节、礼貌缺失现象有一定的普遍性，这在实践中已经造成不小的危害。在国际交往中，尤其是在我国大力推进"一带一路"倡议的战略背景下，越来越多的同胞走出国门，走到实施"一带一路"的最前沿，但其在国际交往中由于礼仪素质不够、礼仪知识和能力不足而导致的言行不得体甚至失范，与我大国外交、促进民心相通的要求还有明显差距。轻则不利于个人形象建设，影响个人发展，重则影响国家和民族形象，损害我国的国际声誉，乃至引发矛盾冲突和不必要的摩擦。

国内情况也不容乐观。家庭礼仪普及程度不高，子女不尊重父母，晚辈不尊重长辈的现象司空见惯。在学校，尊师礼仪、同学相处礼仪明显缺失。一些学生遇见老师，经常是视而不见或绕道回避，连打招呼、问好这些基本礼仪也很难见到。同学相处不以礼貌礼节周全为美，见面常常以称呼绰号、说脏话代替打招呼。在社会，最常见的问题是对他人缺乏应有的尊重，公共汽车上抢占座位，大庭广众之下举止粗俗，社交场合因缺乏必要的礼仪知识而举措失当，等等。这些都对礼仪文化建设和礼仪德育实践构成了严峻挑战。

第二，在当前礼仪文化建设和礼仪德育实践过程中，一定程度上存在着由于理念不清造成的行动混乱。很多人对礼仪德育的目标定位不清，认为礼仪德育是对受教育者行为的限制和防范，而忽视礼仪行为背后的道德内核，这使得教育效果大打折扣。理念和目标不清的连带后果是礼仪德育内容欠科学。有人认为，礼仪就是现代社交礼仪和西方商务礼仪，为此单纯传授社交礼仪、西餐礼仪等现代西方礼仪知识和规范，这样做的后果是一味适应西方文化，不利于中华优秀传统礼仪文化的传承和发展；有人强调要捍卫民族礼仪的地位，为此在礼仪德育实践中更多地介绍中华传统礼仪文化，片面追求传统礼学复兴，这样做的后果是故步自封，不利于传统文化的现代转换。这种公说公有理、婆说婆有理的纷争局面，影响我国新时代礼仪文化建设，妨碍礼仪德育的持续健康有序发展。

第三，实践中还存在实施渠道单一、方法简单等问题。礼仪德育虽有政策引领和强劲的实践需求，但在支持体系建设方面依然明显不足，尚未形成应有的教育合力。其中，突出的表现是礼仪德育的政策支持仍需进一步具体化，提高可操作性；礼仪德育的专业指导支持措施需要更具体、更翔实到位；学校、家庭、社会三方教育合力需要进一步加强等。

实践中存在的这些问题，都需要我们不断深入开展礼仪文化建设研究和礼仪德育理论研究与实践探索，并通过创新理论、深化实践、规范制度，逐步加以解决。

2. 理论的追问

梳理礼仪德育理论发展的脉络，不难发现，自有人类文明史以来，无论是我国还是国外，都有大量关于礼仪和礼仪德育的理论思想。

（1）从国内情况看，丰富的礼仪文化和礼仪德育资源亟须现代转换

我国拥有丰富的礼仪文化和礼仪德育资源，从《周礼》《仪礼》《礼记》，到几千年来历朝历代学者对其进行的注、笺、疏，乃至近现代以来为数众多的礼仪著作，其中蕴含大量关于礼仪德育的思想。然而，在我国社会主义现代化建设新的历史时期，如何将民族传统礼仪文化瑰宝转化为富有鲜明时代特征并葆有民族特色的教育资源？在竞争日益多元、日趋激烈，社会对人的素质要求不断提高的新时代，如何帮助青少年一代形成良好的礼仪素质？在国际化步伐日益加快、世界文化大融合迅速发展的背景下，在中华民族礼仪文化与世界文明对接的过程中，礼仪德育应担当何种角色？对上述问题的回答，国内至今还未有比较成熟完善的理论体系，需要我们深入研究并力求突破。

（2）从世界情况看，礼仪德育理论也需要系统化

世界很多国家都有一些关于礼仪德育的理论，而且自近代以来，发达国家一直凭借其经济上的强势而在全球范围内大力推行承载着西方价值观的西方礼仪文化，大肆推广以礼仪教化为特征的文化渗透并取得显著成效，但至今未见比较成熟、完善的礼仪德育理论体系。

实践和理论的这一局面，激发笔者不断审视礼仪德育的发展状况，追问礼仪德育的价值、地位、目标、内容、运行机理、实施途径及运行策略等问题，并于2010年以《当代中国青少年礼仪教育的反思与建构》为题完成博士学位论文，于2013年以《礼仪的意识形态功能研究》为题完成博士后研究报告。时至今日，走进新时代，我国礼仪文化建设和礼仪德育实践迎来蓬勃发展的新春天，激励我对以往成果进行反思、梳理和修正，汲取精华并有所创新，形成《礼仪德育论》。

(二) 研究的意义

1. 实践意义

(1) 有助于指导当前的礼仪德育实践，提升我国德育实践水平和效果

虽然当前我国对礼仪文化建设和礼仪德育实践越来越重视，礼仪德育大踏步走进社区、工厂和学校并进入课堂，但由于在理论支持、业务指导方面严重滞后，甚至很多环节仍然处于真空状态。通过此项研究，可以指导帮助礼仪德育实践的深入开展，进而提高德育的吸引力和感染力，增强德育的针对性和实效性，切实提升德育质量和水平。

(2) 有助于促进受教育者文明素养的提高和我国社会主义和谐社会的构建

礼仪德育的最基本目标是受教育者礼仪行为的养成，培养提高受教育者的礼仪素质。深入开展礼仪德育研究与实践，有助于培育青少年的文明行为习惯，提高国民文明素养，这可堪称构建社会主义和谐社会的一项基础工程，对实现社会和谐有序发展具有重要作用。

(3) 有助于推动中华优秀传统文化的传承和发展

中国自古就有"礼仪之邦"的美誉，礼义廉耻被作为"国之四维"①。中华优秀传统礼仪文化是中华文化的重要显性特征。《关于实施中华优秀传统文化传承发展工程的意见》中要求加强国民礼仪教育，"加大对国家重要礼仪的普及教育与宣传力度，在国家重大节庆活动中体现仪式感、庄重感、荣誉感，彰显中华传统礼仪文化的时代价值，树立文明古国、礼仪之邦的良好形象"②。为此，大力开展礼仪德育研究与实践，也是传承和发展中华优秀传统文化的重要举措。

(4) 有助于提升新时代公民道德建设和爱国主义教育的整体水平和效果

礼貌、礼节、仪式等具有独特的表现形式和作用方式，为此在公民道

---

① (战国) 管子：《管子·牧民第一》，载《管子》，上海古籍出版社 2015 年校点本，第 1—2 页。

② 中共中央办公厅、国务院办公厅：《关于实施中华优秀传统文化传承发展工程的意见》，2017 年 1 月 25 日，中国政府网 (http://www.gov.cn/zhengce/2017-01/25/content_ 5163472. htm)。

德建设、爱国主义教育过程中具有不可替代的功能。以礼仪承载的公民道德建设和爱国主义教育实践，具有更强的亲和力、感染力，可以带来更强的认同感和凝聚力。加强礼仪德育研究，对改进和加强公民道德建设和爱国主义教育实践具有重要作用。

2. 理论意义

（1）初步提出礼仪德育的理论框架

近现代以来，受西方文化的强烈冲击以及国内政治和文化运动的影响，我国传统的礼仪文化和礼仪德育思想精华一度被当成封建性的糟粕而被剔除了，导致了礼仪德育的缺位和相关理论研究的停滞。20世纪80年代以来，有关礼仪德育的理论大都散见于一些道德教育的论文或书籍之中，同时也出版了一些通俗性礼仪教材，但对于如何实现礼仪与德育的接轨、系统推进礼仪德育相关问题，没有形成相对完整的理论体系。通过研究，拟初步提出礼仪德育的基本理论框架。

（2）进一步推动包括礼仪德育在内的学校德育理论创新和发展

礼仪德育是德育的一种类型，也是德育不可分割的组成部分，与德育之间存在密切联系。通过深入开展礼仪德育研究，确认其具有学校德育的载体和抓手功能，是德育的基础工程，是提高德育有效性的重要途径，有助于创新和发展包括礼仪德育在内的学校德育理论。

二　国内外研究综述

（一）国内研究综述

1. 历史上的研究概况

纵观整个中华文明史，以儒家礼学为代表的礼仪文化和礼仪德育研究贯穿中华文明发展的全过程，并与政权建设、教化民众、修身治家等紧密结合在一起，呈现出盛世则礼仪兴、乱世则礼仪衰的特点，礼仪和礼仪德育在我国古代社会堪称社会发展的一种风向标。

（1）与政权建设紧密结合，是我国传统礼学和礼仪德育研究的重要特征

礼仪和礼仪德育在我国古代一直是政权建设、社会治理的重要手段。早在先秦时期，礼学和礼仪德育思想就已成为儒家思想体系的重要组成部分。孔子开启了礼学和礼仪德育研究的先河。孔子生活的春秋时期，我国

奴隶制走向衰退，常被称为"礼崩乐坏"的时代。孔子盛赞西周文化，崇尚传统礼制——"周礼"，阐述了"礼"与"礼仪""礼"与"仁"的关系，构建了"仁""礼"统一的社会伦理模式。孔子认为，礼是治国安邦的基础，《论语》中有"不学礼，无以立"①，"能以礼让为国乎，何有？不能以礼让为国，如礼何"② 等说法。他以"存亡继绝"为己任，建立了以"德政""礼治"为核心内容，以"道之以德，齐之以礼"③ 为主要方法、途径，以"修己以敬""修己以安人""修己以安百姓"④ 为宗旨的思想道德教育学说体系，对后世产生了极其深远的影响。

先秦儒学将孔子的礼学和礼仪德育思想不断系统化。战国时期的孟子有自己独特的建树。孟子以"性善论"和"民本论"为理论基础，主张加强思想道德教育，尤其强调以礼仪为手段加强人格塑造，倡导"富贵不能淫，贫贱不能移，威武不能屈"⑤。先秦时期的儒学以荀子的礼学思想最为完善。荀子把"礼"作为道德规范体系和政治伦理思想的核心，阐述了"礼"的起源和作用，提出了一个关于封建等级制度和等级道德的理论体系——"礼论"。《荀子·修身》提出"人无礼则不生""事无礼则不成""国无礼则不宁"⑥，成为世代流传的千古佳句。荀子主张人性恶，强调以礼矫性，认为圣王制定礼义法度的目的就是引导恶的人性转化为仁义道德。在以礼劝善的同时，他还引法入礼，提出以刑罚来补充、完善礼之不足。可见，礼学和礼仪德育思想作为先秦儒家思想体系的重要组成部分，是以服务于政权建设为鲜明特征的多层面、全方位的思想体系。

先秦儒家之后，我国历代学者从经学的角度把古代礼仪当作一种"金科玉律"，反复进行传、注、笺、疏，并将《四书》《五经》等研究成果直接转化为教育内容，使得礼仪和礼仪德育作为国家治理手段的功能

---

① （春秋）孔子：《论语·季氏第十六》，载王国轩等译《四书》，中华书局 2007 年版，第 84 页。

② （春秋）孔子：《论语·里仁第四》，载王国轩等译《四书》，中华书局 2007 年版，第 14 页。

③ （春秋）孔子：《论语·为政第二》，载王国轩等译《四书》，中华书局 2007 年版，第 6 页。

④ （春秋）孔子：《论语·宪问第十四》，载王国轩等译《四书》，中华书局 2007 年版，第 74 页。

⑤ （战国）孟子：《孟子·滕文公下》，载万丽华、蓝旭译注《孟子》，中华书局 2007 年版，第 125 页。

⑥ （战国）荀子：《荀子·修身》，载孙安邦、马银华译注《荀子》，山西古籍出版社 2003 年版，第 15 页。

日益强大并世代绵延、长盛不衰。

（2）以礼仪为主要内容的中国古代教育是现代礼仪德育的雏形，也是我国传统教育的重要特征

我国古代教育是在先秦儒家礼学和礼仪德育研究的基础上发展起来的。"至圣先师"① 孔子首开私人讲学之风，他率先广招平民学生，并整理《诗》《书》《礼》《乐》《易》《春秋》"六经"作为教材，以礼、乐、射、御、书、数"六艺"为教育内容，确立了中国古代教育的基本格调。两汉时期，政府通过学校推行礼制，太学是传授礼学的最主要途径，从中央到地方分别设立太学、县学、乡学，以仁义来教化人民，以礼来节制人民，成就了美好的公序良俗和安定和谐的社会秩序，正如董仲舒在其《天人三策》中所称："古之王者明于此，是故南面而治天下，莫不以教化为大务；立太学以教于国，教庠序以化于邑，渐民以仁，摩民以谊，节民以礼。故其刑罚甚轻而禁不犯者，教化行而习俗美也。"② 汉武帝采纳董仲舒的良策，专设五经博士官负责经学传授。正是在这种太学传授体系的作用下，礼学得以按照自身的规律演化并日益系统化，形成了《周礼》《仪礼》和《礼记》，后人将其并称"三礼"，成为我国礼仪研究的最早成果，也将我国礼仪文化建设和礼仪德育实践推到了一个新高点。

（3）历朝历代的"制礼作乐"为礼仪德育提供了丰富的教育内容，并推动礼仪文化和礼仪德育在时代更迭中不断演进

由于礼仪在社会治理、教化民众方面的独特功能，历代统治者常常通过"制礼作乐"、振兴礼乐文化来达到序尊卑、和谐社会关系的目的，这为礼仪德育提供了丰富的教育内容。尤其在唐宋时期，伴随我国封建经济不断壮大和社会文化繁荣发展，我国礼仪文化日益发达，礼仪制度日趋完备。唐太宗时期定《五礼》（后世称为《贞观礼》），唐高宗时期修《新礼》（后世称为《显庆礼》），唐玄宗开元盛世时期纂修《大唐开元礼》，一步一步把我国的礼学研究和封建礼制推向巅峰；唐末杜佑撰写的《通典》中有《礼典》一百卷，堪称仪制研究的一个里程碑。北宋时期的李觏把"礼"扩展到包括行政、法律、艺术、道德及生活方式等封建社会

---

① "至圣"一词出自《礼记·中庸第三十一》，"先师"一词出自《礼记·文王世子第八》。（西汉）戴圣编纂：《礼记》，胡平生、张萌译注，中华书局 2017 年版，第 1036、400 页。

② （西汉）董仲舒：《天人三策》，载陈蒲清校注《春秋繁露天人三策》，岳麓书社 1997 年版，第 308 页。

上层建筑的所有方面，发展了自"荀子"以来的儒家"礼论"，完成了《礼论》《周礼致太平论》和《庆历民言》等思想和学术代表作。同期，张载提出"知礼成性，变化气质"的修养之道，使关于"礼"的学说更加完善，礼仪德育内容体系日益庞大。

元朝时期，由于统治者缺乏对儒家礼学的深入了解，我国礼学研究一度跌入低谷，直至清初的礼学复兴运动才得以扭转。即便如此，礼仪无论在朝堂还是在民间，也并未完全退位。明朝嘉靖皇帝即位之初，朝廷上发生了一场有关礼仪问题的争论，史称"大礼仪之争"①。争论围绕着对嘉靖帝的生父的封号问题而展开，一方是以嘉靖帝为首的议礼派，另一方是以执政的大学士杨廷和为首的"护礼派"。由于"大礼仪之争"是围绕祖宗所创立的规章制度展开的，争的是祖宗之法、朝廷大礼，且是历史与现实的争论，所以"大礼仪之争"之后，人们更加普遍地关注与礼仪相关的典章制度的研究，关注时政问题，开启了经世致用之风。

清王朝强化了封建专制统治，传统礼仪再度被奉为金科玉律。礼学复兴运动以万斯大为代表，他将治礼作为终生追求，目的是通过习礼以明其义，正本清源，通过心性道德的修养以实现修齐治平，拯危致治。为此，他与清初儒家一起倡导复兴礼学，对于振兴礼学发挥了重要作用。到清朝乾隆、嘉庆年间，礼仪研究趋于昌盛，涌现了一批礼经学的名家、名著，徐乾学及其《读礼通考》、凌廷堪及其《礼经释例》、胡培翚及其《礼仪正义》、黄以周及其《礼书通故》、孙诒让及其《周礼正义》等，对于我国新时代礼仪文化和礼仪德育实践与研究具有重要的历史价值。

（4）官礼与民间礼仪随着时代进步由对立逐渐走向融合，为我国古代礼学和礼仪德育研究与实践增添活力

早期的中华礼仪是尊卑有序的主要表现方式，在某种程度上是上层社会的特权和身份的象征。在相当长的历史时期内，曾经"礼不下庶人，刑不上大夫"②，"制礼作乐"只服务于朝堂，而"下等的庶民"没有实施礼的资格，为此不为其制定礼仪法条。但这并不意味着民间礼仪的缺失。中国自古就有重视家庭、家族的传统，以血缘为基础的家族、宗族关

① 张晓松：《"大礼仪之争"对明代史学的影响》，《漳州师院学报》1997年第1期。
② （西汉）戴圣编纂：《礼记·曲礼上》，胡平生、张萌译注《礼记》，中华书局2017年版，第47页。

系在封建时代具有非常强的稳定性。为此，在国家礼仪制度、官方礼仪体系之外，家礼和民间礼俗研究自成相对独立的体系，为我国古代礼学和礼仪德育研究增添活力。

魏晋南北朝时期，玄学盛行，佛教、道教异军突起，儒家的传统礼仪一度受到严重冲击，这一背景恰恰为家庭教育以及家礼研究与实践提供了更为充分的发展条件和发展空间，使之得以迅速发展。北齐颜之推的《颜氏家训》堪称我国家礼的典范，对古今家训产生了重要影响。

宋代，私家修礼之风兴盛，民间礼俗的规范化研究蓬勃发展，并逐步与官礼相融合，进而形成通用礼。北宋末期编纂的国家礼典《政和五礼新仪》，首次单列"庶人之仪"作为独立的类目，打破了"礼不下庶人"的局面。北宋司马光所著《书仪》和南宋朱熹所著《家礼》，是我国古代家庭礼仪的两部代表作；另外《乡约》《乡仪》等蒙学读物也在此期间广为流传。

影响最为深远的当属朱熹所著《家礼》。朱熹作为宋代儒学的集大成者，著名思想家、哲学家、教育家，一生讲学五十余年。他承袭孔孟儒家的教育方法，同时综合了宋儒名家主张，所著《四书集注》成为钦定的教科书和历代科举考试的标准。他秉承《仪礼》及宋代官方礼书，中和民间与官方礼仪，删繁就简，完成《家礼》，具有"士庶"通用的特点，使礼仪与民众更为贴近，更为实用和易于操作，更便于化民成俗、重整秩序。《朱子家礼·昏礼》于元世祖时期被国家礼典所采用，使得《朱子家礼》成为国家通用礼仪，大大促进了礼仪的推广普及。《家礼》不但在明清时期传遍全国，而且对我国周边国家产生了一定影响。日本学者吾妻重二奉其为儒教的"新古典"，并置于与《仪礼》同样重要的位置①。明代思想家丘濬以朱熹《家礼》为蓝本，站在人类区别于禽兽、华夏民族区别于夷狄，建设太平盛世、和谐家庭的高度，根据时代变迁撰《文公家礼仪节》八卷，赋予朱熹《家礼》新的时代特征，成为家礼传承的又一代表作。

综上所述，我国自古就有"礼仪之邦"的美誉，礼仪和礼仪德育一向被作为社会治理、教化民众的有效手段，也是家庭建设、律己修身的重

---

① ［日］吾妻重二著、吴震编：《朱熹〈家礼〉实证研究》，吴震、郭海良等译，华东师范大学出版社 2011 年版，第 1 页。

要举措。沿袭数千年的中华传统礼仪文化和礼仪德育思想，为新时代礼仪德育研究与实践提供了肥沃的土壤。

2. 当今研究综述

中华人民共和国成立以来，我国礼仪文化和礼仪德育研究可谓一波三折。中华人民共和国成立初期，虽然历经百年战乱百废待兴，但礼仪文化研究与礼仪德育实践却并未被忽视。国家对政务礼仪特别是对国家公职人员的涉外礼仪及礼仪德育问题给予高度重视。中央人民政府专门成立了典礼局①，负责制定我国建国初期的外交礼仪以及外国大使呈递国书、国家庆典、授勋、国家领导人新年春节聚会活动、国家集会等方面的礼仪，同时负责接待外国元首来访和我国主要领导人出访欢送、迎接的礼仪等。笔者藏有一本珍贵的小册子，是当时典礼局制定的《接待外宾须知》。《须知》分设 10 余章、30 多节，包含礼貌、服装、迎送、住所、饮食、拜会、茶会、舞会、游园会、酒会、宴会、晚会、参观游览、照相、拍电影人员应注意的事项、礼品等文字内容和十余幅布置设计图。这些内容均为中华人民共和国外交和重大内政活动中所应遵守的最基本的礼仪规范，既成为中华人民共和国成立初的国事礼仪专用教科书，又奠定了中华人民共和国礼仪典章制度建设的基础。1966 年开始的"文化大革命"，将中华传统礼仪文化视为"封资修"予以彻底铲除，这对我国礼仪文化和礼仪德育研究与实践堪称毁灭性打击，直到党的十一届三中全会以后才逐步得以恢复发展。20 世纪 80 年代以来，随着世界经济一体化进程不断加快，我国改革开放和现代化建设日新月异，为礼仪文化和礼仪德育研究提供了广阔的平台，近 30 年来出版相关书籍有数百部，论文数以千计。

（1）关于礼仪德育概念及其功能、定位问题的研究情况

虽然我国礼仪德育实践探索自 20 世纪 80 年代以来迅速复兴，礼仪文化建设和礼仪德育研究随之不断深入，尤其近十年来的相关研究成果呈几何级数增长，但绝大多数属于教学实践成果，相关理论研究成果占比明显偏小。至今未见对礼仪德育概念的解析研究成果。

关于礼仪德育的功能、定位问题，柳斌认为"礼仪是调节人们行为的一种规范，调节人际关系的一种规范，有礼仪规范，才能使社会生活井

---

① 典礼局于 1949 年 10 月成立，1958 年精简机构时撤销，其职能交由国管局交际处和外交部礼宾司。

然有序"①。他主张加强德育要从文明礼貌做起，强调文明礼貌的优良传统不能丢失，否则轻则会带来社会秩序的混乱，重则会给国家、民族带来灾难和耻辱。这一论断具有较强的代表性和针对性，随后不仅促进了礼仪德育实践，而且引出一大批相关论文论著。

在德育、伦理学领域以"礼仪课德育功能"或"礼仪活动德育功能"为题进行礼仪德育功能研究，始于 2004 年蒋璟萍发表《高校礼仪课德育功能简论》，该文阐明高校开设礼仪课程是加强大学生思想道德教育的重要途径，在着力培养大学生的服务意识、和谐精神、谦逊态度和严谨习惯的同时，还要注意把礼仪教育与人生观、价值观、职业观、纪律观的教育结合起来，充分展示其德育功能。其后，佟丽华（2005）、杜鹃（2012）、王迎新（2014）、邢雪平（2018）等人也陆续产出一些相关成果，但这样的专题研究成果数量相对不足，在系统性方面也存在明显欠缺。

关于礼仪德育功能研究的有些成果散见于非专题研究之中。邓剑华、陈万阳于 2009 年发表《德育视域下的礼仪教育》，认为礼仪教育具有引德、显德、保德的德育功能。张小平、李作南、李仁孝、李树青、薛德合、付红梅、康琳、郝德军、李衡眉等人从传统伦理道德的角度研究礼仪和礼仪教育，均在一定程度上探讨了礼仪课的德育功能。

在有关礼仪的论著中，仅有少数学者利用一章或一节的篇幅分析礼仪与道德的关系。如陈成国的六卷《中国礼制史》（1998—2002），顾希佳的《礼仪与中国文化》（2001），邹昌林的《中国礼文化》（2000），葛晨虹（2001）、刘青（2009）先后所做的《中国礼仪文化》等。易银珍、蒋璟萍等人的研究较为深入，二人于 2006 合著出版《女性伦理与礼仪文化》，系统研究女性礼仪的道德本质、道德功能和道德特征以及女性伦理的礼仪要素和礼仪要求，从而概括女性礼仪的伦理道德内涵和女性伦理的礼仪文化内涵，揭示女性伦理与礼仪文化有机结合的客观机理和发展趋势。从礼仪与道德关系研究的角度看，此书不失为一部具有突出创新意义的佳作，但仅论及礼仪与道德的关系而没有研究礼仪德育问题。

关于礼仪德育定位问题的研究，笔者于 2008 年发表了《礼仪教育在

_____

① 柳斌：《三谈关于素质教育的思考》，《人民教育》1996 年第 9 期。

学校教育体系中的合理定位》一文，阐明社会主义新时期大力加强中小学礼仪教育具有重要的现实意义和深远的历史意义，强调深入开展中小学生礼仪教育，是传承中华美德、弘扬先进文化的需要，是青少年一代不断完善自我、成人成才的内在需求，是建设社会主义和谐校园的要求，也是提高国民道德素质、推进社会主义精神文明建设的基础工程，提出礼仪教育应成为中小学德育的载体和有效途径，成为中小学推进素质教育的重要渠道，成为基础教育三级课程体系的重要组成部分。该文对中小学礼仪教育的定位问题有所突破，但限于彼时的认识局限性，未能明确使用礼仪德育概念。尤文静（2016）、殷姿（2016）、武少玲（2015）、李云燕（2014）、吴蕴慧（2013）、王苏辽（2009）等人从不同的切入点也做了关于礼仪课程、礼仪教育的定位研究，但均未及应有的深度和系统性。

（2）关于礼仪德育的目标、内容、运行机理问题的研究情况

关于礼仪德育目标的研究目前仍散见于相关研究之中。蒋璟萍（2008）研究了成人教育背景下学生礼仪素质培养目标，提出针对成人学生，礼仪素质培养目标是具有道德修养的和谐社会公民、具有高尚情操的大学生、具有职业道德的从业者[①]。杨爱琴（2012）认为大学生礼仪教育的目标是行为养成[②]。蒋含真（2014）从基本目标、核心目标、发展目标三个层次研究了高职院校礼仪文化育人目标体系，主张根据差异化教学理念，对礼仪文化育人目标进行合理定位[③]。薛新芝（2015）以《幼儿园教育指导纲要（试行）》《3—6岁儿童学习与发展指南》为指导，遵循学前心理学和陶行知先生提出的"生活教育理论"，从终期目标、分类目标和具体年龄目标三个层次来界定幼儿文明礼仪教育目标体系[④]。林琳（2017）通过研究孔子的德育培养目标，提出培养初等教育专业教师礼仪素养的目标[⑤]。

---

① 蒋璟萍、熊锦：《成教学生礼仪素质培养的目标内容及其实现途径》，《中国劳动关系学院学报》2008年第8期。

② 杨爱琴：《以行为养成为目标的大学生礼仪教育》，《现代交际》2012年第5期。

③ 蒋含真：《高职院校礼仪文化育人目标体系建构与实践策略》，《职教论坛》2014年第17期。

④ 薛新芝：《幼儿文明礼仪教育目标体系的构建与实践路径》，《兵团教育学院学报》2015年第3期。

⑤ 林琳：《浅谈孔子德育培养目标对培育初等教育专业教师礼仪素养的启示》，《吉林广播电视大学学报》2017年第4期。

关于礼仪德育内容的研究，我国近年出版的大量论文论著，多注重对礼仪知识的介绍和礼仪规范的传授，重视具体礼仪规范的分析和讲解。其中，影响较为广泛的是中国人民大学的金正昆教授编著的实用礼仪系列教材，如《社交礼仪教程》《政务礼仪教程》《商务礼仪教程》《涉外礼仪教程》等，比较全面地介绍了社会生活各个领域的基本礼仪规范要求和技巧，宣传普及礼仪知识，但对礼仪知识背后的思想性挖掘不够。再有，许多教材编写的框架是国际礼仪通则，介绍了大量的西方礼仪知识，但却未能从理论上讲清楚中国礼仪文化与西方礼仪文化的关系、传统礼仪文化与现代礼仪文化的关系，这就往往容易对读者形成误导，即错把礼仪与西方礼仪画等号，忽视中华传统礼仪文化在社会主义新时期的意义和价值，舍本逐末。清华大学历史学教授彭林以其丰厚的史学底蕴，潜心投入于礼仪文化教学与研究，对中华传统礼文化进行现代阐释，著有《中国古代礼仪文明》（2004）、《礼乐人生》（2006）、《中国礼仪要义》（2014）、《中华传统礼仪概要》（2018）等。彭林教授作为史学家的探究大大加速了今人解读中华传统礼仪文化的进程，却在某种程度上钳制了其探索礼仪德育理论的脚步，但这又为礼仪德育内容研究做了良好的铺垫。

关于礼仪德育运行机理研究目前尚处于起步阶段，学界已有少量关于其他教育领域、教育过程等运行机理的研究。翟中杰（2017）从运行环节、运行状态和运行控制三方面着手，层层剖析了大学生网络思想政治教育中的动态运行机理[1]。吴恺（2017）提出我国大学生创新创业教育的运行机理有微观机理和宏观机理，微观机理包括环境熏陶机理、素质建构机理和动力激励机理等；宏观机理包括制度引导机理、竞争催动机理和评价反馈机理等[2]。武传君等人（2007）对思想政治教育中教育者与受教育者互动的运行机理进行分析，提出教育者与受教育者互动的矛盾机理和调节机理，并从价值取向、理想与现实的关系、关于规范观念的矛盾三个方面解析了矛盾机理，从自我调节、社会调节两个方面解析了调节机理[3]。以上，可以作为礼仪德育运行机理研究学习的借鉴。

---

[1]　翟中杰：《网络思想政治教育过程导论》，人民日报出版社 2017 年版。

[2]　吴恺：《我国大学生创新创业教育的运行机理》，《中共山西省直机关党校学报》2017 年第 5 期。

[3]　武传君、杨江民、周文宣：《思想政治教育中教育者与受教育者互动运行机理分析》，《安康学院学报》2007 年第 1 期。

（3）关于礼仪德育的实施途径与策略问题的研究

近年来，关于礼仪德育的实施途径与策略问题的研究并不少见，但研究的深度明显不够。从研究论文情况看，多数研究是介绍自身教育实践过程中的若干做法，具有较强的随笔或反思的痕迹，形式鲜活但理论色彩明显不够。其中，刘汉生（2008）的研究较为深入，从不断革新德育的内容和形式的角度倡导开展礼仪教育，号召学校、社会和家庭在礼仪教育中应在各自发挥积极作用的同时，相互配合，使青少年德育提升一个新的水平①。目前已有数十篇硕士或教育硕士毕业论文关注礼仪德育问题，其中，李婷婷（2020）、文琼（2018）、聂斌（2018）、杨芷茜（2017）、吕承烨（2015）、国金平（2012）等均在礼仪德育的实施途径与策略研究方面有所创新。李中亮（2007）的硕士学位论文《18岁成人仪式教育活动研究》，将研究的目光聚焦到了仪式，探讨了成人仪式教育活动的意义、内容、实践以及效果提升等问题，不但为18岁成人仪式教育活动的普及推广、规范开展提出了很多好的意见建议，而且引发人们进一步思考作为礼仪德育重要内容的仪式教育的地位、作用等问题，对礼仪教育研究具有一定的导向作用。冯艳（2019）从提高大学生文化自信视角，张琪如（2018）、张莹（2019）从社会主义核心价值观培育视角，李亚萍（2019）从组织认同视野，分别研究了通过仪式教育来改进和实施礼仪德育问题，也值得关注。

综上，当今我国礼仪德育研究虽相关成果数量多，但有分量的研究成果偏少；研究范围主要集中在学校（幼儿、中小学、大学及各类职业技术院校）、家庭和社区礼仪教育方面。这为本书提供了丰富的借鉴，也为本书提供了巨大的发展空间。

（二）国外研究综述

1. 历史上的研究综述

国外对礼仪和礼仪德育的研究也有较长的历史。在《荷马史诗》等文献资料以及苏格拉底、柏拉图、亚里士多德等哲学家的经典著述中，就已有大量关于礼仪的描写或论述。文艺复兴以后，西方礼仪研究迅速发展，有很多礼仪著作传世。如16世纪意大利作家加斯梯良编著的《朝

---

① 刘汉生：《当代社会青少年礼仪教育的缺失及重构》，《教育与职业》2008年第3期。

臣》，被作为文艺复兴时期青年的手册，该书论述了从政的成功之道和礼仪规范及其重要性，不仅是一部文学经典著作，也是当时最著名的礼仪著作；尼德兰人文主义者伊拉斯谟撰写的《礼貌》，着重论述了个人礼仪和进餐礼仪等，提醒人们讲究道德、清洁卫生和外表美；生活在此期的英国哲学家培根在《论礼节和仪容》中不仅谈到仪容的重要性，并且告诉人们讲究礼节要注意分寸。虽然研究成果数量不在少数，但这些研究大都是从民族传统文化、宗教礼仪和社交礼节等角度展开的，基本没有涉及礼仪德育的理论问题。

进入资本主义时代，西方礼仪文化和礼仪德育研究呈现蓬勃发展的态势。捷克教育家夸美纽斯编撰了《青年行为手册》；英国教育思想家约翰·洛克于 1693 年写作了《教育漫话》；1716 年汉堡出版缅南杰斯的著作《论接待权贵和女士的礼仪——兼论女士如何对异性保持雍容态度》；英国外交家查斯特菲尔德勋爵写给儿子的 84 封信（被称为《教子书》）等。其中，《教育漫话》系统地、深入地论述了礼仪的地位、作用以及礼仪教育的意义和方法，不但在当时产生了重要影响，而且至今对包括礼仪德育在内的学校教育仍有重要的指导意义。

2. 当今研究综述

西方现代学者编纂、出版了大量的礼仪书籍，其中比较有影响的有法国让·赛尔的《西方礼节与习俗》、英国学者埃尔西·伯奇·唐纳的《现代西方礼仪》、德国卡尔·斯莫卡尔若的《请注意您的风度》、美国伊丽莎白·波斯特的《西方礼仪集萃》、美国教育家卡耐基的《成功之路丛书》等。这些书籍对我国产生了巨大影响，但其发挥作用的着力点多为礼仪的具体内容和形式，而不是礼仪德育的思路与方法等方面的问题。

近年来，国外开始出现"礼仪与品格"（Etiquette and Character）、"礼仪与伦理"（Ethics and Etiquette）、"礼仪与道德"（Morality and Etiquette）等方面的相关研究，强调道德是礼仪的伦理基础，礼仪是道德的起点和表现形式。法国当代哲学家安德烈·孔特斯·蓬维尔在其《小爱大德》一书中，比较了礼仪与道德的关系，强调礼仪是道德的开始和源泉。西方的社群主义也做过一些探讨，主张重视约束社会群体的传统规范。新加坡将"礼"列入"八德目"作为"治国之纲"，认为"礼"的形式可以随时代和环境的改变而改变，礼仪德育不应局限于礼仪的具体形式，更需继承的是"礼"的精神。但从总体上看，无论是历史还是当前，国外对礼仪德育理论问题的系统研究也比较薄弱，在深度、广度上都很不够。

总之，无论是我国还是国外对礼仪德育的研究状况，与我国迅速发展的礼仪德育实践相比，不但相对滞后，而且依然停留在初步的、浅表的层面上。

三　研究内容、目标、思路及创新

（一）研究目标、研究内容及拟解决的关键问题

1. 研究目标

本书研究的主要目标是较系统、全面地分析总结礼仪德育的理论与实践，初步形成礼仪德育的理论框架，为切实加强礼仪德育实践提供具有针对性和实用性的理论指导。

2. 研究内容

一是对礼仪、礼仪素质、礼仪德育等相关概念进行界定；二是分析反思新时代的礼仪德育现状，把握礼仪德育实践发展脉络，梳理礼仪德育缺位缺失的具体表现并反思原因，找到制约礼仪德育实践的关键问题，并作为改进实践、发展理论的突破口；三是对我国传统的礼仪德育以及其他国家、地区的礼仪德育经验进行整理，为新时代礼仪德育的建构提供历史经验与现实借鉴；四是论证礼仪德育的功能与定位，建构新时代礼仪德育的价值基础；五是探讨礼仪德育的目标、内容与运行机理，把握新时代礼仪德育的发展方向和运行规律；六是分析新时代礼仪德育的实施途径与策略及评价，从教育主体和途径角度整合礼仪德育资源，以便形成促进礼仪德育持续健康发展的强大合力。

3. 解决的关键问题

一是界定礼仪素质的概念并进行结构分析；二是界定礼仪德育的概念并揭示礼仪德育与德育之间的关系；三是准确把握当前我国礼仪德育现状，对实践进行反思并找到改进实践、发展理论的突破口；四是确定礼仪德育的合理定位；五是明晰礼仪德育的目标并初步提出新时代礼仪德育的目标体系；六是解析礼仪德育的运行机理以把握礼仪德育的运行规律。

（二）研究思路与方法

1. 研究思路

在界定概念和明确研究范围的基础上，坚持从实践出发，按照发现问题—分析问题—解决问题的研究思路，形成新时代礼仪德育的基本理论框架。具体思路如下：通过分析反思当前我国礼仪德育现状，认识深入开展礼仪德育的必要性、紧迫性，确立建构新时代礼仪德育的现实基础；通过梳理、借鉴古今中外礼仪德育的成功经验，确立建构新时代礼仪德育的实践基础；通过分析礼仪德育的功能及其心理机制，确立建构新时代礼仪德育的价值基础和心理机制。基于建构新时代礼仪德育的现实基础、实践基础、价值基础和心理机制，在教育大系统中找到礼仪德育的合理位置。在此基础上，明确新时代礼仪德育的目标和内容，以保证新时代礼仪德育发展的正确方向；探寻礼仪德育的实施途径与策略，为新时代礼仪德育提供切实可行的发展路径和操作模式。

2. 研究方法

（1）调查研究法

这里的调研有两种，一是理论调研，查阅有关理论文献或通过文献途径调查现状；二是实践现状调研，调研方式主要有访谈、座谈和咨询等。根据研究对象以及目的，在研究的各个阶段，分别运用了上述方法，为本研究的真实有效提供了保障。

（2）经验总结法

当前，由于我国礼仪德育的理论发展滞后于实践，还处于初级阶段。所以，进一步完善礼仪德育理论需要从大量的实际工作中加以总结和提炼。

（3）历史分析法

中国自古就有"礼仪之邦"的美誉。本研究对历史上已有的相关思想进行梳理，以期继承和发展前人的成果，避免或少走弯路。

（4）比较分析法

运用古今中外的资料，比较分析古今中外各个国家和地区之间礼仪德育的异同，提出新时代礼仪德育的继承和借鉴问题。

（5）文献研究法

文献研究的过程包括文献的收集、鉴别与整合三个环节。所收集的文献资料主要包括：专著、教科书、期刊、有关政策性文件和各类工具书籍以及网络资料等。

(三) 研究的创新点

本书对新时代礼仪德育问题进行系统研究，初步提出相对完整的礼仪德育理论框架，具有创新性。创新点主要包括：

第一，界定礼仪素质的概念并对礼仪素质的结构进行分析。

第二，界定礼仪德育的概念，初步阐明礼仪德育与德育的关系。

第三，全面阐述礼仪德育的功能，并在此基础上对礼仪德育进行合理定位。

第四，解析礼仪德育的运行机理并阐明礼仪德育运行规律。

第五，分别提出了大中小学教育阶段礼仪德育的目标，初步形成了礼仪德育的目标体系。

第一章

概念的界定

在当前礼仪文化建设和礼仪德育实践过程中，礼和礼仪两个概念经常被混用，这是欠科学的。事实上，礼和礼仪既有密切联系，又有严格的质的区分。研究新时代礼仪德育问题，首先要对礼和礼仪的概念加以区分，并对礼仪素质、礼仪德育的概念进行界定。

一 礼仪

礼仪与礼是两个不同的概念，它们之间既有密切联系，又有显著区别。礼是中国古代特有的文化现象，而礼仪则是人类社会共有的文化现象。礼仪具有鲜明的民族性和时代性。不同国家、不同民族、不同地区以及不同时代和不同社会历史时期，礼仪的内涵及其表现形式具有明显的差异。

（一）中华传统文化中对礼和礼仪概念的界定

在中文里，"礼"和"仪"最早是分开使用的。我们通常所说的"礼仪"，是"礼"和"仪"两个词的合成体。

1. 礼

礼是中华文化中独有的概念。作为中华传统文化的核心，礼的内涵极为丰富，几乎无所不包。在《辞源》中，"礼"的本义是"祭神以致福"，延伸义包括规定社会行为的法则、规范、仪式，表示尊敬的言语或动作、礼貌，为表示隆重或敬意而举行的仪式，以礼相待、对人表示敬意等①。早在春秋时期，礼已经成为儒家重要的政治、伦理规范，是包括典

---

① 何九盈、王宁、董琨：《辞源》（第三版），商务印书馆 2015 年版，第 3026 页。

章制度、人的等级名分及其相应的规范的总称。伴随历史发展的进程，礼在社会生活中所扮演的角色也在不断变化，礼的内涵也有所演化、拓展和迁移。在中华传统文化中，礼的基本含义大体可以概括为以下方面：

（1）礼是一种行为规范

作为行为规范的礼，对人类活动进行外在约束和行为指导，抑制人们不恰当的欲望和要求，表达对他人的尊重和敬爱，从而维护一定的社会关系。

（2）礼是最高道德准则

法家先驱管仲主张礼让天下，把礼作为"礼义廉耻""国之四维"之首，认为只有发扬礼、义、廉、耻，君主的政令才能畅通无阻，将礼作为了最高道德准则。儒家更是从节制人欲的角度把礼视为人们行为的最高准则和道德规范，认为礼和义决定着国家的命运，"隆礼、贵义者其国治，简礼、贱义者，其国乱"①。

（3）礼是一种修身手段

儒家将礼作为基本的修身手段。对人的吃穿住行都做出了礼的规范。《礼记·曲礼上》要求人们"毋抟饭，毋放饭，毋流歠，毋咤食，毋啮骨，毋反鱼肉，毋投与狗骨，毋固获，毋扬饭，饭黍毋以箸，毋嚃羹，毋絮羹，毋刺齿，毋歠醢"②。此外，儒家认为，每个人都或多或少有这样那样的性格弱点。只有借助于礼，才能弥补这些缺陷，达到理想的境界。为此，要求人人都要坚持以礼修身。

（4）礼是一种治国方略

孔子把礼看作治理国家的根本方法，主张用礼制去同化百姓，整齐百姓的行为，在他看来，礼不仅是一种有力的统治手段，而且还是调整统治

---

① （战国）荀子：《荀子·议兵篇》，载孙安邦、马银华译注《荀子》，山西古籍出版社2003年版，第178页。

② 这段话是《礼记·曲礼上》中关于食礼的基本规定，大致意思是：取饭时不要把饭抟成团，不要把手中剩余的饭放回食器；喝汤时要小口喝，不要弄得满嘴都是；不要吃得啧啧作声；吃肉骨头时，不要啃出声音来；不要把自己咬过的鱼肉又放回公用的食器中；不要在自己吃饭的同时把肉骨头扔给狗；不要专挑好吃的、自己爱吃的吃；不要用手扇饭的热气；餐具不能用错，特别是不要把筷子当叉子去抄食物吃；不可以大口囫囵地喝汤，特别是不能将汤里的菜嚼也不嚼就下咽；不能在主人面前重新调和菜汤的味道；不要当众剔牙齿；也不要喝肉酱。原文见（西汉）戴圣编纂：《礼记·曲礼上》，载胡平生、张萌译注《礼记》（上），中华书局2017年版，第33页。

阶级内部关系的规范,《礼记·哀公问》强调"非礼无以辨君臣、上下、长幼之位也,非礼无以别男女、父子、兄弟之亲、昏姻疏数之交也"。将礼作为治国之本,是我国历代政权的普遍特征和政治文明的鲜明特色。

(5) 礼是一套国家典制

传统意义上的礼,也指以道德为内涵的国家典制。周朝对殷礼进行改革并发扬光大,建立起一套完备、严格的礼制,史称"周礼",核心是"君君、臣臣、父父、子子"的奴隶主宗法等级制度,包括嫡长子继承制度、宗法及丧服制度、诸侯制度、同姓不通婚制度等,以此纲纪天下,实行礼治。作为典章制度的礼,是奴隶社会政治制度的体现,也是维护宗法等级制度的上层建筑以及与此相适应的人际交往中的礼节仪式。

(6) 礼是表敬意的仪式

许慎在《说文解字》中说:"禮,履也。所以事神致福也。从示从豊,豊亦声。"① 这一解释突出了两点,一是强调礼是一种行为准则,二是强调礼与祭祀鬼神有关,并经逐步引申、扩展,又有了敬祖、敬人之义。《周礼》中提到的当时朝廷上的五种主要仪典——吉礼、凶礼、军礼、宾礼、嘉礼,一般称"五礼",均为有一定规模、规格和程序的仪式。而民间流传的婚丧嫁娶等庆典仪式以及为招待客人而举行的宴饮,也同样有一定的规模、规格和程序。其实,这些仪典、仪式均属"仪"的范畴,但约定俗成也称为礼。

总之,礼是我国古代社会政治、伦理规范与礼仪的总和,是"以礼治为核心,由礼仪、礼制、礼器、礼乐、礼教、礼学等诸方面的内容融汇而成的一个文化丛体"②。"'礼'是中华文化世代相沿的主要形态,最具有中华文化的原初性和普遍意义,兼有生活方式、伦理风范、社会制度的一体化内容,成为绵延数千年的传统文化模式。"③ "礼成为中国传统文化中最有影响而又歧异最大的课题。"④

2. 中华传统文化中礼仪的基本内涵

礼仪是"礼"和"仪"的合成体。"礼"与"仪"既相互区别,又紧密联系。伦理学上,一般认为礼仪是表示礼貌和礼节的仪式总称,是对

① (东汉) 许慎:《说文解字》,(宋) 徐鉉等校,上海古籍出版社 2007 年版,第 2 页。

② 杨志刚:《中国礼仪制度研究》,华东师范大学出版社 2001 年版,第 21 页。

③ 王金玲、王艳府:《图说礼仪》,重庆出版社 2008 年版,第 18 页。

④ 刘志琴:《礼——中国文化传统模式探析》,《天津社会科学》1987 年第 6 期。

他人表示尊敬、祝颂、哀悼之类而特意举行的仪式①。《辞源》将"礼仪"解释为"礼节仪式"②，礼节是"行礼的分寸等级"③，仪式是"典礼之秩序形式等礼节规范"④，礼貌则是"对人恭敬有礼"⑤。

　　早在春秋时期，我国就已对"礼"和"仪"的区别有所认识。《礼记·乐记》中认为："簠、簋、俎、豆，制度、文章，礼之器也；升降上下，周旋、裼袭，礼之文也。"⑥ 簠簋俎豆等礼器以及动作、衣着等礼节，均为"礼"的外在表现形式，相对于起根本决定作用的"礼"的精神内涵，这些外显的礼器、礼节和仪式均属细枝末节。据《左传·昭公二十五年》记载，子太叔见赵简子，简子问"揖让周旋之礼"，对曰："是仪也，非礼也。"简子曰："敢问何谓礼？"对曰："闻诸先大夫子产曰：夫礼，天地之经也，地之义也，民之行也。"⑦ 可见，"礼"和"仪"相比较，"礼"属于内在的东西，是仪的思想精髓和道德本质，"仪"离不开"礼"。同时，"礼"也离不开"仪"。"仪"是"礼"的物质载体。"礼"属于相对抽象的概念，而"仪"则是外显的，既是区别差异的主要手段，也是"礼"的物质载体。我国将"礼"和"仪"连用，始于《诗经·小雅·楚茨》："为宾为客，献酬交错。礼仪卒度，笑语卒获。"⑧

　　礼仪有广义和狭义之别。在我国古代，广义的礼仪几乎是"礼"的同名词，一度成为一个无所不包的概念，包括行为规范、道德准则、典章制度、治国方略、修身之道等，内涵极为丰富。狭义的礼仪，则主要

---

① 罗国杰：《中国伦理学百科全书·伦理学原理卷》，吉林人民出版社 1993 年版，第194 页。

② 罗国杰：《中国伦理学百科全书·伦理学原理卷》，吉林人民出版社 1993 年版，第3027 页。

③ 罗国杰：《中国伦理学百科全书·伦理学原理卷》，吉林人民出版社 1993 年版，第3027 页。

④ 罗国杰：《中国伦理学百科全书·伦理学原理卷》，吉林人民出版社 1993 年版，第348 页。

⑤ 罗国杰：《中国伦理学百科全书·伦理学原理卷》，吉林人民出版社 1993 年版，第3027 页。

⑥ （西汉）戴圣编纂：《礼记·乐记第十九》，载胡平生、张萌译注《礼记》（下），中华书局 2017 年版，第 722 页。

⑦ （周）左丘明传，（晋）杜预注，（唐）孔颖达疏：《春秋左传正义》（下），《十三经整理委员会》整理《十三经注疏之七》，北京大学出版社 2000 年版，第 1447—1448 页。

⑧ （春秋）孔丘编订：《诗经》，北京出版社 2006 年版，第 270 页。

指人际交往中为维护正常交往秩序而逐渐形成的一系列的礼貌、礼节、仪式和行为规范等，主要包括四个方面：一是指仪容、仪表和举止风貌，二是指礼节、规矩和待人接物的方法，三是指仪式、仪典和礼典，四是指礼俗或民族风俗习惯。

礼俗是民族传统礼仪的重要内容。在我国古代社会生活中，当人们遇到重大节日或发生重要事件，多有约定俗成的纪念方式。如获得丰收，要欢歌庆贺；遭到灾祸，要祈求神灵保佑等。久而久之，就形成许多节庆及礼仪形式，如春节、元宵、中秋、重阳等，几乎每个节日，都有特定的礼俗。正月十五吃元宵，清明节吃冷饭寒食，端午节吃粽子喝雄黄酒，中秋吃月饼，腊八熬煮腊八粥，辞岁吃饺子等，都是我国节日饮食方面特有的礼俗。礼俗无所不在，无时不有，不但时时刻刻都在影响着人们的生活，而且也是民族认同的鲜明标志。只要遇到有相同礼俗的人，便可知道他与自己同根同源，并因此而迅速拉近彼此之间的距离，激发民族归属感和认同感，增强民族凝聚力和向心力。党和政府在部署新时代公民道德建设工作时强调要"研究制定继承中华优秀传统、适应现代文明要求的社会礼仪、服装服饰、文明用语规范"①，彰显了对礼仪"化民成俗"的重视，开启了我国传统礼俗现代化建设的新时代。

总之，中华传统礼仪是我国传统礼文化的重要组成部分，具有鲜明的中华文化特征，是民族精神的重要载体，也是维系民族关系不可或缺的纽带。

（二）西方文化对礼仪概念的界定

西方文化中，通常认为"礼仪"一词源于拉丁文"ritualis"，指的是在风俗、礼节、传统基础上形成的一种行为规范②。也有人认为"礼仪"一词源于法语中的"etiquette"，其原义是"法庭上的通行证"③。古代法国的法庭为保证法庭秩序，把各种规则写在进入法庭的通行证上，发给进入法庭的每一个人并要求他们遵守。不难发现，以上含义与我国传统礼仪

---

① 中共中央、国务院：《新时代公民道德建设实施纲要》，载中国法制出版社编《〈新时代爱国主义教育实施纲要〉〈新时代公民道德建设实施纲要〉》，中国法制出版社 2019 年版，第 36 页。

② 李水海：《世界伦理道德辞典》，陕西人民出版社 1990 年版，第 291—292 页。

③ 顾希佳：《礼仪与中国文化》，人民出版社 2001 年版，第 13 页。

的内涵非常接近。后来，"etiquette"一词进入英语并几经演变，便有了"礼仪"的含义，意思是"人际交往的通行证"，并逐渐演化为现代西方礼仪。概括起来，在西方文化中，"礼仪"一词大体有以下几层意思：

1. 仪式、仪典或习俗中的礼仪行为（rite）

具体包括两层含义，一是指仪式、典礼，特别是指有重大意义的宗教、宫廷、社会或部族所举行的仪式，如宗教活动中的礼拜仪式等；二是泛指习俗中的礼仪行为、礼节和惯例。

2. 仪礼、礼节和各种规矩（etiquette）

主要包含三层意思，一是专指礼仪，即有良好的教养并按照权威性的规范在社交场合或其他正式场合遵守一定的礼节和规矩；二是指礼节，即按惯例或习惯所传承下来的行为准则；三是指规矩，是针对某特定人群，如同行业人士、共同参与某种活动的人群等，制定或俗成的规范其行动、行为或实践活动的规矩的总称，特别是指处理他们之间相互关系的规则。

3. 礼貌，谦恭有礼的举止、言辞或风度等（courtesy）

处处合乎时宜而又动人的文雅举止和风度，对他人表示尊敬或尊重的有礼貌的行为等。

4. 外交、军事等特定领域里的礼节或相处准则（protocol）

和前面几层意思相比，这层意思突出强调礼仪的固定性和一成不变，是一种刻板的、更为严肃并长期执行的相处准则。如：要绝对尊敬上级，要严格遵守应有的优先次序，要严格执行礼仪活动的实施程序等①。

可见，西方文化中所说的"礼仪"，更强调的是礼貌、礼节、仪式、风度等方面的内容，这与中华传统礼文化中的"礼仪"有着明显差异。

（三）本书对礼仪概念的界定

礼仪是人类文明的产物，也必然随着人类社会的发展进步而不断发展、演化。无论是礼仪的内涵，还是具体的礼仪形式，都随着社会发展和时代变迁而有所发展变化。在这一过程中，我们不能以中华民族拥有优秀的文化传统而故步自封，因循守旧、抱残守缺，进而要求全面恢复古代中华礼仪；也不能由于强势的西方文化和西方礼仪盛行而丧失礼仪文化自

---

① 胡锐：《现代礼仪教程》，浙江大学出版社1995年版，第1页。

信，进而缺乏自我，照单全收、照搬照抄西方礼仪，全盘抛弃中华传统礼
仪。基于上述考虑，本书主张应在扬弃中华民族优秀传统礼仪文化的基础
上，融合现代西方礼仪文明和当前通行的国际礼仪惯例，建设新时代有中
国特色的社会主义礼仪文化体系。为此，本书主要从以下层面界定礼仪的
概念：

1. 礼仪是一种行为规范

从起源上看，礼仪直接缘于原始社会协调人际关系的需要。原始人类
为了生存和发展，必须与大自然抗争，在生产力水平极为低下的条件下，
不得不以群居的形式相互依存，而这种群居性使得人与人之间既相互依赖
又相互制约。群居生活中的男女有别、老少有异等现实问题，既是一种天
然的人伦秩序，又是一种需要被所有成员共同认定、保证和维护的社会秩
序。人类面临着的内部关系必须妥善处理，因此，人们逐步积累和自然约
定出一系列"人伦秩序"，这就形成了人类社会最初的礼仪。"一个打死
了豹子的波罗罗猎人，邀请其他猎人共同来吃这野兽的肉，而把它的皮和
牙齿送给集体中最近死亡的人的亲属。""在南非的卡斐尔族那里，狩猎
者没有权利任意处理自己的猎获物，而必须和其他的人共同分享，当他们
中间有人宰杀公牛时，所有的邻人都到他那里，直到把所有的肉吃完才
走，甚至'国王'也得遵守这个风俗，有耐心地款待自己的臣民。"① 现
代礼仪最初就是在这些行为规范的基础之上几经演化，逐步形成和发展起
来的。实践中，礼仪首先表现为一些不成文的规矩、习惯，然后才逐渐上
升为人们普遍认可的，能够通过语言、文字、动作来进行准确描述和规定
的行为准则，并成为人们可以自觉学习、共同遵守的礼仪规范。

2. 礼仪是内在道德要求与外在表现形式的统一

礼仪作为一种上层建筑，与道德之间的关系最为密切。礼仪与道德既
紧密联系，又相互区别。

（1）礼仪与道德之间存在密切联系

德诚于中，礼行于外。人们在社会生活中形成和创造的习俗、礼节以
及所选择和确定的仪态、行为，是表现道德思想的重要形式和表达道德要
求的有效手段。礼仪在一定程度上可以表现和衡量道德。通过观察人们的

---

① ［俄］普列汉诺夫：《没有地址的信：艺术与社会生活》，曹葆华译，人民文学出版社
1962 年版，第 74 页。

仪表、举止，考察人们是否讲礼仪、礼节、礼貌，能够在一定程度上了解人们的道德素质状况，衡量其道德水平高低。

（2）礼仪与道德之间存在明显区别

礼仪与道德有着不同的评判标准、调节目标及实现机制。礼仪以美和丑为标准。个人礼仪能够教育人们识别美丑，引导人们走向文明，塑造良好的个人形象；道德则以善恶为标准，着重调节人与人、人与社会的关系。在实现机制上，礼仪主要通过人们的自我意识、自我感觉来调整自身行为，依靠自律来实现调节目标，虽然礼仪也依靠外在的礼仪规范来调节，但外在压力的作用相对较弱；而道德调节主要依靠社会调节，以社会的道德原则和规范作为尺度来评价人们的道德行为，实现调节目标；道德也需要依靠自我调节，以个人的道德思想作为尺度来评价道德行为，协调自我在社会中的道德角色以及与他人或社会的道德关系，但自我调节比社会调节相对较弱。

3. 礼仪的追求是使社会生活和人际关系更加和谐

这里所说的和谐，从小处来讲，可以指社会个体、社会成员之间的和谐；从大处来讲，也指不同社会团体、不同利益集团之间的和谐，如国与国之间、国家与地区之间的和谐关系等。正如洛克所说，"礼仪的目的和作用本在使得本来的顽梗变得柔顺，使人们的气质变温和，使他敬重别人，和别人合得来"[1]。也正是基于这一道理，我国 2001 年颁布《公民道德建设实施纲要》，提出公民道德建设要在全社会大力倡导"爱国守法、明礼诚信、团结友善、敬业奉献"的基本道德规范，明确将礼仪作为"二十字方针"的重要内容，纳入我国公民道德建设的系统工程；2019 年颁布的《新时代公民道德建设实施纲要》，不但强调要制定国家礼仪规程，还强调要研究制定继承中华优秀传统、适应现代文明要求的社会礼仪、服装服饰、文明用语规范，引导人们重礼节、讲礼貌[2]。

总之，本章所指的礼仪，是指以建立和发展和谐的社会生活和人际关系为目的，由人们在长期的共同生活和社会交往中逐渐形成，并以礼节、礼貌以及风俗、习惯、惯例等方式固定下来的约定俗成的行为规范。

---

① ［英］约翰·洛克：《教育漫话》，傅任敢译，人民教育出版社 1957 年版，第 126 页。

② 中共中央、国务院：《新时代公民道德建设实施纲要》，载中国法制出版社编《〈新时代爱国主义教育实施纲要〉〈新时代公民道德建设实施纲要〉》，中国法制出版社 2019 年版，第 36 页。

（四）礼仪的分类

礼仪作为一种行为规范，涉及社会生活的方方面面，内容广泛，形式多样，根据划分标准不同而有不同的分类。按主体的活动性质划分，可分为居家生活礼仪、校园礼仪、商务礼仪、政务礼仪、公共场所礼仪、涉外礼仪等；按适用场景划分，可分为迎送礼仪、交谈礼仪、会见礼仪、宴请与赴宴礼仪、签约礼仪、参观礼仪等；按主体的活动内容划分，又可划分为着装礼仪、餐饮礼仪、成人礼仪、婚丧礼仪、馈赠礼仪等。礼仪的分类并不是单向和一成不变的，存在很多交叉。清华大学朱燕用坐标图的形式表达了礼仪的分类与礼仪规范之间的联系，对我们有一定的借鉴价值。如图 1-1 所示：

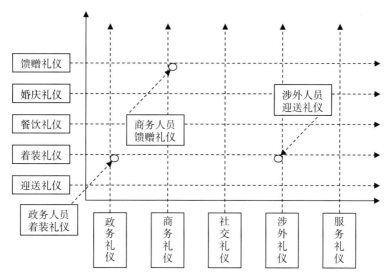

图 1-1　礼仪的形式（分类）与礼仪规范之间的联系示意图①

本章根据礼仪的作用领域，将比较常见且对青少年学生有较大影响的礼仪、礼节和仪式概括为以下六类：

1. 个人礼仪

个人礼仪主要作用于个人私生活领域，是社会个体的仪容仪表仪态准则、待人接物规范以及贯穿整个人生的通过仪式等，是个人道德素养、文

---

① 朱燕：《现代礼仪学概论》，清华大学出版社 2006 年版，第 18 页。

化修养、教养良知等的外在表现。大体包括以下方面。

（1）仪容仪表礼仪

仪容，指人的容貌，包括五官、发型等的装饰和搭配。仪表，指人的外表，包括姿态、风度等。俗语所言"三分长相，七分打扮"，指的就是仪容仪表礼仪，强调礼容修饰对于个人仪容仪表的重要性。

（2）举止仪态礼仪

举止，指人的举动、姿态和风度。仪态，指人的身体所呈现出的各种姿态，包括神态表情、举止动作和相对静止的体态等。培根说，状貌之美胜于面色之美，体面而又优雅的姿态之美胜于状貌之美①，就是强调举止仪态比相貌更重要，更能反映人的精神气质。

（3）待人接物礼仪

"待人接物"一词出自《史记·报任安书》，意思是跟别人往来接触，也就是社会交往，包括得体的言辞、动作、表情、衣着等。待人接物礼仪是个人礼仪与家庭、学校、社会公共场所礼仪相衔接的桥梁。

（4）人生礼典、仪式或礼俗

如诞生礼、成年礼、婚礼、葬礼等。

2. 家庭礼仪

家庭是社会的基本细胞，是家庭成员相处的一个稳定场所，也是家庭成员与外界取得联系、进行交往的重要场所。家庭礼仪也就是主要在家庭生活及邻里相处中发挥作用的礼仪，包括家庭成员之间的称呼、相处等方面的礼仪规范和家庭仪式、睦邻友好礼节等。"家和万事兴"，和谐家庭建设要靠家庭礼仪来实现。

3. 学校礼仪

学校礼仪是主要在校园生活中发挥作用的礼仪。包括学校生活中师生之间、同学之间相处的礼仪规范和入队、入团、入党等校园仪式。

4. 社会礼仪

社会礼仪是主要在社会生活各个领域发挥作用的礼仪，涵盖社会公共生活、经济生活和政治生活等多个领域。

（1）社会公共生活礼仪

包括社区生活中邻里交往礼仪，行路、乘坐交通工具的礼仪，在医院

---

① ［英］弗兰西斯·培根：《世事箴言——培根论说文集》，王义国译，中国广播电视出版社 2000 年版，第 197 页。

就诊、到商场购物的礼仪，文化活动场所礼仪，以及旅游礼仪等。

（2）经济生活领域的礼仪

包括行业礼仪、商务仪式礼仪、会务礼仪以及商界人士在商务交际和业务应酬中所应遵循的酬世礼仪等。

（3）国家政治生活礼仪

包括国际交往中涉外接待的常规礼仪、国际访问的规范礼仪、涉外人员的个人礼仪，国家工作人员在工作场合所应恪守的有关人际交往的行为规范以及对待国旗、国徽、国歌等国家象征的礼仪等。

5. 民族礼俗

礼仪具有差异性，为此需要"入乡随俗"。民族礼俗指的是各民族、各地区的民俗风情，既包括我国各民族的民俗风情，也包括世界各国、各民族的民俗风情等，都是青少年学生应当了解的。

6. 网络礼仪

网络礼仪是现实生活中的礼仪在互联网时代的一种特殊表现形式，是指人们在网上交流过程中所应遵守的礼貌、礼节和仪式，是保证人们网上行为得体性的行为准则。网络时代，青少年学生必须掌握必要的网络礼仪，以树立自身良好的网络形象，维护和建立文明和谐的网络秩序。

（五）礼仪的特征

虽然礼仪随着时代的不同、地域的不同、民族的不同而形式多样，异彩纷呈，但其存在着若干共同特征。主要有以下几个方面。

1. 规范性

礼仪是一种行为规范，具有规范性特征，亦即礼仪有规则。礼仪的规范性要求人们在特定的时间、地点和情境中遵守礼仪规则。无论是作为一般性的交际礼仪，还是作为重大活动中的礼仪，都要按照一定的规则行事，遵从特定的礼仪规范，按照一定的程序施礼。施礼时要切合情境、从容不迫、郑重其事。如古人在重大礼仪活动之前都要沐浴、斋戒，以示规范、郑重。

2. 共同性

人类追求真善美的愿望是一致的，礼仪是社会各阶层人士所共同遵守的准则与行为规范。每个人都要依礼办事，全人类不管哪个国家、哪个民族都以讲礼仪为荣。例如：礼尚往来、礼貌待客、文质彬彬、举止得体都是符合大多数人价值取向的文明标志。我国宋代出版的启蒙教材《三字经》，强调了礼仪的重要性，"为人子，方少时，亲师友，习礼仪"①。就是说作为子女，从小就要接近师长和朋友，学习为人处世的礼仪，因为这是做人的起点。

3. 多样性

礼仪作为一种行为规范，涉及社会生活的各个方面，从而决定了礼仪具有多样性的特征。不同的职业具有不同的礼仪规范。如：教师的礼仪形象应该是端庄文雅、和蔼可亲、充满自信、精神饱满；学生也有学生的礼仪形象，朴素大方是对学生最基本的形象要求，着装、举止、谈吐各方面都必须符合这一礼仪规范。不同的生活领域具有不同的礼仪规范。每个人在不同的生活领域中扮演着不同的角色。在社会生活领域中，到商场购物，我们是消费者；到医院就诊，我们是患者。在学校生活领域中，我们是老师、学生。在家庭生活领域，我们则是父辈、祖辈的儿孙、街坊的邻居等。要把我们在不同的生活领域中扮演的各种角色都演好，就必须遵守不同生活领域的礼仪规范，否则就会产生角色冲突，引起麻烦和痛苦。

4. 时代性

礼仪是社会历史发展的产物，作为一种上层建筑，它与一定社会的经济基础有着极为密切的联系。它随着时代的发展，科学技术的进步，在传统的基础上不断地推陈出新，体现着时代的要求与时代的精神。例如：在我国，就见面礼的行礼方式看，握手替代了作揖，鞠躬替代了跪拜；从拜访与问候礼的情况看，如今，节假日给亲朋好友打个礼仪电话，发个短信，或送去礼仪鲜花，表示祝贺与问候，这些都反映了礼仪的发展具有时代性的特点。礼仪的发展过程本身是一个不断地对过去旧礼仪文化进行扬弃的过程，我们既要不断学习那些反映时代要求的礼仪规范，也要自觉推动和促进有中国特色的社会主义礼仪文化建设。

5. 差异性

民间有"十里不同风，百里不同俗"的说法，不同的文化背景产生不同的礼仪文化。一个国家、一个地区、一个民族的礼仪规范是在长期的共同生活中逐步形成、积累和发展起来的。由于不同国家、地区和民族在

---

① （南宋）王应麟等：《三字经・百家姓・千字文（国学典藏）》，吴蒙标点本，上海古籍出版社 2017 年版，第 9 页。

政治、经济、文化等方面有不同的特点，使得礼仪规范不可避免地具有一定的地域性、民族性。我国自古以来就是一个地域辽阔、民族众多的国家，56 个民族各自都有体现本民族特点的礼仪规范和多彩多姿的礼仪形式，不同地域之间的礼仪文化也有很大的差异。早就有"入境而问禁，入国而问俗，入门而问讳"的说法。随着社会主义市场经济的建立，各民族之间、各地域之间的交往大大加强了，学习了解各种礼仪文化就变得十分重要。不尊重这些礼仪习俗，就会伤害人们的感情，甚至会发生误会乃至冲突。

6. 继承性

礼仪规范将人们交际活动中约定俗成的程式固定下来，这种固化程式随着时间的推移沿袭下来，形成了继承性特点。人们对流传下来的礼仪规范应采取汲取精华、去其糟粕、古为今用的态度。例如：在重大活动中，座次以北为上、以右为尊的规则，就是继承了传统礼仪，成为现今人们仍沿用遵守的礼仪规范。

7. 适应性

虽然说不同国家、不同民族、不同地域的礼仪具有差异性，但是，各民族之间的礼仪并非绝对排斥，而是可以互相渗透、互相适应、互相学习和借鉴。随着时代的不断发展，世界各国之间、不同民族之间、不同地域之间的交往与沟通日益频繁和密切，饱含文化内涵的礼仪会更多地相互影响，相互渗透，相互取长补短，一些共同的礼仪将被作为国际公认的行为规范而普遍采用。

礼仪的这些特征，决定了新时代礼仪德育和中国特色社会主义礼仪文化建设不是一个简单的过程，而是一项艰巨、复杂的社会系统工程。

二　礼仪素质

（一）礼仪素质的含义

所谓素质，是指人在生理、心理和行为等方面所具有的从事某种活动的基本条件和能力[①]。在素质教育理论中，人的素质就是人自身具有的能

[①]　罗国杰：《中国伦理学百科全书·伦理学原理卷》，吉林人民出版社 1993 年版，第306 页。

够对人的活动发生作用的稳定的基本品质①。

礼仪素质是人的素质的重要方面，是指人在礼仪方面所具有的相对稳定的基本品质。

(二) 礼仪素质的结构

如果说人的素质是一个有机的系统，那么，礼仪素质则是人的素质系统中的一个子系统。作为一个相对独立的子系统，礼仪素质系统既从属于人的总的素质系统，具有人的素质的共性，也有其自身的个性，拥有相对独立的体系和结构。本章将人的礼仪素质理解为一个球形结构的有机体，并由外而内对其进行层层解剖，初步分析礼仪素质的结构。

1. 礼仪素质的表层结构——礼仪行为

在礼仪素质的球型结构中，礼仪行为处于最表层，包括礼节、仪式、仪容仪表等外在的东西。礼仪行为就是人们按照一定的礼仪原则和礼仪规范，从本人意志出发自主选择的行为，包括一般性的礼仪行为和礼仪习惯两个层次。

(1) 礼仪行为

礼仪行为包括个体礼仪行为、群体礼仪行为和社会礼仪行为三类。个体的礼仪行为，是指一个人在仪容、仪表、举止、谈吐、待人接物等方面的具体表现，它是个人道德品质、文化背景、审美情趣等精神内涵的外在表现，可以整体表现一个人的礼仪素质，反映一个人的公共道德修养水平，同时也是其民族文化、民族传统的重要表征。群体的礼仪行为，是指人们在群体交往活动中表示相互尊敬、亲善、友好等的行为表现，如群体中的介绍、致意、称谓等礼节，交际中的拜访与接待、宴请等礼节。群体礼仪行为在很大程度上可以体现一定群体的组织状况和结合的紧密程度。社会礼仪行为是指一定社会的全体或绝大多数成员所共有的礼仪行为。社会礼仪行为的范畴非常广泛，几乎可以涵盖社会交往中社会成员的一切礼节、仪式和活动。礼仪行为体现一定社会的礼仪素质和文明进步程度。

(2) 礼仪习惯

与礼仪行为相比，礼仪习惯具有较强的稳定性、自觉性、无条件性等

---

① 李满苗、张和仕、赵美珍等:《大学素质教育论纲》，江西教育出版社1999年版，第59页。

特点。对于个体而言，外在的礼仪行为举止往往取决于经长期过程所养成的礼仪习惯。礼仪之所以在人类世代延续的过程中扎根并发挥作用，就是由于人类形成了社会礼仪习惯。礼仪一旦成为习惯，就会成为一种自然的行为模式，形成顽强的思维和行为定式，凝结成人类传统并长期沉淀下来，成为人们的行为方式和社会文化的重要内容。可见，激发礼仪行为，培养良好的礼仪习惯，是礼仪德育的基础性工作。

2. 礼仪素质的中层结构——礼仪意识

礼仪意识处于礼仪素质的中层结构，是人们在长期的社会实践过程中形成的礼仪认知、礼仪情感、礼仪意志、礼仪信念和礼仪理论体系的总称。其中最主要的是礼仪认知、礼仪情感和礼仪意志。

（1）礼仪认知

礼仪认知，是人们对礼仪知识的获取和掌握。礼仪认知是培养、提高礼仪意识的起点，只有具有一定的礼仪认知，才能形成相应的礼仪情感和礼仪意志。

（2）礼仪情感

礼仪情感是指人们在礼仪认识和实践过程中所伴随发生的内心体验，也就是依据一定的价值标准，对礼仪现象所产生的爱憎好恶等心理体验。礼仪情感在礼仪认知的基础上产生，又反作用于礼仪认知，在一定程度上影响礼仪认知的发展方向。一定的礼仪认知与相应的礼仪情感发生共鸣，就能激发动机，产生礼仪行为。

（3）礼仪意志

礼仪意志是将礼仪认知持久地运用到实践、引起礼仪行为的一种能动力量。一般而言，在产生动机的前提下，通过发挥礼仪意志的克服困难、战胜挫折等作用，才有礼仪行为的实施与持续。

礼仪意识与礼仪行为密不可分。一个人选择什么样的礼仪行为，总是受自己的礼仪意识支配的。有什么样的礼仪意识，就会有什么样的礼仪行为；反之，礼仪行为实践所产生的精神力量反过来又会对礼仪意识发挥巩固和强化作用。

3. 礼仪素质的深层结构——礼仪精神

在礼仪素质的解剖关系中，礼仪精神是处于礼仪素质最深层次的内容，是礼仪素质的灵魂和精神内核。一般认为，由于所有的礼仪都是围绕着"德"展开的，是为了弘扬和表彰"德"而设计的，为此，"礼德"

就是礼仪精神。但"礼德"的概念非常广泛，对其内涵和外延的准确界定和全面把握就成为一件不太容易的事情。清华大学著名礼学家彭林先生将礼的原则集中归纳为敬、静、净、雅四个字①，非常具有典型性和代表意义，堪称对礼仪精神的高度概括。

（1）敬

敬，是礼仪精神的首要之处。所谓"敬"，是尊敬、敬畏之义。《孟子·离娄下》中有一句名言："君子以仁存心，以礼存心。仁者爱人，有礼者敬人。爱人者，人恒爱之；敬人者，人恒敬之。"② 其中"敬人者，人恒敬之"，几乎成了我国民间协调人际关系的至理名言，以至于中华民族几千年来一直盛行"人敬我一尺，我敬人一丈"等民谚。真诚的、表里合一的"敬"，在我国传统社会的礼仪践行中，是一贯的、普遍的道德操守。如果没有"敬"作前提，礼仪就会失去其存在的实质性价值，进而沦为华丽的空壳。

（2）静

静，是礼仪精神之一。所谓"静"，是安静、宁静之义。一个具有良好礼仪素质的人，身上必有"静气"，气定神闲，沉静从容。《礼记》中所强调的君子"俨若思，安定辞"③ 以及"声容静，头容直，气容肃"④ 等九项关于"君子之容"的规定，就是说君子无时无刻不在沉思各种问题，未经深思熟虑不会轻易说话；一旦说话，也总是语调平静，从不大声嚷嚷；在公共场所尤其出言谨慎，绝不让自己的声音影响周围的人。《礼记》中还要求"登城不指，城上不呼"⑤，这是因为，我国古代的城头非常高，如果在城头上大声呼喊、指指点点，会让别人受惊。君子就餐时也是非常安静的，

---

① 彭林：《礼乐人生——成就你的君子风范》，中华书局2006年版，第64—72页。

② （战国）荀子：《荀子·离娄下》，载孙安邦、马银华译注《荀子》，山西古籍出版社2003年版，第185页。

③ （西汉）戴圣编纂：《礼记·曲礼上》，胡平生、张萌译注《礼记》（上），中华书局2017年版，第1页。

④ （西汉）戴圣编纂：《礼记·玉藻》，胡平生、张萌译注《礼记》（上），中华书局2017年版，第599页。

⑤ （西汉）戴圣编纂：《礼记·曲礼上》，胡平生、张萌译注《礼记》（上），中华书局2017年版，第16页。

正如《论语·乡党》中的一句话："食不语，寝不言。"①

（3）净

净，也是礼仪精神之一。所谓"净"，也就是干净、洁净之义。越是文明的民族，对住所、食品、衣服等的卫生程度要求也就越高。我国自古就有讲究卫生的传统，在中华传统礼仪中，往往通过"净"来体现尊敬之意。如：天坛是明清两代天子祭天的地方，旁边有专门的斋宫，天子祭祀之前先要在斋宫沐浴、斋戒，以表对神的敬意。祭祀用的牲，在宰杀前都要清洗洁净。祭器也要专门擦洗干净，有些祭品上面还要以专用的布覆盖，以免沾染灰尘。祭祖也是如此，在卫生方面的要求非常严格。洁净的原则同样贯穿于人际交往的礼节中，在接待朋友时，我国民间有"净水泼街""拭榻以待"的说法，就是这种古仪的遗存。客人到来之前，要把茶具仔细洗过。客人到了之后，尽管茶杯很干净，但还是要当着客人的面用开水烫一次，为的是让客人放心饮用。

（4）雅

雅，也是重要的礼仪精神。所谓"雅"，也就是文雅、雅致之义。具有良好礼仪素质的人，言谈举止必然都很文雅、温和、有礼貌。如前所述，我国古人的文雅不仅在举止坐卧等方面有充分表现，而且给我们留下了大量丰富、典雅的礼仪辞令。如：称交往对象的家，要用"尊府""府上"等词；当对方赠送给自己礼物时，要回答说："敬谢厚赐！"当对方宴请自己时，要说"承蒙赐席！"向对方赠送礼物时，无论礼品有多么贵重，也要说是"薄礼"，不过是"聊表寸心""不成敬意"等。

由于礼仪精神在礼仪素质结构中处于灵魂和思想核心地位，所以，礼仪德育的根本追求在于塑造礼仪精神。

总之，礼仪素质是由礼仪行为、礼仪意识和礼仪精神构成的统一体。礼仪行为习惯是礼仪素质最基本、最重要的因素，没有礼仪行为习惯的积累和持之以恒，礼仪素质便无从形成。礼仪意识在礼仪素质结构中具有承上启下的作用，它既直接支配和指挥着礼仪行为习惯，又是礼仪精神的具体化。礼仪素质在根本上是一种礼仪精神；在礼仪精神的指引下，形成一

---

① （春秋）孔子：《论语·乡党第十》，载王国轩等译《四书》，中华书局 2007 年版，第46 页。

定的思想观念，即礼仪意识；在礼仪意识的支配下，礼仪素质必然表现为具体的礼仪行为，并经长期沉淀最终形成礼仪习惯。

三　礼仪德育

（一）礼仪德育的含义

礼仪德育是礼仪与德育的结合体。从其所属门类来看，礼仪德育从属于教育的范畴，是教育门类所属的德育概念的一个子概念；礼仪德育是一种基于礼仪的道德教育。本章认为，所谓礼仪德育，是指根据社会交往活动中的礼仪规范，有目的、有计划、有组织地对受教育者施以全面系统的影响，使之掌握礼貌、礼节、仪式、交往程序等，培养礼仪行为，提升礼仪意识，塑造礼仪精神，养成礼仪习惯的教育活动。

礼仪德育的直接目的，是通过引导、帮助受教育者掌握礼貌、礼节、仪式、交往程序等，培养礼仪行为，进而养成良好的礼仪习惯，不断培养、提高受教育者的礼仪素质。通过塑造良好的个人形象，养成得体的言谈举止，掌握相应的社交礼仪规范，进而培养受教育者的规则意识、责任意识和道德感，引导受教育者树立正确的审美观和形成完善的人际交往能力，做到"诚于中，形于外"[①]。因此，增强受教育者的礼仪认知，提高受教育者的礼仪意识，培养受教育者的礼仪精神，组织、指导受教育者的礼仪行为演练，使之通过学习、训练，形成自我调节礼仪行为的能力，养成良好的、合乎礼仪规范的、得体的礼仪行为习惯，并最终形成持续稳定的礼仪素质，是礼仪德育应当贯彻始终的宗旨。

（二）礼仪德育与德育的关系

德育有广义和狭义之分。狭义的德育是道德教育的简称，"是指形成人们一定的道德意识和道德行为规范的教育，它是学校德育的组成部分，任务是提高道德认知，陶冶道德情感，锻炼道德意志，确立道德信念及培养道德行为习惯等"[②]。广义的德育由若干部分组成。我国传统上一般认

---

① （西汉）戴圣编纂：《礼记·大学》，胡平生、张萌译注《礼记》（下），中华书局2017年版，第1163页。

② 顾明远：《教育大辞典》，上海教育出版社1990年版，第98页。

为，广义的德育包括政治教育、思想教育和道德教育三部分。国家教育部对德育概念的界定比传统意义上的广义的德育概念更为广泛，不但包括了政治教育、思想教育和道德教育，而且还将心理品质教育纳入其中，将德育规定为"对学生进行政治、思想、道德和心理品质教育，是中小学素质教育的重要组成部分，对青少年学生健康成长和学校工作起着导向、动力、保证作用"①。

1. 礼仪德育的主体内容属于道德教育

道德教育以道德作为教育内容，是一种培养道德素质的教育。② 道德教育通过对受教育者进行道德知识的传授，将道德观念、道德原则变成其道德行为与习惯，进而提高道德水平。在我国现阶段，无论是个体道德品质的培养，还是社会道德风尚的提高，都离不开道德教育。社会公德、职业道德和家庭美德是道德教育的三大领域。由于礼仪与道德紧密关联，为此，礼仪德育与道德教育之间存在密切联系。道德教育的三大领域无不与礼仪德育息息相关。礼仪德育的主体内容属于道德教育。

（1）礼仪德育与社会公德教育紧密关联

社会公德是社会道德体系中的基础层次，是人类社会生活中最基本、最简单的行为准则。遵守社会公德，是对社会生活中每个人的最低层次的道德要求。社会公德要求人们在社会公共生活中应和谐相处，举止文明，以礼相待等。而社交礼仪、公共场所礼仪等具体的礼仪规范，就是对社会公德的内容要求的分解和细化，进而转化为具体的、可操作的礼仪规范。礼仪德育关于社交礼仪等教育内容，旨在通过传递这些礼仪规范，落实社会公德教育的要求。

（2）礼仪德育也与职业道德教育紧密关联

职业道德是整个社会道德的重要内容。职业道德涉及职场每个人如何对待所从事的职业和具体工作，反映这个人的生活态度、价值观念。职业礼仪将职业道德要求转化为具体的、可操作的职业礼仪规范。礼仪德育关于职场礼仪等教育内容，旨在通过传递职业礼仪规范，落实职业道德教育的要求。

---

① 原国家教委：《中小学德育工作规程》，国家教育委员会 1998 年 3 月 16 日，http：//www. 110. com/fagui/law_ 185017. html。

② 王玄武、骆郁廷：《思想教育·政治教育·道德教育比较研究》，武汉大学出版社 2002年版，第 9 页。

（3）礼仪德育还与家庭美德教育紧密关联

家庭是社会的基本细胞，每个人都离不开一定的家庭。家庭美德要求人们要尊老爱幼、男女平等、夫妻和睦、邻里团结等。家庭生活礼仪将家庭美德的内容要求转化为日常生活中的礼节和仪式。如家庭庆祝仪式、聚会仪式、重大节日及纪念日的拜访与回访仪式等，所传递的核心思想就是家庭美德的内容要求。礼仪德育关于居家生活礼仪等教育内容，旨在通过传递家庭生活中的礼仪规范，完成家庭美德教育的任务。

社交礼仪、职业礼仪、居家生活礼仪在礼仪德育的教育内容中占据较大比重，为此，礼仪德育的大部分内容属于道德教育。礼仪德育也为此成为道德教育的基础工程。

2. 礼仪德育的一部分内容属于思想教育和政治教育

思想教育，也就是世界观、人生观、价值观的教育；政治教育，也就是政治方向和政治态度的教育。二者往往统称为思想政治教育。在礼仪德育中，包含大量思想政治教育的内容。如升挂国旗、使用国徽、奏唱国歌礼仪，宪法宣誓仪式，入党入团入队仪式等，通过这些礼节和仪式，能够有效强化国家意识和集体观念，因此成为新时代爱国主义教育重要的、行之有效的实践载体。

3. 礼仪德育也蕴含着心理健康教育成分

心理健康教育是提高学生心理素质、促进其身心健康和谐发展的教育，是进一步加强和改进学校德育工作、全面推进素质教育的重要组成部分[①]。教育部关于心理健康教育的具体目标规定中，强调要"使学生学会学习和生活，正确认识自我，提高自主自助和自我教育能力，增强调控情绪、承受挫折、适应环境的能力，培养学生健全的人格和良好的个性心理品质"[②]。

礼仪德育与心理健康教育有许多互通之处，如生日礼、成人礼等一系列人生仪式，主要目标就是使人正确认识自我，在家庭、社会生活中找准定位；另外，礼仪德育通过培养、提高受教育者的人际交往能力，对于受教育者改善人际关系、调控自身心理和行为、形成健全人格等方面，具有

---

① 教育部：《中小学心理健康教育指导纲要》（2012 年修订），教育部办公厅 2012 年 12 月 18 日，http://www.gov.cn/zwgk/2012-12/18/content_ 2292504.htm。

② 教育部：《中小学心理健康教育指导纲要》（2012 年修订），教育部办公厅 2012 年 12 月 18 日，http://www.gov.cn/zwgk/2012-12/18/content_ 2292504.htm。

重要的价值。

总之，礼仪德育与我国德育的几大部分之间存在密切联系。礼仪德育从属于德育，是德育的一个方面，一个组成部分，堪称德育的基础工程。如果缺失了礼仪德育，德育的发展将会出现大的问题。因此，本章将礼仪与德育结合起来，提出礼仪德育概念，试图通过礼仪德育，整合学校的行为规范和道德教育、爱国主义教育、心理健康教育等其他德育领域，帮助学生通过接受全面系统的礼仪德育，逐步学会正确表达尊重和敬意，敬国家，敬民族；敬社会，敬集体；敬他人，也敬自己。

（三）礼仪德育的类型

依据不同的分类标准，礼仪德育有不同的类型。

依据受教育主体的不同，分为幼儿礼仪德育、青少年礼仪德育、成年人礼仪德育等。每个方面还可以进行进一步划分，其中，青少年礼仪德育可以分小学生礼仪德育、中学生礼仪德育、大学生礼仪德育。

依据教育目的和内容的不同，可分为居家生活领域的礼仪德育、社会公共生活领域的礼仪德育、政治活动领域的礼仪德育、经济活动领域的礼仪德育、职业领域的礼仪德育等。

依据教育的渠道和实施途径，分为自我礼仪德育、家庭礼仪德育、学校礼仪德育、社会礼仪德育以及网络礼仪德育等。

本书所指的礼仪德育，特指专门针对正在接受正规学校教育的小学生、中学生、大学生的礼仪德育。

第二章

我国礼仪德育的现状与反思

　　理论创新缘于对实践的不断反思和改进。准确判断我国礼仪德育现状，深入反思礼仪德育实践，聚焦制约礼仪德育持续健康科学发展的关键问题，才能明确深入实施礼仪德育的必要性和紧迫性，同时找到改进实践、发展理论的突破口。

一　我国礼仪德育的缺位缺失及其后果

　　我国自古就有重视礼仪德育的优良传统。但近现代以来，由于多种原因，我国礼仪德育曾在一段时期内处于缺位甚至严重缺失局面，这对于中华优秀传统礼仪文化传承、中国特色社会主义礼仪文化建设和我国社会文明进步是巨大的损失。

（一）我国礼仪德育缺位缺失的表现及主要原因

　　礼仪德育缺位缺失表现为学校、家庭和社会对礼仪德育不予重视，礼仪德育行为欠缺专业性、规范性、科学性等。礼仪德育的缺位缺失轻则造成教育效果不理想，重则影响社会的稳定有序和谐发展。

　　盛世则礼仪兴，乱世则礼仪衰。鸦片战争以后，中国沦为半殖民地半封建社会。百年乱世，外敌入侵、内战频仍，社会激烈动荡。礼仪德育缺位缺失既是乱世的一种表现，也是乱世的必然结果。造成我国礼仪德育缺位缺失的主要原因有以下几个方面。

　　第一，礼仪德育实施的客观条件不完备，是我国礼仪德育缺位缺失的根本原因。

　　礼仪属于思想文化层面的上层建筑，必然随着社会经济基础的变化而变化，但这种变化不应是被动的，而应是主动适应、建设、完善并对社会经济基础发挥应有的调节作用。鸦片战争以后的百余年，中国社会经历了从封建社会到半殖民地半封建社会、再到社会主义社会的演进，我国的政治上层建筑一直随着巨变的经济基础而剧烈震荡，并最终发生翻天覆地的变化。这一变化决定了礼仪文化和礼仪德育必然随之发生相应的变化，并在积极适应、努力重建的基础上，找到自身在社会系统中的合理位置，发挥应有的作用。然而，此起彼伏的内忧外患，未能为礼仪文化和礼仪德育提供相对稳定的、转型发展所必需的时空条件。其中，辛亥革命作为中国近代比较完全的民族民主革命，其后成立中华民国，这在理论和制度上对中华传统礼仪的现代转换提出需求，但中华民国成立不久就经历了袁世凯称帝、军阀混战，其后短短几十年的时间里先后经历三次国内革命战争和抗日战争，这从根本上破坏了传统礼仪、礼仪德育走向现代的客观条件，也是我国礼仪德育缺位缺失的根本原因。

相对于经济基础和意识形态、政治上层建筑而言，礼仪文化发展具有滞后性。这是由礼仪文化的内在属性所决定的。中华人民共和国成立后，生产资料社会主义改造基本完成，我国社会主义政权获得了相对稳定的经济基础，这从经济基础和政治上层建筑上为社会主义礼仪文化建设和礼仪德育实践奠定了基础，为从根本上扭转礼仪文化、礼仪德育缺位缺失局面创造了条件。经过中华人民共和国成立之初的短暂复苏，"文化大革命"等政治运动再次打断了我国礼仪文化和礼仪德育现代化的历史进程，直到改革开放以后才真正进入复兴期，并在中国特色社会主义进入新时代之际驶上了持续快速科学发展的快车道。

第二，西方文化的强烈冲击，是我国礼仪德育缺位缺失的重要原因。

文化上的强势往往与经济上的强势相伴而生。鸦片战争以后，西方强势文化随同廉价商品和坚船利炮席卷中国，对中华传统礼仪文化和礼仪德育造成严重冲击，构成了我国在特定历史条件下独有的礼仪杂呈现象，礼仪德育也随之无所适从。这一现象在19世纪末20世纪初尤为突出：见了皇帝呼"万岁"，见了洋人喊"hello"；有人长袍马褂，有人西服革履；更有甚者，梳长辫、戴瓜皮帽并同时着西装。这一情形延续近半个世纪，导致礼仪德育严重缺位缺失局面进一步恶化。

西方文化的又一次强烈冲击发生在改革开放以后。改革开放前，我国的经济和社会发展处于相对封闭的环境中。改革开放后，中国开始直面西方文明，中西经济发展上的巨大反差，使一些人在惊愕之余将我国经济上的落后完全归咎于传统文化，萌生出强烈的文化自卑感，对包括传统礼仪文化在内的中华传统文化持不屑甚至鄙视的态度，而对西方文化盲目崇拜，不加鉴别、照单全收，致使西方文化中的一些消极因素在我国迅速蔓延。反映在礼貌、礼节、仪式等方面，一些人以奇装异服为美，以举止散漫随意为时髦，以交谈中时不时夹带几个英文单词为新潮。这对中华传统礼仪文化和礼仪德育构成了新的时代挑战。

要避免西方文化在我国肆意弥漫所造成的恶果，必须加快以礼和礼仪为重要内容的中华优秀传统文化的现代复兴和转化步伐。改革开放之初我国掀起礼仪德育新高潮，就是对这一局面的积极应对，也是老一辈无产阶级革命家英明睿智的一种表现。进入中国特色社会主义新时代，礼仪文化建设和礼仪德育实践不断走向深入，则是中国共产党的执政水平不断提高、执政理念日益成熟的一种现实反映。

第三，国内频发政治和文化运动，也是我国礼仪德育缺位缺失的重要原因。

在整个社会系统中，最直接影响礼仪文化和礼仪德育发展状况的，是政治上层建筑。近现代以来，我国频发的政治和文化运动，越发加重了我国礼仪文化建设和礼仪德育的发展困境。

辛亥革命推翻了清王朝的封建统治，这为中华传统礼仪打开了现代化之门。孙中山组阁的南京临时政府颁布了一系列法令和文告，"废除贱民身份，许其享有公民权利""革除前清官职厅称呼""晓示人民一律剪辫"① 等，表明了与封建礼制的彻底决裂；举国上下由此开始剪发辫、改称呼和废止缠足，社会出现了文明进步的新气象。但此期"废旧礼"却未能"兴新礼"，新政权在礼仪文化建设和礼仪德育方面的努力难以持续深入。

1919 年爆发了五四运动，新文化运动的先驱者们对传统礼仪进行全面反思和批判，对腐朽、落后的封建礼教进行清算，旗帜鲜明地喊出"打倒孔家店"的口号，对封建礼教直接开刀，将中国带入了一个较为开放的新时期。然而，尽管五四运动中对传统礼仪的批判可谓淋漓尽致，但对适应时代要求的新礼仪文化建设问题却未能提出有效的解决方案，礼仪

---

① 范莹、王子弋、卢隽美：《礼仪基础》，华东理工大学出版社 2006 年版，第 5 页。

德育也因此而不得复苏。

中华人民共和国的成立，标志着我国礼仪文化建设和礼仪德育进入了一个崭新的历史阶段。以毛泽东为首的老一辈无产阶级革命家非常重视礼仪文化建设和礼仪德育问题。中央人民政府成立之初专门成立了典礼局，制定了《接待外宾须知》作为培训教材，对于建国初期提高中央工作人员的礼仪素质、树立党和政府的良好形象发挥了重要作用。然而，自20世纪50年代后期起，受"左倾"思想的影响和干扰，我国礼仪文化建设和礼仪德育再度跌入低谷，特别是在"文化大革命"期间更是如此。

始于文化批判的"文化大革命"，是一场由领导者错误发动，被反革命集团利用，给党、国家和各族人民带来严重灾难的内乱[1]。这一时期，我国社会主义事业遭受前所未有的浩劫，传统的思想文化和道德随之遭受重创，中华传统礼仪文化因其显性的文化表征更是招致毁灭性打击，沿袭两千余年的礼仪德育思想、实践、优良传统在这一时期几乎陷入了泯灭的境地。

总之，历经百余年的内忧外患，中华传统礼仪文化和礼仪德育饱受摧残，直到20世纪80年代才开始持续走向复苏。中国特色社会主义进入新时代，在传承和发展中华优秀传统文化、实现中华民族伟大复兴的历史背景下，新时代中国特色社会主义礼仪文化建设和礼仪德育实践终于迎来了蓬勃生长、快速发展的新春天，走上了现代化的新征途。

（二）我国礼仪德育缺位缺失的后果

礼仪德育长期缺位缺失所造成的后果，有的是立竿见影的，如在着装、谈吐、举止等外显方面，短时间内就会出现"看着不顺眼""听着不入耳"等方面的问题。但更严重的后果不是立显的，而是在一段时间甚至较长一个时期以后才会显现出来。这些后果，主要表现为以下方面。

1. 礼仪德育缺位缺失导致道德滑坡

由于礼仪与道德联系密切，礼仪德育缺位缺失的后果，必然在道德领域有所体现，很多有识之士为此发出"道德滑坡"的感叹。这在家庭、学校和社会公共生活领域均有明显表现。

---

[1] 中共中央党史研究室：《中国共产党历史（1949—1978）》（下），中共党史出版社2011年版，第752页。

（1）导致家庭美德缺失

从家庭情况来看，礼仪德育的缺位缺失导致家庭美德的缺失。家庭成员之间礼仪缺失，子女不尊重父母，晚辈不尊重长辈的现象司空见惯。例如：有的家长远道为在他乡求学的子女送钱送物，作为子女本应知恩感恩，但有的学生对父母冷言相对，弄得父母很尴尬，甚至感情受到伤害；有的学生平时很少和父母通信、通电话，只要通电话就是要钱；更有甚者，以求学为名骗来父母的钱却大肆挥霍浪费。由于一些人从小没有养成尊重父母的好习惯，长大后往往也不会孝敬父母，严重的根本不赡养父母，而做父母的往往只有忍气吞声。

（2）造成尊师敬友美德被一些学生遗忘

从学校情况来看，礼仪德育的缺位缺失造成尊师敬友美德被一些学生遗忘。首先，师生间礼仪缺失，尊师重教美德受到威胁。一些学生在校外甚至在校内遇见老师经常表现为视而不见或绕道回避，连打招呼、问好这些基本的礼仪、礼节都很难做到。据了解，一些传统的课堂教学礼节也正在"淡"出课堂。以"不浪费时间""集中精力学习""提高效率"等名义，"起立问好"等礼仪礼节在一些学校特别是在初三、高三等毕业年级被省略；偶尔有同学课上看见老师喊"起立"时，很多学生竟大感意外，常常要过上几秒时间，才稀稀拉拉地站起来，很不"情愿"地问一声"老师好"。学生在课堂上起立向老师问好，其用意不只是提醒同学开始上课，也是一种必不可少的尊师礼节，以表达学生对老师教书育人的应有尊重。师生间的礼仪不仅是上课前的行礼问好，更重要的是教育教学过程中的相互尊重。现在的大学课堂纪律远不及中小学，有的学生在课堂上睡觉、看报纸、看小说、接打手机、发短信、戴耳机听音乐，有时学生相互间讲话，杂音几近淹没老师讲课的声音。这些现象说明，学生对老师的基本礼仪的缺失已到了令人吃惊的程度，尊师重教美德受到严重威胁。

其次，同学之间礼仪缺失现象也很严重，并因此影响同学关系，造成同学之间产生矛盾。有的同学见面常常以绰号、脏话代替打招呼；有的同学经常未经主人同意就擅自取用别人的东西；有的同学开玩笑把握不住分寸；当同学之间发生矛盾时，有责任的一方常常不能主动承认错误，双方缺乏谦让，并因此影响同学关系，致使矛盾激化，有的甚至上升为刑事案件。近年来，校园暴力事件频发，偶有自杀、他杀现象发生。而这些，很多都是由于鸡毛蒜皮的小事所引起，本可以化解于一句得体的道歉、一个友善的微笑或者一个看似不经意却恰到好处的手势，但恰恰是由于长期以来礼仪德育被视为"不值一提"的"小事"而长期缺位缺失，最终甚至付出了一个又一个生命的代价。

（3）使社会公德受到威胁

从社会公共生活情况来看，礼仪德育的缺位缺失使社会公德受到威胁。礼仪德育的缺位缺失造成一些人礼貌、礼节的缺失，使得人际关系淡漠，社会文明状况不佳。最常见的问题是一些人对他人缺乏应有的尊重。无论是在公共汽车上，还是在商店、影剧院，或者在其他公共场所，很难听到他们文明礼貌的语言，很难看到他们友善亲和的面容。在日常社会中，人们常常遇到一些令人不愉快的现象，有的对人态度生硬，动不动就恶语相加，甚至拳脚相见；有的在大庭广众之下举止粗俗，不顾任何影响；有的随地吐痰，乱扔脏物；有更多的人则因缺乏各种社交场合必要的礼仪知识而举措失当。更为严重的是，由于社会环境的不良影响，一些青少年把文明礼貌当作酸气，以无礼为时髦。

2. 礼仪德育缺位缺失危及民族文化传承，削弱文化自信

礼仪具有鲜明的民族性，是民族文化的重要表征，是民族认同的重要标志和凝聚民族精神的重要纽带，也是民族文化自信的重要载体。中华礼仪是中华民族五千年来世代传承、发展的结果，凝聚着中华文化的精髓，承载着中华民族的精神。礼仪德育长期缺位缺失，必然导致人们对民族礼仪文化的了解越来越少，进而危及民族文化传承，甚至无法排除危及民族延续的可能性。例如，在一次网上调查中，很多人不知道端午节的来历。与此同时，很多"洋节"却在中国青少年中甚为流行。广州市青少年宫与广州圆鸿康市场研究咨询公司联合开展的一项春节调查显示，在被调查的458名小学生中，知道春节是哪一天的占74.4%，而知道圣诞节的却高达82.6%；在两个节日的象征物方面，过半数的小学生喜欢圣诞老人，这一比例远超过喜欢我国传统的财神、金龙、醒狮；在圣诞平安夜，仅有8.1%的小学生的生活方式没有什么变化；65%的学生认为中国人应该过圣诞节[①]。这对中华文化特别是中华传统礼仪文化的传承构成了严重威胁，对民族文化自信也构成了巨大挑战。

浩如烟海、源远流长的人类礼仪文化，是世界文明进步过程中一道亮

---

① 谢苗枫、王健：《最想得到是红包　最中意圣诞老人》，《南方日报》2009年1月22日。

丽的风景。各个国家和民族都有自己独具特色的礼仪文化，但东西方礼仪文化在文化基础、出发点、表达方式等多方面却存在显著的差异。

首先，文化基础不同。东方礼仪的基础是我国儒家文化。自汉朝以后，我国儒家思想就一直在社会上居于统治地位，对我国政治、经济、文化和社会生活产生过极其深刻的影响。同时，儒家文化也辐射到周边国家，成为韩国、日本、新加坡等东方国家的文化基础。东方礼仪是在儒家文化的基础上衍生出来的，带有鲜明的儒家文化特质。儒家文化具有家族取向的特征，凡事以家为重，以个人为轻；以家为主，个人为从；以家为先，以个人为后。为此，东方礼仪中非常重视家族和血缘关系，如我国人民自古信奉"血浓于水"的信条，重视以"孝"和"悌"为核心的血缘骨肉之情，强调"父母在、不远游""故土难离""落叶归根"，主张"老吾老以及人之老，幼吾幼以及人之幼"。西方礼仪的基础是基督教文化。基督教文化是属于扩张型的。基督教信徒以说服或压服全体人类信奉他们主张的上帝为使命，强调对世界的扩张和征服。为此，在基督教文化基础上产生的西方礼仪，提倡人人平等，积极参与竞争，漠视家庭血缘关系，主张个人独立。尊老被视为东方美德，在西方却完全不同。西方人特别忌讳自己由于年长而获得特殊照顾，不希望别人以"老"来称呼自己。在西方礼仪中，把名字叫"汤姆"的爷爷称呼为"汤姆"，是天经地义的事情，而在中国人看来，斗胆把名字叫"赵大宝"的爷爷称为"老赵"或"大宝"的晚辈，完全是大逆不道的不肖子孙。

其次，价值观念不同。东方礼仪的目的侧重于协调各种关系，其出发点是整体利益，注重集体主义和团队精神，强调人际关系、组织关系的团结、融洽、和谐。如在东方国家，邻里间的相互关心，问寒问暖，是一种富于人情味的表现。逢年过节，亲戚之间要相互走动，不"串亲戚"被视为不懂礼节、不守规矩的表现。西方礼仪维护个人尊严，崇尚个人的力量，追求个人的利益，处处强调个人拥有的自由，将个人的尊严看得神圣不可侵犯。在西方，冒犯别人"私人的"权利是非常失礼的行为。他们尊重别人的隐私权，也要求别人尊重他们的隐私权。如在西方国家，误入邻居家花园有可能招致主人枪击的危险。

最后，表达方式不同。东方礼仪的表达方式是含蓄、谦逊的，凡事不张扬。如东方人在给人送礼物时，尽管礼物是经过精心挑选的上品，但在送人时却总是恭敬地说"微薄之礼，不成敬意，敬请笑纳"之类的谦恭话语。在接受礼物时，通常也会客气地推辞一番；接过礼物后，一般不当面拆看，唯恐显得自己重利轻义，有失礼貌，或者对方因礼物过轻或不尽如人意而难堪。西方礼仪强调交际务实，在讲究礼貌的基础上力求简洁便利，反对繁文缛节、过分客套造作。如西方人一般不轻易送礼物，除非相互之间建立了较为稳固的关系。在送礼时，西方人会直截了当地说："这是我精心为你挑选的礼物，希望你喜欢"，或者说"这是最好的礼物"。西方人一般不推辞别人的礼物，接受礼物时先对送礼者表示感谢，接过礼物后总是当面拆看礼物，并对礼物赞扬一番。这些说明，礼仪的差异从根本上说是一种文化的差异，包括民族的思维方式、价值取向和宗教信仰等的不同。

如果长期缺乏规范、科学的礼仪德育，我国民族礼仪文化传承将面临巨大障碍，民族文化自信将遭受巨大冲击。这不但为西方礼仪文化渗透造成可乘之机，而且为西方价值观、思维方式扩大影响开辟了一条低投入、高产出的绝佳路径。西方宗教节日原本是属于基督教徒的节日，但目前这些节日却在我国盛行。这并非意味着当代中国盛传基督教，而是由于西方文化的强有力渗透，使很多人在并不信仰基督教、对宗教节日一无所知的情况下，不假思索地接纳了"圣诞节"等原本只对基督教徒才具有神圣意义的礼节和仪式，甚至浑然不觉地随同加入圣诞狂欢的行列。我国礼仪德育的长期缺位、缺失和错位是造成这种现象的重要原因之一。更为严重的是，由于缺乏对具体的礼仪德育行为的有效引领和规范，一些学校教师甚至组织青少年学生集体过圣诞节、派发圣诞礼物、制作圣诞贺卡等，这一行为无形中把一种外来文化植入缺少文化鉴别和宗教选择能力的青少年学生心中，构成对中华民族文化传承的严重威胁。长此以往，将进一步加剧民族文化传承中的矛盾冲突，削弱中华民族的文化自信。

3. 礼仪德育长期缺位缺失将威胁中华民族的竞争力

礼仪素质是一种重要的人文素质。礼仪德育长期缺位缺失的结果，必将由于个体礼仪素质降低而殃及民族整体素质，削弱民族竞争力。据一份对大学生的问卷调查，结果显示：大学生对礼仪知识的了解非常少，完全了解的只占被调查人数的 22.72%。另据采访调查，这些自认为了解礼仪知识的人，对礼仪知识的了解程度，其实只限于一些常规的礼貌、礼节，而并不真正具备系统的礼仪知识。有 14.83% 的同学不了解甚至根本不知道礼仪知识。大学生对自身言行举止及礼仪修养的满意度也很低，只有 7.42% 的同学对自身言行举止非常满意或满意，而不满意和很不满意的却占到 38.50%①。毋庸置疑，当代大学生属于时代青年中最优秀的群体，他们是国家的希望、民族的未来，无论是从科学文化知识方面，还是从道德、品格、修养方面，都担负着引领和影响公民素质提高的历史使命，并且代表着中国公民的形象，站在科学技术与文化的最前沿参与国际人才的公平竞争。然而，使命与现实之间却存在着巨大落差。这与日本、韩国等周边国家青少年学生的情况形成巨大反差。

综上所述，无论是目前已有明显表现的道德滑坡，还是民族文化传承、文化自信正在遭遇的挑战，以及民族竞争力有可能被削弱的威胁，都是我们无法否认的现实。但是，"冰冻三尺，非一日之寒"，这一局面不是朝夕形成的，而礼仪德育缺位、缺失、错位是这一局面形成的重要原因之一。新时代的礼仪德育，任重而道远。

二　我国礼仪德育的复苏及其实践模式

20 世纪 80 年代以来，伴随我国改革开放的进程，在党和政府的积极倡导、引领以及社会各界的积极呼吁下，我们欣喜地看到，我国礼仪德育迅速复苏，并已蓄积起蓬勃发展、迅速生长的态势。

（一）我国礼仪德育的复苏

1. 政策的引领

我国礼仪德育复苏并迅速发展，首先是党和政府积极倡导、引领的结果。为了建立与经济社会发展相适应的和谐的人际关系和社会秩序，党和政府积极倡导礼仪文化建设和礼仪德育实践，并将礼节、礼貌、礼仪作为思想道德建设的重要任务和社会主义新人的基本素质。1981 年，中华全国总工会、共青团中央、全国妇联等单位联合向全国人民特别是青少年发出倡议，开展"五讲四美"文明礼貌活动，并将每年 3 月定为"全民礼貌月"，掀开了礼仪德育的新篇章。此后，中共中央先后于 1986 年、1996 年通过了《关于社会主义精神文明建设指导方针的决议》和《关于加强

---

① 姚礼萍：《如何提高大学生的礼仪修养素质——对当代大学生礼仪情况的调查》，《安徽商贸职业技术学院学报》2007 年第 1 期。

社会主义精神文明建设若干重要问题的决议》；2001 年中共中央颁发了《公民道德实施纲要》；2004 年颁发《中共中央国务院关于进一步加强和改进未成年人思想道德建设的若干意见》；2006 年党的十六届六中全会通过《中共中央关于构建社会主义和谐社会若干重大问题的决定》，等等。以上反映出党和政府对礼仪文化建设、礼仪德育的认识逐步深化和渐进过程。

进入中国特色社会主义新时代，党的十八大以来，党和政府站在建设社会主义文化强国的高度，将礼仪和礼仪德育作为传承发展中华优秀传统文化的重要内容。2014 年 12 月，中共中央办公厅、国务院办公厅印发《关于规范国歌奏唱礼仪的实施意见》；2017 年 1 月，中共中央办公厅、国务院办公厅印发《关于实施中华优秀传统文化传承发展工程的意见》，要求建立健全公共场所和网络公共空间的礼仪、礼节、礼貌规范，树立文明古国、礼仪之邦的良好形象；2017 年 5 月，中共中央办公厅、国务院办公厅印发了《国家"十三五"时期文化发展改革规划纲要》，强调要"制定国家礼仪规程。实施全民文明礼仪教育养成行动，培育文明行为习惯。规范升国旗仪式、成人仪式、入党入团入队仪式等礼仪制度"；2019 年年底，中央先后颁发《新时代公民道德建设实施纲要》和《新时代爱国主义教育实施纲要》，对新时代中国特色社会主义礼仪文化建设和新时代礼仪德育做出更为详尽的安排部署，为中国特色社会主义礼仪文化建设和礼仪德育实践铺就了发展的快车道。

总之，近年来，党和政府积极倡导和引领中国特色社会主义礼仪文化建设和礼仪德育实践，为礼仪德育指明了发展方向，提供了良好的政策环境，是当前我国推进礼仪德育实践的最重要保障。

2. 社会的呼声

社会的呼声，是礼仪德育发展的强劲动力。伴随改革开放和时代发展的进程，与党和政府的政策引领相呼应，社会各界对礼仪德育的呼声越来越高。2006 年，在河北省政协九届四次会议上，政协委员、河北省书画艺术研究会会长曹郁建议在全省幼儿园和小学校开设礼仪教育课程。2010 年 3 月，在全国政协十一届三次会议上，全国政协委员张晓梅建议将礼仪课程纳入素质教育范围并将礼仪课程纳入教学大纲，从幼儿园到大学，系统贯穿礼仪修养教育。她还建议教育部门编写设置《礼仪修养》课程，在幼儿园、中小学、大学开设礼仪课程；在规定教学内容的同时，对课程建立相应的标准和要求，建立起相关的考核标准，并成为升学、就业、诚信的一项素质标准①。与此同时，呼吁加强中国特色社会主义礼仪文化建设、成立专门的组织机构的呼声也日益高涨。2005 年十届全国人大三次会议上，全国人大代表、广东文艺职业学院副院长陈学希根据人民网网友"于樵"的网络帖子，提交了一份特殊的建议，核心思想是国家应尽快制定《礼典》②。2015 年以来，全国政协委员韩方明及其所在的察哈尔学会反复呼吁，应整合相关部门的礼宾职能，恢复设立国家典礼局③。

总之，社会各界的积极呼应，不但为发展中国特色社会主义礼仪文化和新时代礼仪德育营造了良好的舆论氛围，而且提供了精神动力和智力支持，成为推动礼仪德育实践的重要力量。

3. 教育部门的行动

作为对党和国家有关决策部署的积极回应，与社会的呼声相呼应，教育部门积极行动。从中央到地方，从教育行政部门到各级各类学校，对礼仪德育问题的认识均有明显提高，采取了很多措施加强礼仪德育。有些省级教育行政部门对礼仪德育进行统一安排部署。河南省教育厅于 2002 年将礼仪教育与心理健康、书法艺术、新科技等地方课程列为义务教育必修课。中共河北省委教育工委、河北省教育厅于 2007 年颁发《关于加强中小学文明礼仪教育的意见》，要求全省中小学进一步加强文明礼仪教育，对师资队伍建设和教研机构建设做出规定，并就教学计划、师资配备、教育时间、实践活动及读本等环节提出明确要求。从县（市、区）教育部门情况看，也有很多将礼仪德育作为义务教育必修课或者基础教育必修课、选修课等。如：天津市南开区教育局将"礼仪修养课"列入义务教育阶段课程；山东省济南市在基础教育阶段开设礼仪地方课程等；山东省菏泽市教育局将中小学礼仪教育的实施过程进一步细化，出台了《关于在全市中小学生中开展文明礼仪教育活动的实施方案》，对中小学文明礼

① 徐靖、赵琳琳、王飞等：《政协委员张晓梅：将礼仪课程纳入素质教育范围》，《广州日报》2010 年 3 月 4 日。

② 张演钦、李宜航等：《粤籍人大代表建议尽快制定〈礼典〉规范礼仪》，2005 年 3 月 12 日，搜狐网，http://news.sohu.com/20050312/n224659876.shtml。

③ 洪奕宜：《全国政协委员、全国政协外事委员会副主任、察哈尔学会主席韩方明建议：恢复设立国家典礼局》，《南方都市报》2015 年 3 月 6 日；察哈尔学会：《关于恢复设立国家典礼局的建议》，载察哈尔学会《2011—2018 年察哈尔圆桌论坛资料合集》，2019 年。

仪教育的指导思想、教育的具体目标、内容、实施办法、实践活动的主要措施和要求做出了较为详细的规定。从学校层面看，除贯彻落实各级教育行政部门的要求外，伴随基础教育课程改革的进程，全国各省、市、自治区均有相当数量的学校将礼仪德育列为校本课程，并在教材建设、教育方法等方面进行大胆的尝试。2010 年 12 月，教育部印发《中小学文明礼仪教育指导纲要》[1]，对进一步加强中小学文明礼仪教育提出系统性和规范性要求。

综上所述，从中央到地方，从社会到学校，从官方到民间，均已对礼仪德育有所行动。我国礼仪德育总体发展形势喜人。

（二）当前我国礼仪德育的实践模式

目前迅速发展的我国礼仪德育实践，大致可以概括为以下几种模式。

1. 课余活动模式

这种模式，一般是学校根据国家有关部门的统一部署和学校实际情况，围绕某一主题，利用课余时间，组织青少年开展各种形式的关于礼仪知识的学习、宣传和教育活动。例如：每年 3 月的"文明礼貌月"，在全国范围内开展"五讲四美三热爱"活动；中国文明网举办的全国"迎奥运讲文明树新风"礼仪知识竞赛；一些大中专院校和职业学校举办的学生礼仪培训讲座；中小学组织礼仪德育的主题班队会、演讲等活动；许多学校还成立学生礼仪队，除服务于学校自身的活动外，还参加一些社会公益性活动等。

这种模式一般不是孤立进行的，往往是在课余活动的基础上，要求进学校、进课堂，形成课外和课内的教育合力。例如，为迎接 2008 年奥运会的召开，北京市在青少年学生中开展的"情系奥运，文明礼仪伴我行"主题宣传教育实践活动。其实施方案是围绕主题，每年选择一个专题和重点内容作为突破口，经过 3 年左右的努力，让"唱响国歌；尊敬师长；主动问好；不随地吐痰；把纸屑扔进垃圾桶；不说脏话；公共场所，轻声交谈，右行礼让；乘车购物，不拥不挤；观看演出、比赛文明喝彩；遵守规则，走人行横道、不闯红灯"十个文明习惯伴随青少年学生健康成长。

---

① 教育部：《中小学文明礼仪教育指导纲要》，2010 年 12 月 30 日，教育部网站（http://old.moe.gov.cn/publicfiles/business/htmlfiles/moe/s3325/201101/114631.html）。

该活动为此提出了六项具体的措施和要求①，以便落实到位、确保效果。

该模式具有较强的随机性和宣传感染性，也是比较便于操作的途径，但因其属于新增加的临时性活动，因此往往加重组织者和参与者的负担，如果操作不当，有可能流于形式。

2. 课程教学模式

这种模式，一般是学校将礼仪德育作为学生开设的一门课程来组织教学，进行传授。近年来，全国各省、市、自治区均有一些学校将礼仪德育列为校本课程，也有一些省、市将其纳入地方课程体系，作为义务教育必修课或者选修课。如：河南省教育厅把礼仪教育作为地方课程列为义务教育必修课；天津市南开区教育局将"礼仪修养课"列入义务教育阶段课程；山东省济南市在基础教育阶段开设礼仪地方课程；河北省任丘一中多年来开设礼仪教育校本课程；沧州市则将礼仪教育作为地方课程等。与如火如荼的中小学礼仪德育实践相呼应，越来越多的高等学校将礼仪德育作为学生素质教育的必修课或公共选修课，职业学校则普遍开设职业礼仪教育课。

这种模式因方向明确、目标具体、组织严密，因此成效更为显著。但在当前应试教育尚未从根本上得以彻底消除的情况下，容易出现与其他科目"抢课时"问题，操作不当难免成为师生的共同负担。另外由于我国尚未开设礼仪教育师资专业，这从根本上导致礼仪课程师资短缺，礼仪课教学不得不由其他科任教师兼职，为此在教学专业性、规范性、科学性方面出现不少问题。

3. 专业培训模式

这种模式是指学校将礼仪作为一种满足职业需要的必修的专业课，按照一定的教学计划和目标对学生进行系统的教育和训练。这一模式以职业为导向，与课程模式最大的区别是学习礼仪的目的发生了重大变化。同时，采用该培训模式，学生可通过较长的学习时间，对礼仪理论与实践进行系统的学习、内化，从而满足职业需求。当前，有些师范院校开设专门的教师礼仪课，以满足教师的从业需要；各高职、中职院校均在空乘、护

---

① 中共北京市委教育工作委员会，北京市教育委员会：《关于印发 2005—2008 年首都青少年学生"情系奥运，文明礼仪伴我行"主题宣传教育实践活动实施方案和 2005 年校园礼仪——"文明礼仪伴我行"主题宣传教育实践活动计划的通知》，中共北京市委教育工作委员会、北京市教育委员会，2005 年 1 月 14 日，http：//www. shyedu. gov. cn/zhcfg/ShowArticle. asp？ ArticleID=160。

理、导游、酒店管理、文秘等专业开展专业的礼仪培训。调查发现，接受过专业礼仪培训的同学，不但与老师、同学相处更融洽，而且能够承接校内外重要活动的礼仪接待任务，对老师和服务对象更有礼貌，能耐心回答服务对象提出的问题，服务态度更好①。海南职业技术学院通过推进以礼仪教学与职业素养教育相结合的教学改革，有效促进了复合型人才培养，提高了学生就业率②。

该模式以满足学习者的职业需求为导向，具有很强的实用性，为此受到普遍欢迎。学习者在强大内驱力的引领下，学习成效也更为显著。为此，如何在礼仪德育与受教育者的内在需要之间建立起紧密联系，提高学习意义，是推进礼仪德育实践所应着重考虑的问题之一。

总之，回顾 20 世纪 80 年代以来我国礼仪德育的发展历程，我们欣喜地看到，尘封已久的礼仪德育正在迅速复苏并快步走到台前，对我国社会生活尤其是思想文化建设已经并将进一步产生广泛而深远的影响。

三　制约我国礼仪德育发展的关键问题及其影响

虽然近年来我国礼仪德育实践迅速发展并取得了可喜成绩，但现实情况却不容盲目乐观，依然存在很多非常棘手的、制约礼仪德育持续健康发展的关键问题，亟待我们研究解决。这些问题大体可以概括为以下两类。

（一）礼仪德育理念不清导致实践混乱

1. 对礼仪德育功能认识肤浅，定位不准

如前所述，礼仪德育的主体内容属于道德教育，在内涵上是一种道德教育、思想政治教育和心理健康教育的有机统一，是一项人类灵魂的塑造工程，也是重要的文化建设基础工程。礼仪是道德的起点和表现形式，离开道德谈礼仪是片面的，不科学的。但现实礼仪德育实践活动中，却有很多人和地方忽视了礼仪的精神内核，将礼仪德育的目标简单定位在规范仪容仪表、整齐行为等外显的方面，甚至将礼仪德育与简单的形体训练画等号。

---

① 雷容丹、韦成全、李艳霞等：《大专护生职业礼仪素质培训模式的实践》，《中华护理杂志》2008 年第 10 期。

② 张奕：《高职服务类专业礼仪教学与职业素养教育分析》，《管理观察》2020 年第 18 期。

正是由于对礼仪德育功能的认识肤浅、定位不准，导致当前我国相当数量的礼仪德育实践活动急功近利，将礼仪德育等同于对受教育者行为的约束、限制和规范，在某种程度上背离了礼仪"德诚于内，礼形于外"的本质要求。在这一价值定位的引领下，很多礼仪德育实践活动缺乏长远目标，陷入短期行为，只强调行为的规范和训练，不重视道德的内化和精神的提升。这种功利化行为剥去了礼仪德育赋予受教育者人生价值、提升健全人格、陶冶与净化心灵等方面的功能，使礼仪德育目标低俗化，必然由于漠视受教育者对礼仪情感、礼仪意志的追求以及对礼仪精神的认同而缺乏应有的感召力，使得教育效果大打折扣，甚至难免造就表里不一、言行不一的"伪君子"。这一局面与礼仪德育的应有功能和科学合理的定位相去甚远。

2. 礼仪德育目标不清、方法简单

礼仪德育的目标在于培养提高礼仪素质。目标的实现过程是水到渠成的，但并不是立竿见影的。实践中，一些人认为，开展礼仪德育的目标就是传递礼仪知识，由此导致礼仪德育的目标被简单化甚至异化，在教育过程中出现了礼仪德育知识化现象。礼仪教材被教师作为客观知识进行讲解和传授，过于强调教材知识的系统性、完整性和理论性，忽视了受教育者身心成长的规律性和个性心理品质的养成。在教学方法上，则是倾向于教师照本宣科，在讲台上讲解礼仪知识；学生作为知识容器，被动接受礼仪知识。礼仪德育知识化的做法背离了礼仪德育特有的实践性要求，难以取得应有效果。

事实上，礼仪德育的直接追求是使学生善于表达尊敬。实现这一目标的路径，是学习者在了解礼仪知识、礼仪规范的基础上，通过情感的融入、意志的制约、信念的建立等过程，将礼仪知识、礼仪规范内化为个人的礼仪素质，进而外化为礼仪行为并养成礼仪习惯。因此，礼仪德育具有鲜明的操作性和实践性。

所谓操作性，是指礼仪德育与实际操作紧密相关。对于具体的礼仪规范，了解、识记是一回事，而进行实际操作又是一回事。如果把礼仪规范只是当作一般知识来传授，"光说不练"，是根本行不通的；只有经过实际的训练，礼仪德育才能收到较好的成效。

所谓实践性，是指礼仪德育具有知行统一的要求。学习者在学习礼仪知识、掌握礼仪规范和要求的同时，应付诸行动，按礼仪的规范、要求去做。如果在掌握礼仪知识并形成实际操作能力后，依然不愿身体力行，学一套、做一套，这样的礼仪德育必然是没有出路的，也是不可能取得成功的。

总之，礼仪德育目标不清导致礼仪德育知识化且教育方法简单化，直接后果是使学生单纯接受礼仪知识和礼仪规范，却斩断了礼仪知识、礼仪规范与自身实际生活的意义联系，使礼仪德育实践沦为空谈。

3. 礼仪德育内容欠科学

礼仪德育究竟教什么？目前，由于我国新时代礼仪德育依然处于复苏并重建阶段，理论研究明显不足，教材建设滞后于形势发展的需求，相关部门虽高度重视但尚无权威、统一的操作规程，比如至今未见应作为礼仪德育课程规范的《礼仪德育课程标准》，因此导致在礼仪德育内容方面出现无所适从的现象，尤为突出的表现就是对现代西方礼仪与中华传统礼仪的关系处置不当。

中国特色社会主义已进入新时代，面临着新形势、新任务。改革开放初期，我国积极分享世界文明的优秀成果，主动融入经济全球化的浪潮中，并汲取西方的先进文明和宝贵经验。在这股全球化的浪潮席卷下，西方国家的一些礼仪、礼节陆续传入我国，同我国的传统礼仪一道融入社会生活的各个方面。各行各业争先恐后出台礼仪规范，然而，人们聚焦最多的不是中华礼仪文化，而是现代西方礼仪，因此，我们身边的一些人正在变得越来越"洋化"：从服饰到饮食，从礼节到仪式，距离中华民族传统文化越来越远。对此，彭林先生说了这样一段话："现在，国内的一些礼仪教材几乎都是西方商务礼仪的翻版，比如怎么穿西装打领带，哪只手拿刀、哪只手拿叉等等。……如果用西方礼仪来覆盖中华礼仪，是非常可悲的。"[1] 联合国教科文组织驻中国代表、汉学家让-吕克·多梅内克则提出这样的疑问："是什么使得中国与自身传统脱离？"[2] 近年来，党和政府对礼仪问题越来越重视，先后倡导"五讲四美""明礼诚信"等，要求开展必要的礼仪、礼节、礼貌活动等，也提出"制定国家礼仪规程"的"十三五"文化目标，乃至将礼仪、仪式作为新时代爱国主义教育和公民道

---

[1] 许立群：《中华礼仪之活——清华大学教授彭林访谈》，《人民日报》2007年5月15日第16版。

[2] 陈卓：《重建新时代的文化礼仪——中国人要过中国节》，《美与时代》2008年2月（上半月），第12页。

德建设的重要载体，这些对社会主义礼仪文化建设工作提出的实践要求，开辟了新时代礼仪文化建设的新的广阔前景，也提出了许多需要深入思考的问题。如：如何建设有中国特色的社会主义礼仪文化？中华传统礼仪在新的历史条件下有什么现实价值？在当今复杂多变、日新月异的时代背景下，对约定俗成意义上的礼仪规范如何进行引导和规范？诸如此类，不一而足。

对现代西方礼仪与中华传统礼仪的关系处置不当的结果，就是有人强调礼仪德育要适应现代化、国际化要求，帮助受教育者掌握现代西方礼仪，以适应现代社会交往特别是日益频繁的国际交往需要。持这一观点的人，在礼仪德育活动中传授的是现代西方商务礼仪，如职场着装礼仪、社交礼仪、西餐礼仪等。也有人强调礼仪具有鲜明的民族性，是民族文化的重要表征和民族成员相互认同的重要标志，要捍卫民族礼仪的地位，重视中华传统礼仪教育，使炎黄子孙掌握中华传统礼仪。持这一观点的人则在礼仪德育活动中更多地介绍中华传统礼仪文化。更多的人强调古为今用、洋为中用，但由于缺乏有效指导，在这一观点指导下的礼仪德育实践也问题重重，实际操作上大多是将西方礼仪和中华传统礼仪进行折中，"土洋结合"。这种公说公有理、婆说婆有理的纷争局面和较长时间内仍无法摆脱"摸着石头过河"的状况，不利于礼仪德育的持续健康发展，需在权威部门统领下尽快正本清源。

4. 礼仪德育的实施渠道单一

目前，虽然各个学校对礼仪德育提出了不同程度的要求，却存在实施渠道单一等问题，难以取得预期的教育效果。

（1）礼仪德育与其他教育资源欠缺统筹和科学整合

一是学校层面的礼仪德育实践活动不够系统完整。当前除将礼仪德育列为校本课程的学校外，其他多数学校自主开展的礼仪德育活动，主要是通过生活挖掘教育内容，通过办讲座、听故事、做好事等方式进行，教育内容欠缺系统性。

二是在国家课程体系中的礼仪德育也难成体系。国家课程体系中的礼仪德育主要是通过其他科目渗透来实现的，在相关学科课程标准和教科书中增加礼仪德育知识，如依据现行中学思想品德课程标准编写的供七年级、八年级学生使用的思想品德教材，在讲到有关人际交往和仪表要求的内容时，充实了少量有关礼仪的知识。这些内容不但数量少，占整个中学生思想品德教育内容的比例不足 10%，而且由于散见于教科书中，且呈现方式完全是纸介的，远不能满足学生礼仪德育实践的需求，不可避免地造成礼仪德育肤浅化、表面化，教育内容缺乏连贯性，无法形成完整的体系。

（2）一些礼仪德育活动陷入形式主义

当前，由于有些人对礼仪德育认识还不够深刻，使得为数不少的礼仪德育活动片面追求形式上的轰轰烈烈。以宣传和运动而不是狠抓落实来贯彻上级文件，宣教形式脱离实际，为"完成任务"强树典型、突击立标杆应对上级检查验收和观摩指导。这之后，热闹的礼仪德育活动便宣告结束。这种形式主义的礼仪德育活动，后患无穷。

（二）礼仪德育因社会支持不足造成发展乏力

1. 礼仪德育的政策支持力度仍然不够

当前，我国礼仪德育尚未形成规范的教育制度和政策体系，在应试教育的社会环境依然占据优势的情形下，礼仪德育实践在很大程度上尚处于盲动状态，同时也不乏一些学校以"政策不好操作"为借口将礼仪德育停留在口头上甚至完全弃之脑后，或者走过场敷衍了事。这种政策和体制上的不足，严重影响礼仪德育的发展。这主要表现在以下几个方面：

（1）礼仪德育尚未纳入国家课程计划

"课程计划是根据一定教育目的和一定学校的性质任务对一定学段的课程进行总体设计的课程文件。"[1] 到目前为止，教育行政部门并未规定将礼仪德育纳入课程计划，只是一般性地要求开展礼仪德育活动。政策规定不到位，难免使得有些要求流于形式。当前，由于各地学校仍大量存在"应试教育"的做法，除极少数开设礼仪德育校本课程的学校外，绝大多数学校并未将礼仪德育安排进课程表，这就使得礼仪德育没有专门的时间保证，只能作为一种课余的宣传教育活动。

（2）缺乏对礼仪德育的整体规划

礼仪德育是一项社会系统工程，理应从娃娃抓起，并贯穿学校教育从幼儿园、小学、中学直到大学的全过程。因此，在我国目前的教育管理体制下，教育行政部门有必要对各级各类学校、各个教育阶段的礼仪德育的

---

[1]　廖哲勋、田慧生：《课程新论》，教育科学出版社 2003 年版，第 282 页。

目标和内容进行全面规划并做出统筹安排，形成一个适合青少年年龄、生理和心理特点，具有较强针对性、实效性，规范、科学、系统的礼仪德育序列。否则，难免相互脱节、各行其是。现实中的教育目标设定和内容确定并没有做到这一点，其原因就在于教育行政部门的要求仍然比较笼统，对礼仪德育缺乏全面规划和统筹安排。

（3）绝大多数学校没有专任礼仪教师编制，师资匮乏且专业性不够

这一问题主要缘于两点，一是当前我国教师编制尤其是中小学教师编制普遍偏紧，在升学主导的背景下，很少有校长"舍得"将考试科目任课教师占用的编制"挪用"于礼仪师资；二是截至目前，我国尚没有礼仪教育师资专业，没有专门的礼仪教育师资培养制度。

2. 礼仪德育的专业支持不力

（1）礼仪德育研究滞后

目前，我国系统开展学校礼仪德育的历史还比较短，实践基础相对薄弱。礼仪德育研究不但没有做到超前发展以引领实践，甚至未能做到与实践同步，存在着明显的滞后性。其结果是礼仪德育至今未形成课程标准，教材开发滞后，现有礼仪教材五花八门，缺乏专业性、科学性，不能较好地支持礼仪德育实践发展。

（2）礼仪德育实践方法与策略方面的支持帮助也不足

礼仪德育实践方法与策略方面的支持帮助，也是专业支持的重要方面。在我国目前教研机构体系中，国家课程、多数地方课程均有专门的教研员负责进行实践指导。但从全国情形看，我国礼仪教育还没有专门的教研员队伍。这就导致了礼仪德育实践方面的专业指导目前依然处于真空状态。这也是当前我国礼仪德育实践存在某种程度的混乱局面的原因之一。

3. 礼仪德育欠缺应有的合力

（1）人们对礼仪德育的认识依然存在分歧

虽然国家已将新时代礼仪文化建设和礼仪德育纳入顶层设计，但实践中仍有一些人对礼仪德育的重视程度不够，成为深入推进礼仪德育实践的思想障碍。具体表现以下几个方面。

一是不赞成加强礼仪德育。持这一观点的人认为，礼仪德育固然重要，但国家之所以并未将礼仪德育作为独立的一门课程纳入国家课程体系，就是现实还不需要把礼仪德育提升到专门课程的程度。开设礼仪德育课程会加重学生负担，不符合国家关于减轻中小学生课业负担、全面实施

素质教育的政策要求。

二是对礼仪德育持徘徊、观望态度。持这一观点的人认为，目前我国礼仪德育依然处于"混沌"状态，形势还不够明朗。与其介入纷争、盲目跟从，对受教育者实施其内容尚不知对错的所谓礼仪德育，还不如先踏踏实实传授文化知识，以免"误人子弟"。

三是极少数人反对甚至抵制礼仪德育。持这一观点的人认为，当今时代是人性自由、彰显个性的时代，在这样一个时代，人性得到了空前解放，人类自由的实现程度前所未有。如果加强礼仪德育，重新强调过多的"繁文缛节"，必然会抑制青少年学生的自由，干涉其个性化成长，其结果将会导致以人为本的教育最终沦为单纯满足政治和社会发展需要的工具。

以上观点看似有各种各样的理由和依据，但其实都是由于对礼仪德育的理解还不够深刻而造成的，需要我们加强研究和深化实践，以便拿出更多具有说服力的理论与实践理由，以便组织发动各种社会力量加入礼仪德育实践中来，形成强大的教育合力。

（2）家庭、社会与学校礼仪德育的协调性不够

学校教育、家庭教育和社会教育的协调配合，人们简称为"三结合"。大量的研究和实践表明，家庭教育、社会教育甚至网络生活中表现出的问题和消极因素，将直接影响学校礼仪德育的效果。学校礼仪德育的效果，有时轻而易举就会被父母、偶像在举手投足之间否定掉。只有家庭教育、学校教育和社会教育协调一致，有机地结合在一起，形成教育合力，礼仪德育才能取得最佳的效果。但由于历史的原因和社会条件限制以及错误思想影响，使我国学校、家庭、社会三方面在礼仪德育领域的协调配合存在一定问题，出现脱节现象。

一是家庭礼仪德育还不能很好地配合学校礼仪德育。家庭教育普遍具有较强的随意性，缺乏科学性，方法上有的溺爱、娇惯，有的简单粗暴、棍棒教育；内容上重智轻德，以考试论成败、以分数论奖惩，忽视子女的全面发展。我在基层调研中就曾多次体验家庭教育对学校礼仪德育削弱的情形。秦皇岛市第十中学王娣老师几年来一直给学生上礼仪课，她的礼仪课深受学生欢迎，但她告诉我，有学生家长曾在临近考试时专门找到她，要求停上礼仪课，家长略带指责的口气一度让王老师丧失搞好礼仪德育的信心，家长质问她："学这些形式的东西有啥用啊？时间这么紧张，快停

掉算了，让孩子好好念书多考几分!"这种情况虽然并不多见，但往往使学生在家庭和学校出现分歧的教育中无所适从，削弱礼仪德育的效果。

二是社会礼仪德育的作用目前也没有被充分整合。首先，在当前片面追求知识教育和提高升学率的情况下，有些学校不能保质保量组织学生参加社会实践活动，这往往使得热心校外礼仪德育的爱心人士和志愿者无从下手。同时，社会有些部门仍然缺乏为礼仪德育做贡献的自觉意识和积极行动。其次，有些社会公众人物由于自身礼仪素质不高，对礼仪德育产生消极影响。青少年时期最容易形成偶像崇拜，"追星"成为时尚。但由于个别被作为"星"来追捧的公众人物不但自身礼仪素质有所欠缺且缺乏应有的责任意识，以其欠妥当的仪容、仪表、仪态和言辞影响"追星族"，成为学校和家庭正面、规范的礼仪德育的"杀手"和"克星"。

总之，我国传统的礼仪德育尚未完成现代转换，新时代礼仪德育仍处于初级的发展阶段。这一局面不能满足我国经济社会发展的现实要求，与传承发展中华优秀传统文化、实现中华民族伟大复兴的目标不符。要实现礼仪德育持续健康发展，就必须尽快逐一破解制约当今礼仪德育发展的关键问题，建构科学的礼仪德育发展理念，凝聚推进礼仪德育实践的强大合力。

第三章

礼仪德育的渊源与流变

事物的发展是辩证否定的历史过程。新事物在旧事物的基础之上产生，是对旧事物的"扬弃"，既要肯定旧事物中的积极因素，也要否定旧事物中的消极因素，并在此基础上有所创新。新时代礼仪德育有必要寻根溯源，在准确把握源流的基础上批判地吸收借鉴古今中外礼仪德育的成功经验，吸取失败的教训。

一　中华传统礼仪德育溯源

中华传统礼仪德育归根结底源自中华思想文化传统。中国自古就有"礼仪之邦"的美誉，礼仪文明是中华文化的象征，是中华文化区别于异域文化的根本标志。随着时代的发展，礼仪和礼仪德育会随之不断演进、不断创新，表现出鲜明的时代性和发展性，但这种时代性和发展性是建立在继承的基础上的。《论语·为政》中记载："子张问：'十世可知也？'子曰：'殷因于夏礼，所损益可知也。周因于殷礼，所损益可知也。其或继周者，虽百世可知也。'"① 这一对话充分表现了礼仪和礼仪德育一脉相承的特点。由于先秦诸子百家中只有儒家学派的礼学流传后世，其他学派的礼学思想对后世影响甚微，所以，对中华传统礼仪德育的溯源，基本上等同于回望儒家礼学发展史并从中析出礼仪德育渐进的历史脉络。

（一）博大精深的中华礼学

中华传统礼学有狭义与广义之分，狭义礼学包括礼仪学、礼经学、礼

---

① （春秋）孔子：《论语·为政第二》，载王国轩等译《四书》，中华书局 2007 年版，第 8 页。

论三部分，广义礼学除了包括狭义礼学外，还包括泛礼学①。本章按照历史发展的脉络，分别从礼仪学、礼论、礼经学、泛礼学四个方面对中华礼学思想史进行简要梳理，借此对中华传统礼仪德育寻根探源。

1. 礼仪学

礼仪学的研究对象是仪制。礼仪学研究的内容是礼仪德育内容的重要方面。梳理礼仪学的发展脉络，可析出礼仪德育的起源、发展规律、基本功能、目标等。

（1）中华传统礼仪德育始于"周公制礼作乐"

礼仪和礼仪德育是文明社会的产物。夏、商时期，礼仪有了初步创制；西周时期，仪制得以系统化。《礼记·表记》记载："夏道尊命，事鬼敬神而远之"，"殷人尊神，率民以事神，先鬼而后礼"，"周人尊礼尚施"②，从这些记述可以看出，到周代的时候礼仪才开始盛行，礼仪学也在这一时期确立起来，其标志性事件是"周公制礼作乐"，这为礼仪德育的萌芽创造了条件。

礼仪德育兴起之初的根本追求是通过传递礼乐文明来教化百姓，进而强化政治统治。"周公制礼作乐"开启了我国历朝历代"制礼作乐"、以礼化俗的先河，成为中华传统礼仪德育的起点和源头。

（2）中华传统礼仪德育具有鲜明的阶级性和时代性

礼仪是社会上层建筑的一个方面，这决定了古代礼仪具有鲜明的阶级性和时代性。春秋战国时期是我国古代社会大变革时期，奴隶制逐渐解体，封建制逐步形成。生活在春秋时期的孔子慨叹"礼崩乐坏"。实际上，这一时期的"礼崩乐坏"并不是礼仪文化的根本崩溃，而是奴隶社会的礼乐制度逐步被封建礼仪制度所取代，是社会层级颠覆在礼仪方面的表现，即新兴地主阶级对奴隶主阶级在礼仪等级上的"僭越"。社会形态交替、政权更迭，必然带来"礼崩乐坏"，这是经济基础的剧烈震荡、倾覆以及政权交锋对文化上层建筑所造成的必然冲击。同理，封建社会转向半殖民地半封建社会，再转向全新的社会主义社会，也均有类似情况发生，形成了鲜明的历史映照。这一现象在同一社会形态的不同政权交替过

---

① 杨志刚：《中国礼学史发凡》，《复旦大学学报》（社会科学版）1995 年第 6 期。

② （西汉）戴圣编纂：《礼记·表记第三十二》，载胡平生、张萌译注《礼记》（下），中华书局 2017 年版，第 1056—1057 页。

程中也有所体现。

礼仪德育是以礼仪为载体的教育。礼仪和教育的双重属性决定了礼仪德育自诞生之刻起就是为统治阶级服务的，具有鲜明的阶级性。同时，礼仪文化随着时代发展而演进，这决定了礼仪德育具有鲜明的时代性。

（3）国家制礼作乐并重视礼仪德育，是盛世的共同特征

梳理历史发展的轨迹，我们发现，国家制礼作乐并以礼仪德育教化百姓、传播礼乐文明，是盛世的共同特征。乱世则多贬抑礼仪，压制礼仪德育，而这往往进一步加速政权倾覆。

礼乐文明天生就是统治工具。礼仪的工具性决定了礼仪德育的工具性。这在封建统治时期非常显著。进入封建社会，我国奴隶制基础上形成的礼制已经成为封建制度前进的桎梏，亟须打造为封建制度服务的上层建筑，其中，礼仪是其中之一。孔子改订周礼，一方面是对传统的继承；另一方面是孔子以开明的政治家的视野，对新的经济基础和社会生活的关照与呼应。据考证，我国现存最早的礼仪学专书——《仪礼》就是孔子改订周礼的成果①。与此同时，孔子率先开设私塾，开展包含礼仪德育在内的"六艺"教育，树起了中华文明史上伟岸的丰碑。

西汉建立后，汉高祖"命叔孙通制礼仪以正君臣之位"②，对礼仪系统进行了重新规划，礼仪学有了新的发展。汉武帝设立五经博士，将《仪礼》作为官方的"经"，以注解礼书为形式的仪制研究开始出现。《礼记》的编纂完成是汉代礼仪学最为重要的事件。郑玄对《礼记》《周礼》的注释达到了汉代礼仪学的最高峰。南北朝时期，仪制的撰作成为树立政权的合法性、争取士大夫支持的重要手段，但由于此时的政权内外交困，礼仪学难有较大造诣。隋唐时期，礼仪的撰作进入了成熟期，仪制研究成果颇丰。杜佑撰写的《通典》共二百卷，其中的《礼典》专门对名物、制度、礼节等进行考订，卷数多达一百卷之多。宋元明清时期的礼仪学基本上延续了隋唐时期的礼仪学格局。

与盛世"制礼作乐"相对照的是，乱世与贬抑礼仪如影随形。秦代以法家思想治国，重刑威、轻礼仪，导致秦代仅仅历经二世就匆匆灭亡。魏晋之际玄学思想盛行，礼仪学表现平平，因此时局动荡、民不聊生。鸦

---

①　匡亚明：《孔子评传》，南京大学出版社1990年版，第353页。

②　（东汉）班固：《汉书·礼乐志第二》，中华书局2007年版，第137—138页。

片战争后，西方礼仪对中国传统礼仪造成了巨大的冲击，传统的礼仪学日渐衰退，相映照的是我国封建经济基础和政治文明的发展步履维艰，很快走向了灭亡。

综上所述，礼关国运。在礼仪、仪制较为兴盛的西周、汉和隋唐时期，礼仪和礼仪德育对于维系社会关系、强化国家认同、教化民风的作用得以充分发挥，随之而来的是兴盛的王朝统治。反之，在"礼崩乐坏"的朝代，往往加剧社会矛盾，礼仪德育被忽视。

2. 礼论

礼论是对礼的本质、价值、功能以及作用等问题的论断。礼仪德育旨在培养提高受教育者的礼仪素质，礼仪素质的最高层次是礼仪精神，也就是将礼仪的本质和核心内化为受教育者的内在品质。为此，礼论是礼仪德育最高目标的基础支撑。

礼论的呈现方式与礼仪学有较大差异。礼仪学多有专门的篇章或典籍，而多数礼论散见于各种著作之中，这使得礼论研究比较适合个案研究而不是全面研究。为此，本章撷取孔子、孟子、荀子、李觏四位思想家关于礼论的一些片段，并从中提取关于礼仪德育的精髓和内核。

（1）孔子

孔子将礼视为道德的最高准则，强调"恭而不礼则劳，慎而无礼则葸，勇而无礼则乱，直而无礼则绞"[1]，认为礼是道德中的道德，规范中的规范。孔子认为，礼是成"仁"的重要路径，强调"克己复礼为仁"[2]。孔子还把礼视为人们的行为准则，倡导落实到日常人伦之中。在礼的致用方面，孔子则强调"礼之用，和为贵"[3]。可见，孔子认为礼对于完善人格、规范人的行为、调节人际关系、维护社会和谐等方面有着重要作用。为发挥好礼的这些作用，孔子开办私塾，广收门生，将礼列为"六艺"教育内容之一，在我国历史上创下了礼仪德育的第一次辉煌，为沿袭数千年的礼仪德育奠基。

---

① （春秋）孔子：《论语·泰伯第八》，载王国轩等译《四书》，中华书局 2007 年版，第 36 页。

② （春秋）孔子：《论语·颜渊第十二》，载王国轩等译《四书》，中华书局 2007 年版，第 56 页。

③ （春秋）孔子：《论语·学而第一》，载王国轩等译《四书》，中华书局 2007 年版，第 4 页。

（2）孟子

孟子发展了孔子的仁、礼学说，将仁与礼并提，提出"仁者爱人，有礼者敬人。爱人者，人恒爱之；敬人者，人恒敬之"①，但孟子所谈论的礼不是对普通人的道德标准，只是对"君子"的道德要求。孟子认为"君子所以异于人者，以其存心也。君子以仁存心，以礼存心"②。这里所讲的"君子"并不是对贵族的专称，而是等同于"士"。孟子还特别强调上层对下层的礼，认为"上无礼，下无学，贼民兴，丧无日矣"③。这一论断实质是强调礼仪需要由上而下进行普及。这也是礼仪德育的运行特点。

（3）荀子

荀子以"隆礼"著称，把礼推崇为宇宙的普遍原则，强调礼对社会的普遍规范作用。荀子著《礼论》专篇，这在先秦诸子中是唯一的，代表中国早期礼论的最高成就。在《礼论》中，荀子先谈到礼的起源，他认为礼义并不是人的本性，而是圣人为了减少纠纷而创设的。提出"人生而有欲，欲而不得，则不能无求；求而无度量分界，则不能不争；争则乱，乱则穷。先王恶其乱也，故制礼义以分之"，"两者相持而长，是礼之所起也"④，认为人的欲望与物质相互制约并长久地保持协调，是礼的源起。之后，荀子又强调"礼者，养也"⑤，意思是礼的作用在于协调和满足人的欲望。这些观点明显高于同时期诸子。荀子非常看重礼仪对于调节纠纷、涵养修身的功能，他认为以礼治国才能更好地维持社会秩序、巩固统治。荀子认为"学"是把握礼仪之道的唯一实现途径，"学恶乎始？恶乎终？曰：其数则始乎诵经，终乎读礼"⑥，强调学习的方法应始于诵读经文，以研究礼法为目的，这将礼仪德育置于了前所未有的高度。荀子关于"礼者，养也"的思想，蕴含着礼仪德育应注重受教育者的内在需

①　（战国）荀子：《荀子·离娄下》，载孙安邦、马银华译注《荀子》，山西古籍出版社2003年版，第185页。

②　（战国）荀子：《荀子·离娄下》，载孙安邦、马银华译注《荀子》，山西古籍出版社2003年版，第185页。

③　（战国）荀子：《荀子·离娄上》，载孙安邦、马银华译注《荀子》，山西古籍出版社2003年版，第145页。

④　（战国）荀子：《荀子·礼论》，安小兰校注，中华书局2008年版，第158页。

⑤　（战国）荀子：《荀子·礼论》，安小兰校注，中华书局2008年版，第158页。

⑥　（战国）荀子：《荀子·劝学》，安小兰校注，中华书局2008年版，第10页。

求，激发其内驱力。

（4）李觏

李觏是北宋著名的思想家、教育家、改革家，与前面三位儒家大师相比，李觏的名望要小得多，但李觏的礼论却丝毫不逊于先秦儒家。我国台湾地区著名学者韦政通曾将李觏与荀子并称①，他说："在中国思想史上，以礼作为建构思想的准据，并把礼的功能做膨胀性发挥的，先秦的儒家中有荀子，宋、明新儒家中有李觏。"② 李觏作有《礼论》七篇，把"礼"看作包括乐、政、刑、仁、义、智、信等在内全部上层建筑的总和。人性只是教育的基础，"礼"才是教育的大纲领。李觏《礼论》采用问答形式，从礼的基础、内涵和具体要求这三个方面对礼进行了分析。李觏坚持重民教育，他在强调礼乐文明的教化功能的基础上，明确反对"礼不下庶人"，肯定"庶人丧祭皆有其礼"③，这具有很大的进步性，也是对孟子礼仪上行下效思想的深化。李觏重民教育的思想启示礼仪德育应作为一种普及教育。

综上，礼论在我国古代礼学思想史上占据重要地位。作为对礼的理论性分析，礼论虽然带有鲜明的阶级和时代烙印，但我们可以从中萃取许多宝贵的思想精华。比如，孔子"礼之用，和为贵"的思想，被当代中国马克思主义者批判继承和发展，成为我国建设社会主义和谐社会理论的思想渊源之一。礼仪德育也从中获得丰富的养分，提示我们应注重改进教育方法，加强礼仪德育的普及推广等。

3. 礼经学

礼经学的研究对象是官方指定的礼学经典，包括"三礼"以及其他儒家经典中记载的礼，自诞生之日起就成为中国古代教育的传统教科书。"三礼"是指《仪礼》《礼记》《周礼》三部儒家经典。由于对其他儒家经典中的礼的研究在礼经学中所占比重有限，本书仅择与礼仪德育联系最为紧密的"三礼"学核心要义，为礼仪德育寻根。

（1）"三礼"的形成与顺序的调整，是统治阶级意志的直接产物和重要表现

"三礼"成为"经"，是统治阶级加强思想统治和意识形态建设的直

---

① 韦政通：《中国思想史》，吉林出版集团有限责任公司 2009 年版，第 694 页。

② 韦政通：《中国思想史》，吉林出版集团有限责任公司 2009 年版，第 701 页。

③ （北宋）李觏：《礼论第六》，载王国轩点校《李觏集》，中华书局 2011 年版，第 20 页。

接产物。"礼经"的"经"是指官方立有博士或受到官方认可的儒家经典，汉武帝建元五年（公元前 136）"置五经博士"①，教授《易》《书》《诗》《礼》《春秋》五大"今文经学"，其中高堂生为《礼》经博士。汉武帝以前，博士仅是备皇帝咨询的顾问官。汉武帝不仅让儒家经典的传人垄断博士，还把顾问官的博士变成了兼具教育官的博士，儒家思想正式成为官方认可的统治思想，以致学习儒家经典成为人们谋仕途、求升迁的必备功课。王莽当政后，"古文经学"《周礼》也被列于学官。光武帝刘秀建立东汉政权后，恢复西汉今文经学的旧传统，将王莽所立古文经学一概废除。曹魏时期，《周礼》与《礼记》又重新被列于学官。永嘉之乱，晋室南渡，唯《礼记》立有博士。直到唐朝，"三礼"的地位才全都稳定。可见，"三礼"之所以成为"三礼"，直接源于统治阶级政权建设的需要。传统的礼仪德育在"为什么教"的问题上虽然答案一致，但在教什么、谁来教的问题上则随政权更迭、时代演进而有所差异。

"三礼"虽然都源自先秦，但因属性、内容有所不同，侧重点有明显差异。它们的排序体现着统治者统治思想的转移。汉朝把孝道作为立国的根本，而孝道与丧礼密切相连，丧礼则在《仪礼》中占很大比重，因此《仪礼》成为两汉最受推崇的经典。汉代以后，虽然各朝仍提倡孝道，但再无以孝治天下的情况，《仪礼》的地位也随之衰落。《礼记》在东晋时地位逐渐提升，到唐代颁行《五经正义》时正式成为"三礼"之首。清朝乾隆十三年颁布《三礼义疏》，将《周礼》置于"三礼"之首。与之相适应，礼仪德育的实施也随"三礼"排列顺序的调整而变化。因时而变、因需而变是统治策略也是礼仪德育应有的选择。

（2）礼经的内涵与时俱进，礼仪德育也随之得到发展

中华礼经之所以经久不衰，是因为不断挖掘先秦礼经的内涵，与时俱进发现礼经的时代价值。不同学者对经典的解释并不相同，统治者往往根据自己的需要选择其中的一种，作为官方认可的解释。汉武帝设立五经博士，采用的全部都是当时的硕学鸿儒口授并由其弟子用当时的隶书写成的今文经。今文经学也就成了统治学说。与今文经同时存在的还有古文经，就是用先秦六国古文写成的儒家经典。汉末郑玄遍注群经，所注"三礼"很快便取代了今文经学，成为统治学说并影响深远。戴圣选辑的《礼记》

---

① （北宋）司马光：《资治通鉴》，中华书局 2007 年版，第 197 页。

能够流传至今，《礼记》《周礼》在曹魏时期得立为经，都与郑玄的巨大权威有很大关系。曹魏末年，王肃的经学被定为统治学说，短时占据了郑玄经学的统治地位。唐高宗时颁布《五经正义》，明代颁布《四书大全》《五经大全》，清代颁布《三礼义疏》，陆续成为钦定的官方礼经和正宗教科书。

对经典的注、疏，最初的目的是通过解读古代经典以方便后人理解，但历朝历代学者在解释的过程中，均不可避免地与自己生活的时代相联系，使得经典中的微言大义，成为了当时统治者取之不尽、用之不竭的思想宝库，礼仪德育也在这一进程中得到成长和发展。

（3）改革者往往借助对礼经的新解释来确立理论优势并不断刷新礼仪德育

不同时代总有改革与守旧两种力量的交锋。礼经学是偏向守旧的学问，先王之制、祖宗之法往往是守旧派的强大武器。一味守旧对一个国家、一个民族的发展是十分不利的。在这种情况下，改革者往往通过对礼经等经典的重新解释来确立其变法革新的理论基础，通过托古的手段来占领思想高地，为改革扫除思想障碍。

《周礼》是中国封建社会改革运动的主要理论依据。自从王莽时始立学官，把在野的《周礼》提升为统治学说，借以推行新政，此后周礼一直是维护封建统治的重要经典。北周改革官制也利用《周礼》。王安石变法，颁布《三经新义》，并亲撰其中的《周官新义》，以此确立变法的理论依据，并作为正宗教材，成为熙宁、元丰兴学的四大措施之一①。当中国封建社会行将瓦解之时，康有为、梁启超等新兴资产阶级的改革家则千方百计摒弃《周礼》，康有为《新学伪经考》以考证的形式，宣传《周礼》是王莽、刘歆为篡夺汉朝政权而伪造的经典，与制礼作乐的周公没有任何关系，这从根本上否定了中国封建社会长期存在的理论权威。王安石肯定《周礼》与康有为否定《周礼》其实形异实同，都是为自己推行变法改革来清除思想障碍、铺平前进道路。王安石亲撰的《周官新义》与《诗义》《书义》一起被宋神宗赐名《三经新义》并作为钦定的教科书颁行全国学校，康有为强调受教育者需要通过"习礼"来武装头脑，但二者的"礼"已大不同。礼仪德育在时代大潮中被反复刷新。

纵观礼经学发展的历史轨迹，礼经的确立并成为钦定教科书，与国家

① 毛礼锐、瞿菊农、邵鹤亭：《中国古代教育史》，人民教育出版社1997年版，第300页。

思想建设之间关系密切。礼经注疏的发展对统一社会思想有着重要的作用。不同时代对礼经所做的与时俱进的解释，可以为现世改革提供思想支持，礼仪德育伴随礼经学的发展而得以演变、渐进。

4. 泛礼学

泛礼学就是泛化的礼学，其研究对象是人们生活中司空见惯的事物。礼仪浸润于中华文化系统的各个方面，奠定了中华文化的基本结构，形成了中华民族独特的文化模式，正如孟德斯鸠所言，中国"把宗教、法律、习俗和风尚融为一体，所有这些都是伦理，都是美德。与宗教、法律、习俗和风尚有关的训诫就是人们所说的礼仪。中国的政体大获成功，原因就在于一丝不苟地遵守礼仪。中国人在年轻时学习礼仪，此后又把一生都用来实践礼仪。文人教授礼仪，官员宣扬礼仪。事无巨细，礼仪无处不在，所以，只要找到了一丝不苟地遵奉礼仪的方法，中国就可以治理得非常好"①。研究这些日常生活中的礼的学问，我们称为泛礼学。

泛礼学通常在传统礼学中处于非常边缘的地位，只在某些特殊的时代，有些泛礼学的问题有了时代意义，才受到学者们重视。比如，魏晋南北朝时盛行门阀政治，下品无士族，上品无寒门，辨别郡望门第就成了维护门阀统治非常重要的工作，这时谱学大盛。泛礼学将礼仪德育渗透到人们日常生活的方方面面，属于"随风潜入夜，润物细无声"的礼乐教化。

（二）深厚的中华礼仪德育实践

在我国古代教育的发展历程中，始终贯串着一条清晰的思想主线，即高度重视旨在"修身、齐家、治国、平天下"的教育和修养，如《礼记·大学》有载："古之欲明德于天下者，先治其国；欲治其国者，先齐其家；欲齐其家者，先修其身；欲修其身者，先正其心；欲正其心者，先诚其意；欲诚其意者，先致其知，致知在格物。"② 而礼仪德育不仅被视为统治者进行社会统治的工具，也是成就理想人生、造就风俗淳厚的世界的主要手段。

1. 平民化、大众化是礼仪德育发展的总体趋势

中国传统的礼仪德育是伴随"礼不下庶人""学在官府"局面的逐步

---

① ［法］孟德斯鸠：《论法的精神》（上册），商务印书馆2012年版，第365页。

② （西汉）戴圣编纂：《礼记·大学第四十二》，载胡平生、张萌译注《礼记》（下），中华书局2017年版，第1161页。

瓦解而发展起来的，平民化、大众化是礼仪德育演进的总体趋势。

先秦时期，中国社会讲究"礼不下庶人"，因当时"庶人"的社会地位低下，官方仅为士以上的贵族制礼，不为庶人制专门的礼。但这并不意味着庶人可以不行礼，不受礼制约束。虽然官方不为庶人制定适合他们生活方式的专有的礼仪文本，但为了避免庶人僭越，在对贵族的礼仪条文中，也夹带着一些对庶人的礼仪规定。如《礼记·曲礼下》载："天子之妃曰'后'，诸侯曰'夫人'，大夫曰'孺人'，士曰'妇人'，庶人曰'妻'"①《仪礼·士相见礼》载："庶人见于君，不为容，进退走。"②

中国早期教育也被统治者垄断，"学在官府"，平民没有受教育的权利。这使得礼仪与平民社会相隔绝，延缓了社会文明进步的进程。春秋战国时期，随着政权下移，宫廷中的许多文人带着大批图书典籍流落民间，开始兴办私学，打破了长期以来"学在官府"、由统治者垄断教育的局面，为平民阶层提供了受教育的机会、权利和可能。孔子率先开办私塾，广收弟子。孔子之后的历代儒学大师，无不以"传道、授业、解惑"为己任，办学设校，广收门生，主张礼仪德育大众化、广覆盖③。

儒家礼乐教育的目的在于培养"君子"，使之内心富有德性，外在言行合乎礼仪节度。孔子强调"有教无类"④，主张对各类人不分贵贱贤愚都可以进行教育，以此消除人与人之间在心智、品德等方面的差别，开启了礼仪德育大众化、平民化之门。汉武帝罢黜百家、独尊儒术，采纳董仲舒的建议，在首都长安建立太学，建设从中央到地方的太学、县学、乡学教育体系来力推礼，希望使之成为社会普遍的行为规范，最终实现"大一统"。但从总体上看，虽然先秦、两汉以后礼仪德育逐步普及，儒家礼制对平民生活的影响不断扩大，但"礼不下庶人"的局面直到唐代一直未能从根本上得以扭转，真正的"礼下庶人"到宋代才成为现实。

宋徽宗颁行的《政和五礼新仪》是宋代的正统教科书，其中有专门

① （西汉）戴圣编纂：《礼记·曲礼下》，胡平生、张萌译注《礼记》（上），中华书局2017年版，第81—82页。

② 李学勤主编：《十三经注疏·仪礼注疏·士相见礼》，《十三经注疏》整理委员会整理《十三经注疏疏之五》（上），北京大学出版社1999年版，第118页。

③ 杨志刚：《"礼下庶人"的历史考察》，《社会科学战线》1994年第6期。

④ （春秋）孔子：《论语·卫灵公第十五》，载王国轩等译《四书》，中华书局2007年版，第80页。

为庶人制定的婚仪、冠仪、丧仪等章节。为在民间推行新礼，"刊本给天下，使悉知礼意"①，"令州县召礼生肄业，使之推行民间，并以新仪从事"②。这种面向大众的强力的礼仪普及，打破了严格的专以门阀贵族作为教育对象的限制，客观上刺激了学术思想与礼仪德育的发展，成为我国传统礼仪德育普及化、大众化的里程碑。明清时期延续了宋朝的传统，民间礼仪得以充分普及，礼仪德育日臻完善。

2. 从娃娃抓起是礼仪德育一以贯之的优良传统

我国古代儒学大师也都是教育家，他们普遍重视教育，主张"君子如欲化民成俗，其必由学乎"③，意思是"君子"如果想要教化百姓并形成良好的社会风俗，一定要从兴学办校、加强教育入手。他们普遍认为儿童时期是人的发展的关键时期，为此"三岁看大、七岁看老"成为我国民间长久流传的一句古老的谚语。儿童刚一出生，就在道德和知识成长方面备受关注，这就有了古代的"保傅之教"④。从文献记载情况看，《礼记·内则》《少仪》《贾谊新书·保傅篇》等很多篇章，都有关于幼儿教育的规定。他们将儿童在十五六岁之前的教育阶段称为"蒙养阶段"，也就是"小学"，大体相当于如今我国的幼儿园和小学、初中教育阶段。在这一阶段，从幼儿开始以礼为教，培养符合封建道德要求的品质和行为习惯。只有在儿童时期尽早进行礼仪规训，才能养成良好的礼仪习惯，熔铸儿童的礼仪精神，使其形成由内而外抵御外部世界不良影响的能力，引导儿童成就理想人生。

蒙养教育强调"以豫为先"的儿童早期教育原则，也就是从幼小时期就要为人生打好基础。北宋理学家程颐强调"以豫为先。盖人之幼也，智愚未有所主，则当以格言至论，日陈于前。盈耳充腹，久自安习，若固有之者"⑤，意思是儿童教育最重要的是防患于未然。他认为，人在小的

---

① 出自《宋史·礼志第五十一》，转引自汤勤福、王志跃《宋史礼志辩证》（上），上海三联书店 2012 年版，第 54 页。

② 汤勤福、王志跃：《宋史礼志辩证》（上），上海三联书店 2012 年版，第 54 页。

③ （西汉）戴圣编纂：《礼记·学记第十八》，载胡平生、张萌译注《礼记》（下），中华书局 2017 年版，第 696 页。

④ 保傅之教：古代天子、诸侯及其继承人太子、世子，均有"师""傅""保"等官员专事教诲。

⑤ （清）陈宏谋：《诸儒论小学》，载《五种遗规》译注小组译注《养正遗规译注》，中国华侨出版社 2012 年版，第 165 页。

时候尚未显现出聪明或愚钝，此时应当将至理名言每天放在他面前，让这些至理名言充盈、浸润儿童的感官系统，久而久之就会安于学习，长大后这些至理名言所承载的知识和美德就会像他原本就固有的一样。

针对儿童善于模仿的特点，我国古代礼仪德育注重榜样的作用。"孟母三迁"至今传为美谈，就在于孟母深知"近朱者赤，近墨者黑"的道理，懂得为儿童提供的榜样是否具有良好的示范性，直接关系到儿童的成长。事实上，父母是孩子最直接的榜样。为人父母者要时时注意自身言行，正如曾子所言"婴儿非可与戏也。婴儿非有知也，待父母而学者也，听父母之教。今子欺之，是教子欺也"①，就是说如果做父母的欺骗孩子，就是教孩子学欺骗，孩子不但会对父母失去信任，也会养成说谎的习惯。

蒙养教育强调以做"眼前事"为主，重视教材建设。在中国封建社会，儒家经书自汉以来就是主要的正统教材，其后的历朝均依照儿童的心智特点被通俗化，形成大量切合生活实际、寓教于乐的童蒙读物。南宋时期的朱熹提出了一整套童蒙教育思想体系，堪称我国古代儿童礼仪德育的杰出典范。朱熹生活的时代，宋朝政权日渐衰亡，朝廷的腐败和黑暗令其痛心疾首。他将问题的根源归结为教育的衰微。在其《小学题词》中，朱熹认为，宋朝之所以成为衰乱之世，根本的原因，是童蒙教育没有"养其正"。为此，他以"明人伦"作为教育目的，以儒家的礼学来规范、培养学生。《小学》一书将"洒扫应对进退之节，爱亲敬长隆师亲友之道"作为儿童习礼的内容，如在"父子之亲"一节，对子女问候父母、侍奉父母衣食安寝、应答、劝谏、守丧与祭祀等仪节和礼制都有详尽规定，内容具体、详细，操作性强，只要儿童能照书中的内容在生活中践行，礼仪自然完备。这种以做"眼前事"为主的儿童礼仪德育思想在明代进一步发扬光大。明代士人将《小学》等童蒙读物作为推广儿童礼仪德育的经典教材，并根据时代特点做进一步的通俗化转换，还创立了轮班习礼、四馆分习、以诗习礼等礼仪德育方法，把儿童礼仪德育推展到家庭、社学并逐步遍及全国②。

到了近现代，在我国现代教育的孕育过程中，沿袭了数千年来的礼仪德育传统并适应时代变迁而不断创新。洋务运动的代表人物曾国藩将以礼

---

① （战国）韩非子：《韩非子·外储说左上》，载徐翠兰、木公注《韩非子——中国家庭基本藏书·诸子百家卷》，山西古籍出版社 2003 年版，第 174 页。

② 赵克生：《童子习礼：明代社会中的蒙养礼教》，《社会科学辑刊》2011 年第 4 期。

为中心的封建名教视为政事、道德之本，认为"舍礼无所谓道德，舍礼无所谓政事"，因此特别提出以礼为教育宗旨①。曾国藩的教育理论对我国近现代教育发展影响很大，康有为、严复乃至蔡元培等人的教育观，都深深烙上了曾国藩的影子。蔡元培认为要把生徒培养成为国家的有用之才，应突出礼仪德育，"礼仪者，交际之要，而大有造就习惯之力。"②蔡元培的教育思想奠定了我国现代教育的基础。南开学校的创始人张伯苓则将礼仪德育当作一种人格教育，他引用孔子有关礼仪的教导，详细说明学生应当遵守的基本礼节，要求学生从我做起，从身边小事做起，交往处事时举止得体，说话和气，彬彬有礼，尊师敬长，自爱爱人，诚实守信，度德谨行。为此，他曾专门在校门的一侧设立一面整容镜，镜子上刻着严修书写的"容止格言"："面必净，发必理，衣必整，钮必结。头容正，肩容平，胸容宽，背容直。气象：勿傲、勿暴、勿怠。颜色：宜和、宜静、宜庄。"1913 年秋，15 岁的周恩来考入南开学校，自始就被这"镜箴"所吸引，并自觉地以此规范自己的衣着、仪表，最终成为世界公认的最有风度的国家领导人和外交家之一。一代宗师陶行知先生更是重视礼仪德育，他亲自为育才学校制定了学生在室内见到师长和室外见到师长的礼节以及会场上的各种礼节，坚持实行③。

3. 礼仪德育有严密的实施体系

我国自古就有凝聚育人合力的传统，通过整合学校、家庭和社会的教育资源，形成严密的实施体系，确保礼仪德育的效果。这可通过古代的成人礼窥见一斑。

成人礼是人生最基本的礼仪。早在西周甚至更早的时候，我国就有了较为完备的成人礼。男子行冠礼，女子行笄礼。据东汉经学家郑玄的说法，天子诸侯十二岁举行冠礼，士二十岁举行冠礼。汉代以后，庶人也可举行冠礼，如明朝就制定有《庶人冠礼》，规定："凡男子年十五至二十，皆可冠。"④举行冠礼后，男子就成为传统意义上的"成人"，享有成年男子的权利和义务。

---

① 陶愚川：《中国教育史比较研究》（近代部分），山东教育出版社 1985 年版，第 32 页。

② 成晓军：《曾国藩与中国近代文化》，湖南出版社 2006 年版，第 190 页。

③ 广东省陶行知研究会：《一代宗师——陶行知诞生 100 周年纪念文集》，广东教育出版社 1993 年版，第 18 页。

④ 谢谦编著：《国学词典》，中国人民大学出版年 2011 年版，第 142 页。

古代冠礼的过程非常复杂。据《仪礼·士冠礼》介绍，"前期三日，筮宾，如求日之仪"①，也就是行冠礼时，首先要由冠者的父亲提前三天请德高望重的亲友来担任主持人，然后举行"三加"仪式：先加黑麻布做的缁布冠（布做的帽子），表示自此有了治人的特权；再加用白鹿皮做的皮弁（皮质的帽子），表示自此有了服兵役的义务；最后加赤黑色的细麻布做的爵弁（次于冕的一种帽子），表示从此有了参加祭祀活动的特权。在"三加"仪式结束后，主持冠礼的人要为冠者取"字"，即《礼记·曲礼上》所谓"男子二十，冠而字"②。此后，人们对其改称字，其名仅用于自称。命字以后，冠者去见兄弟姐妹，最后著礼帽礼服带礼品依次拜见国君、大夫，受拜见的人往往会有一番教导。

按照朱熹在其《大学章句序》里所说，我国古代学制分为"小学""大学"两个阶段，两者的分工是"小学是学其事，大学是穷其理"，属于一种递进关系。从王公以下一直到庶人的子弟，八岁始入小学，学习洒扫、应对、进退等比较简单的礼节，以及礼、乐、射、御、书、数"六艺"的基础知识。到了十五岁，就要入大学，学习穷理、正心、修己、治人的学问。而作为成人教育的冠礼，实际是小学、大学教育的延续，是"大学之道"中做人教育的一个重要环节。在这其中发挥作用的教育力量，既有家庭教育，又有学校教育，而拜见国君、大夫等人的过程又是接受社会教育的过程。家庭教育、学校教育和社会教育形成合力，对于刚刚成年的人来说非常有益。

二　中华传统礼仪德育的流变

日本、韩国、新加坡等"儒家文化圈"的国家，长期以来深受中华传统文化的影响，至今沿袭着重视礼仪德育的传统。正因如此，目前在我国大陆地区已不多见的一些古代礼仪传统，在这些国家却依然保持良好。总结这些国家在礼仪德育方面的理念和成功做法，对我们具有重要的借鉴价值。

---

①　李学勤主编：《十三经注疏·仪礼注疏·士冠礼》，《十三经注疏》整理委员会整理《十三经注疏注疏之五》（上），北京大学出版社1999年版，第15页。

②　（西汉）戴圣编纂：《礼记·曲礼上第一》，载胡平生、张萌译注《礼记》（上），中华书局2017年版，第30页。

(一) 走进日本

研究表明，中华传统文化是日本文化的基础。日本的民族文化是在公元 9 世纪以后，在吸收、消化中国文化的基础上，结合本民族的文化传统逐渐形成的。早在《山海经·海内北经》中就有"倭属燕"① 的说法并流传至今。燕是我国战国时期至公元前 222 年被秦所灭为止，存在于河北北部、辽东、辽西一带的国家，与朝鲜半岛及日本距离最近。所谓"属"，也并非指政治上的从属，而主要指倭与燕有来往，居于燕的影响之下。两汉时期，时处原始部落阶段的"倭人"每年都要来汉朝见，这为其吸取中华文化提供了机会。这一时期，我国的水稻农耕技术和金属工具开始传往日本，在以后的 2000 多年间，水稻成为日本人的主要食粮；与此同时，儒学文化也一起东传，为世世代代的日本人提供了宝贵的精神食粮，也直接推动了日本民族文化以及日本教育的生成和发育。

日本封建社会末期的道德教育有两个教育重点，即武士道德教育和庶民道德教育。幕府时期，日本特别重视道德教育，强调礼节、秩序、等级。尤其是对武士的教育，道德教育所占比重尤其大，力求培养"武士道"精神，要求武士对国家、民族和主人保持绝对忠诚，推崇视死如归的英雄气概和勤奋刻苦的韧性意志。在德川幕府时期，整个教育都是围绕道德教育展开的。这一时期的伦理道德教育几乎完全套用汉学儒家的做法，强调修、齐、治、平，要求武士也要像儒生一样，言谈举止重礼节、讲礼仪。当时的庶民教育中也有武士教育的映像，如推崇"亲""信""序"等武士道德标准等，但庶民教育更推崇勤劳、俭朴、节约等庶民传统美德，所公布的庶民道德准则，其内容为"忠孝，夫妇和睦、弟兄亲和，勤俭节约，实业精励，慈悲"五大项②。可见，无论是武士道德教育还是庶民道德教育，都将礼仪和礼节教育作为重要内容。

到了近现代，日本更加重视公民素质特别是礼仪行为等方面的教育。早在明治维新时期，文部省 1872 年发布《小学生须知》，要求学生要具有基本的礼仪，有礼貌、懂规矩；1883 年，又发布了《小学礼节规矩》，对礼仪规则进行详尽的阐述，这些规则很多被沿用至今。日本孩子从很小

---

① 方韬译注：《山海经》，中华书局 2011 年版，第 180 页。

② 蒋璟萍：《礼仪的伦理学视角》，中国社会科学出版社 2007 年版，第 75 页。

的时候就开始接受严格的礼仪教育。小学一年级就必须上"道德课"。教学方式分为课堂教学和实践教学两种。所谓课堂教学，就是由老师讲解有关道德、礼仪、做人的知识和道理，把道德要求灌输给学生。课本内容几乎都是我国古代的诸子百家思想，孔子、孟子、老子、韩非子、孙子等，仁、礼、忠、孝等都有。到中学阶段，传统的道德要求渗透到各学科教学中，这在语文（古文、汉文）教学中表现尤为突出。以诸子百家思想作为主要内容的汉文，在高考语文考试中占据四分之一（50 分）的比例。所谓实践教学，就是由学校安排学生到敬老院、残疾人医院等地接触并照顾弱势群体，通过与他们沟通、交流的过程，培养扶危济困的情感，提高与弱势群体相处的能力和技巧。

日本普遍重视企业的礼仪德育。日本企业认为，企业之间的差距其实就是员工素质的差距，而礼仪、礼节、礼貌是员工素质的重要内容。被企业录用的大学毕业生，上岗前要进行礼仪标准化训练，课程内容包括怎样正确地递接名片，分别在什么时候鞠 15 度、30 度或者 45 度的躬等。女士还要练习走姿和倒茶。接线员上岗前要对着镜子练习微笑通话等，以便提供优质服务。如住友银行对每年新入行的职员要进行为期一个月的入行教育，这一做法已延续了 70 余年。该行的入行教育从入行仪式开始，行长亲自讲话，教育新职员要有事业心，要始终保持上进精神，要有扎扎实实的经营作风等①。同时要求新入行的职员要成为进取、扎实、向上、诚信、敬业的人。入行教育的主要内容是进行礼仪教育，要求新职员说话、行动要有礼貌；还要进行传统教育，强调住友银行团结进取的精神②。

（二）走进韩国

韩国是受儒学文化影响最深的国家之一，有人称为"儒家文化的活化石"。在与我国的漫长交往中，儒学思想深刻地影响了韩国的民族精神、伦理关系、日常生活秩序，沉淀为韩国的文化传统。

早在新罗、高丽时代，朝鲜就盛行儒学伦理传统，新罗时代还派遣大批留学生到唐朝学习，全面接受和实施儒学教育。到了近代朝鲜王朝（俗称李朝）时期，以儒家思想为主旨的礼仪德育也是最重要的教育内

---

① 陆辉编译：《日本住友银行经营管理方法》，中国人民银行外事局、干部学校 1984 年编印，第 118 页。

② 孙双锐主编：《商业银行营销管理》，兰州大学出版社 1999 年版，第 224 页。

容。乡校是李朝时代的地方教育机关，乡校中供奉着孔子的神位。当时，独立的传统道德和礼仪教育书院也都逐渐建立起来，如成均馆、大邱、西当、西原等。其中，成均馆是以儒学为主的最高学府，其宗旨就是教育学生要仁、义、礼、智，充分反映了儒家的办学思想①。在 16 世纪以后，随着与西方国家的贸易接触，虽然西学也开始影响韩国，但儒学在韩国教育体系中的地位却始终没有改变，并延续至今。

1963 年 2 月，韩国文教部制定并公布了国民学校课程改革方案，德育科开设了道德生活课程，1968 年又开设了《国民伦理》课，作为高中生的公共必修课。1973 年 2 月，文教部启动实施了第三次中小学课程改革方案，调整中小学德育课程，在中小学和初中设置《道德》课，每周两学时，首要目标是使学生理解日常生活中的必要的礼节和道德规定。在高中，继续把《国民伦理》作为公共必修课，并由原来的 4个学分增加到 6 个学分。同时，对《国民伦理》课和《道德》课的教学内容进行调整，重点放在如何加强"国民伦理"教育。在大学里也开设了《国民伦理》教育课，并把该课列为公共必修课。《韩国伦理新讲》是韩国大学的《国民伦理》教材，该书由"韩国现代社会的伦理思想"和"国民精神教育与国家观的确立"两个部分构成。第一部分涉及民族精神的问题：一是人际伦理和道德，如"礼"在乡间邻里社会伦理中的地位和作用；二是韩国的传统伦理思想，包括"孝"和"忠"的本质、要求和意义等；三是女性伦理和道德，如温顺、勤劳、忍耐、贞节等；四是韩国传统思想的起源，主要是讲述"弘益人间"思想。第二部分除了意识形态色彩极其强烈的部分和新兴社会道德问题（环境道德和环境教育），主要是讲述民族精神问题②。韩国的学校德育注重与社会活动的结合，引导学生在社会实践过程中受教育。如韩国政府 1970 年倡导的新生活运动，要达到三项目标：培养忠、孝、勤勉、合作、信义、爱、宽容等美德的新观念运动；建立新公共道德秩序的行动秩序运动；整顿生活环境，绿化都市的净化环境运动。在这些活动中，礼仪德育也成为不可缺少的重要内容。

---

①　王涛、谭菲：《韩国当代中小学道德教育的历史变迁与德育课程改革历程》，《出国与就业》（就业版）2010 年第 21 期。

②　彭雨、管宁：《韩国、美国高校道德教育特色与启示》，《洛阳大学学报》2006 年第 3 期。

韩国的家庭是礼仪德育的首要阵地，也是保持民族优秀传统的坚实堡垒。韩国人把礼仪作为家教规范的起点，孩子从小就被家长灌输长幼有序的道德观念，家教非常严谨。家庭教育的重点是以家庭礼仪为中心，孝道、和谐、为他人着想。为了养成孩子良好的行为习惯，父母从细小处入手，不厌其烦地对孩子进行引导，一步一步雕琢磨炼孩子的品行。如：教育孩子到别人家时要先敲门，得到允许后才能进入；叮嘱孩子不在家中蹦跳、跑步、拍球、敲打地板等，以免影响楼下邻居；教导孩子要文明用餐，饭桌上不能大声喧哗，不要边吃边玩，不浪费食物等。为此，大人们以身作则、言传身教、先行示范，给孩子做出榜样。韩国政府曾在全社会范围内组织开展"秩序教育、亲切教育、清洁教育"，目的是规范大人们的行为，为孩子树立良好的践行礼仪的榜样。

韩国重视节日礼俗的教育，注重发挥传统节日的教育功能。每逢节日和大型庆祝活动，都要求孩子们参加，确保孩子对本国的传统节日及其内容铭记在心。如，在韩国，每年春节，家家户户、老老少少都要在正月初一之前赶回供奉祖先的长兄、长子或长孙家中，参加祭祖的"茶礼仪式"，并给老人拜年。

（三）走进新加坡

现代新加坡是从移民社会发展起来的。华人在新加坡生活的最早记载见于《岛夷志略·龙牙门》："男女兼中国人居之。多椎髻，穿短布衫。系青布捎。"① 当地考古发掘显示，早在宋元时期新加坡与中国就有贸易往来，随之华人开始在"龙牙门"② 一带定居，与当地妇女通婚并在去世后葬于当地。19 世纪后期，随着新加坡成为全球最重要的国际港口之一，华人移民数量持续增长，目前华裔占新加坡人口比重超过 70%。虽然中华传统礼仪文化和礼仪德育在新加坡传播的历史比日本、韩国等要短，但华人群体比重高，这为中华传统礼仪德育在新加坡发展创造了得天独厚的

---

① （元）汪大渊：《岛夷志略·龙牙门》，苏继庼校释，中华书局 1981 年版，第 213 页。

② 古地名，亦作凌牙门、龙牙门山等，指今新加坡及其海峡，为古代海舶进入马六甲海峡必经之地。宋元时为商旅辐辏之地，中国商舶往三佛齐必先在此"经商三分之一"。元延祐七年（1320）九月曾遣使龙牙门索驯象，泰定二年（1325）龙牙门亦遣使奉表贡方物，建立友好关系。元时已有中国人居留其地，与当地妇女通婚。参见朱杰勤、黄邦和主编《中外关系史辞典》，湖北人民出版社 1992 年版，第 657 页。

优越条件。

新加坡以"富而有礼"享誉全球，这在很大程度上得益于其成功的礼仪德育实践。1965 年新加坡独立，新加坡共和国成立，政府自 20 世纪 70 年代后期在国民中大力推行礼仪德育，1982 年开始推行儒家伦理教育，把"仁、智、勇、义、礼、信"确定为中学《儒家伦理》课的重要内容，将"忠、孝、仁、爱、礼、义、廉、耻"八种美德列入必须贯彻的"治国之纲"。新加坡文化部还特地印发了《礼貌手册》，对在家庭、学校、工作场所和街道上如何讲礼貌提供指导。

从学校教育的情况看，新加坡将文明礼貌作为学校德育的重要内容，并随着时代和社会发展对德育目标有所调整，不同时期提出不同的德育目标并开设不同的德育课程。如 20 世纪 70 年代的德育目标主要强调民族团结和发展经济，但随着西方文化的大量涌入，传统美德遭到忽视，因此，德育目标又转向重振传统文化，重新发挥东方美德[①]。新加坡教育部德育顾问巴尔赫切博士认为，德育的最终目标是要塑造和改变一个人的思想行为。他从思想行为的发展范围把德育划分为六个层级不同的发展重点，即德育应先从学生个人开始，扩展到家庭、学校、邻居、国家乃至世界和全人类。[②] 因此，由他主持的品德教育策划组编制的《好公民》课程内容重点是随年级而发展的，即从小学一年级到六年级依次呈现个人、家庭、学校、邻居、国家和世界方面的内容。全部教材内容遵循传统的道德观念，按严密、循序渐进的逻辑结构从个人到世界进行放射性扩展。该课程包括 35 个德目，如孝顺、手足情深、尊敬老师、尊敬长辈、守法、责任感、公德心、爱校、爱国、协作精神和种族和谐等。课文以大量的传统故事或民间传说为载体，灌输必要的道德价值和概念。同时还规定放映录像或幻灯来强化教学，以及通过角色扮演、参加文明礼貌活动、参观公园等活动巩固教学效果。

新加坡重视发挥各界力量在文明礼貌教育中的作用。政府认为，对年轻一代的教育不单是学校的事情，更是全社会的事情，社会各方面必须密切配合，共同为学生的健康成长创造良好的社会环境。从 20 世纪 70 年代李光耀总理提出要建设"富而有礼"的国家，到 80 年代初把"忠、孝、

---

① 冯增俊、王学风、马建国：《亚洲"四小龙"学校德育研究》，福建教育出版社 1998 年版，第 220—222 页。

② 冯增俊：《当代西方学校道德教育》，广东教育出版社 1993 年版，第 322 页。

仁、爱、礼、义、廉、耻"作为政府必须贯彻的"治国之纲",及至 90 年代政府发表了《共同价值观白皮书》提出树立"敬业乐群、勤劳进取、廉洁奉公、讲求效率"的新加坡精神,反映出新加坡教育观念和社会文明建设理念日益成熟。通过开展礼节、礼貌、清洁、遵守秩序等社会活动,把新加坡建设成人人守秩序、有礼貌、社会风气良好的美丽整洁的花园城市;由学校、家庭、课外活动中心、社区机构以及文化等部门共同组成对学生进行道德教育的综合体,通过广播影视、报刊书籍等媒介对学生进行教育,形成教育合力。

三 西方国家的礼仪德育溯源及其流变

西方礼仪德育起源于古希腊时期。关于礼仪德育的只言片语最早见于毕达哥拉斯、苏格拉底、柏拉图等的著述中。毕达哥拉斯率先提出"和谐即美德"① 一说,和谐的高度体现是善、幸福、美德和友谊,有道德的人要懂得约束自己。苏格拉底提出应当把礼仪同美德、知识、规矩相联系,教育人们不仅遵守礼仪规范,更要明白为什么要遵守礼仪规范,以培养"智慧""正义""勇敢""节制"四种道德②。柏拉图主张应当从幼儿开始培养人的美德。据载,这一时期的礼仪德育在家庭或宫廷中进行,致力于培养贵族不可缺少的高贵品质,"作战英勇,能言善辩,谦恭有礼,高度负责,甚至对战败者的宽宏大量和对自己的高度责任感"③,"贵族必须大胆勇敢,待人恭敬,即使对待敌人也要合乎礼节"④。这意味着西方礼仪德育已经起步,成为西方礼仪德育的源头。中世纪以来西方国家在骑士教育(Chivalric Education)、绅士教育(Gentlemen's Education)、儒雅教育(Liberal Arts Education)等,将古希腊礼仪德育思想逐步发扬光大。

① 孙鼎国主编:《西方文化百科辞典》,吉林人民出版社 2006 年版,第 345 页。
② 单中惠:《西方教育思想史》,教育科学出版社 2007 年版,第 8 页。
③ [美]卡扎米亚斯、马西亚拉其:《教育的传统与变革》,福建师范大学教育系、杭州大学教育系等合译,王承绪校,文化教育出版社 1981 年版,第 27 页。
④ [美]伊迪丝·汉密尔顿:《希腊方式——通向西方的文明源流》,徐齐平译,浙江人民出版社 1988 年版,第 71 页。

（一）骑士教育

在欧洲封建社会中，由于统治阶级内部形成了僧侣封建主和世俗封建主两个阶层，因而出现了两种类型的教育，即教会学校教育和世俗教育。世俗教育又分为两支，宫廷学校和骑士教育。其中，世俗封建主为皇室和大贵族子弟开设宫廷学校，皇室之外一般贵族则接受骑士教育。贵族也有等级之别，小贵族子弟要到大贵族的官邸中接受骑士教育。

骑士教育又称"武士教育"，盛行于 11 世纪末到 14 世纪，是一种融宗教精神和尚武精神于一体的特殊的家庭教育形式，目的是把封建主子弟培养成身体强健、行动敏捷、精通武艺、效忠封建制度的武士[1]。贵族要想成为一名骑士，必须从小接受非常严格的骑士教育。完整的骑士教育大体包含三个阶段，即侍童阶段、护卫阶段和骑士阶段[2]。在骑士教育的过程中，礼仪德育不但贯穿始终，而且具有阶段性和循序渐进的特点。

首先是侍童阶段，要学习上流社会的一般性礼仪。在男童满七八岁的时候，贵族要将其送往比自己高一级的贵族家中担任侍童，接受教育。侍童的主要任务是服侍男女主人，学习上流社会的礼仪，并养成对宗教的虔诚。同时，为培养锻炼侍童的体能，主人委派他人对侍童进行骑马、赛跑、游泳、击剑、投枪和角力等方面的训练。此外，主人还要注意培养侍童的侠义精神和对荣誉的热爱。

其次是护卫阶段，要接受严格的礼仪行为训练。在年满十四五岁的时候，侍童变身为主人的护卫。护卫的主要职责是侍奉男主人，平时照料其起居住行等一切事务，战时则随同出征，并负责保护主人的安全。在这一阶段，学习的重点是"骑士七技"，即骑马、游泳、投枪、击剑、打猎、弈棋和吟诗。同时，护卫还要忠于女主人，要求在贵妇人面前表现得温文尔雅、礼节周全并殷勤地侍奉她们，为此要接受严格的礼仪行为训练。

最后是骑士阶段，要接受授职仪式教育。到 18 岁（也有说是 20—21岁）的时候，要上骑士教育的最后一课——举行授职仪式，正式授予骑士称号。授予仪式主要包括四个环节：一是宗教仪式，包括沐浴、斋戒、

---

① 孙鼎国主编：《西方文化百科》，吉林人民出版社 1991 年版，第 536—537 页。
② 沈之兴、张幼香：《西方文化史》（第二版），中山大学出版社 1999 年版，第 102—103 页。

祈祷、忏悔、领圣餐和接受牧师祝福等。沐浴代表洗净过去的不端行为，净化心灵。沐浴后穿上白色短袖衣，表示对纯洁道德的期望；披红袍，代表愿为荣誉和上帝而流血；外加黑外套，代表在必要时可以义无反顾、英勇就义。骑士还要进行斋戒，晚上在教堂里祈祷，向神父忏悔，参加弥撒，领受圣餐，接受牧师祝福等。二是武艺表演，以此证明自己已经拥有了成为骑士所应具有的武艺，具有了对敌作战的能力。三是宣誓仪式，宣誓内容基本囊括了骑士所应具备的全部美德和责任，如忠诚于教皇、保障教会利益、扶弱济贫、尊重妇女以及忠君爱国等。四是接受象征骑士职能的剑、战车或其他武器装备。

　　骑士教育的训练标准是剽悍勇猛、虔敬上帝、忠君爱国、宠媚贵妇，其直接结果就是为封建主阶级培养了尚武精神有余而文化知识不足的武夫，成为维护和巩固封建等级秩序的较为有力的工具。但同时，骑士教育由于注重礼仪并提倡文雅的行为举止，对培养欧洲人乐观的现实主义人生观和爱情观发挥了一定的积极作用，为此成为近代欧洲绅士教育的直接渊源。文艺复兴时期的教育思想家罗耀拉在童年时代亲历了典型的骑士教育，"养成了勇敢忠诚、喜欢幻想、渴望冒险、追求浪漫等性格特点"[1]。

（二）绅士教育

　　十六七世纪，欧洲出现了一种以培养新贵族与新兴资产阶级子弟为目的的教育理论，即绅士教育论[2]。在绅士教育理论中，礼仪德育处于重要的地位。文艺复兴时期，英国人文主义政治家埃利奥特将意大利的人文主义教育思想与英国的具体实际相结合，提倡以培养具有人文主义新思想的贵族绅士为教育目标，把英国的教育推向新贵族主义方向。法国的人文主义教育家蒙田也认为，教育的培养目标，应该是身体健康、知识丰富、通达人情世故、善于处理公私生活并具有高尚美德的"绅士"。绅士教育理论最主要的代表人物，是17世纪英国的唯物主义哲学家、教育家洛克。

　　在洛克的绅士教育理论中，他认为，美德是一个人精神上的宝藏，礼仪则使之生出光彩，故礼仪堪称一个绅士必备的"第二种美德"[3]。绅士

---

① 刘明翰、刘丹忱、刘苏华：《文艺复兴时代的教育思想家》，山东教育出版社2006年版，第136页。

② 孙鼎国：《西方文化百科》，吉林人民出版社1991年版，第540页。

③ 单中惠：《西方教育学名著提要》，江西人民出版社2000年版，第125页。

教育的目的是要培养具有德行、才干、善于处理事务等品质的"绅士"，既要有健壮的身体，又要有"德行、智慧、礼仪和学问"①。他提出，一个真正的"绅士"，既要有跻身上层社会所应有的道德思想与行为，具有高雅的礼貌、仪态和贵族气派，又要有实际的知识和才干，有资产阶级的创业精神，还要有强健的体魄，能忍耐劳苦。这样的绅士，实际上就是当时英国贵族式的资产阶级"事业家"。为了造就这样的绅士，洛克主张进行体育、德育、智育和礼仪等方面的教育。洛克认为"在一个人或者一位绅士应具备的各种品性之中，我将德行放在首位，视之为最必需的品性"，"缺乏德行，无论是在阳世还是在阴间，我认为他都毫无幸福可言"②，而品德是一种精神宝藏，使之发出光彩的是良好的礼仪。为此，洛克把德育放在绅士教育的首要地位。在教育方法上，洛克主张父母要及早地管教儿童，要运用奖励和惩罚培养儿童的羞耻心和荣誉感。他反对体罚，认为"说理"是对待儿童的正确方法，父母和导师要为儿童树立良好的榜样。他重视良好礼仪的作用，主张绅士在培养德行与礼仪时，要多与上流社会的人交往，以便通过实践锻炼，养成良好的习惯。在教育途径上，洛克强调绅士教育只能在家中聘请优秀的家庭教师进行，从身体、道德、智力等多方面给予训练，反对让儿童到学校去受教育，以免导致"小绅士"在社会和学校受到同辈恶习的熏染而误入歧途。

随着时代的发展和历史的进步，绅士教育逐步为现代的公民教育所取代。即便如此，绅士作为一种"有教养的人"的理念在英国却依然根深蒂固。沿袭至今并被公认的绅士形象和品质包括："礼仪周全，行为举止优雅、洒脱、稳重；富于正义感和责任感，行事公正；尊重和保护女性，主动为女性效劳；勇敢、坚忍、临危不惧、意志力强；自尊、诚实、重视荣誉和信用；以'体育精神'待人处事，遵守秩序和规则，公平竞争，胜不骄败不馁；具有理性和自制力，谨慎，不失威严；慈爱、宽容和同情心，保护弱小者。"③

在今天的英国，无论是在家庭教育还是在学校教育中，重视礼仪德育，按照绅士、淑女的标准来教育孩子，仍是一个特色。在英国家庭，没

---

① 陶西平：《教育工作博览》，北京工人大学出版社1994年版，第755页。

② ［英］洛克：《教育漫话》，傅任敢译，人民教育出版社2006年版，第128页。

③ 杨东平：《富贵与高贵》，载严文斌主编《我的财富观》，中国经济出版社2005年版，第155页。

有对儿童的无原则娇宠，家长往往在尊重孩子独立人格的前提下，对孩子进行严格的管束，规范他们的言行。在一般家庭中，5 岁以下的孩子都不准与大人们同桌吃饭，不允许挑吃挑穿，到了该做什么的时候一律按规矩办事，故意犯错误和欺负幼小，都将受到严厉的惩罚。不管是对什么人，孩子必须懂礼貌，说话客气，对父母兄弟姐妹也不例外。反之，孩子将受到父母的训斥，甚至身体的惩罚。只有懂事而有礼貌的孩子才会受到父母的夸奖。这仅仅是英国家庭中绅士教育的一个侧面。言谈举止符合标准，对人彬彬有礼是对每一个孩子的基本要求。同时，英国人认为孩子应学会忍耐。在他们看来，作为一个绅士，如果缺乏忍耐和自我克制，是最令人瞧不起、最没有修养的。即便是孩子，如果不能学会忍耐，将来也不会有大的作为。所以，孩子大哭大闹从来不但不能得到父母的安慰和同情，甚至还可能遭到严厉的训斥。正是在这样长期的培养和磨炼中，养成了英国人坚韧不拔的性格和绅士风度。在英国学校，依然有大量关于礼仪德育的内容，虽然这与英国家庭对礼仪德育的重视程度比起来有些差距，但也走在了西方国家乃至世界各国的前列。英国的淑女教育久负盛名。如享誉世界的坎伯纳女子礼宾学校，每年都要吸引数以万计追求成为"淑女"的各国女士。她们从世界各地来到这里，为实现自己的理想和抱负，专门接受关于举止神态、礼貌礼节、演讲艺术等方面的教育，以求在职业交往活动中高人一等，在激烈的竞争中能够谋得一个理想的职业。

（三）博雅教育

古希腊倡导的博雅教育（Liberal Arts Education）本来是一种贵族教育。亚里士多德认为，各门学科的功用无外乎实用和文雅两个方面，有的侧重实用，有的侧重文雅，前者为实际所必需，只服务于实利，是不高尚、不文雅的，后者则是自由心灵的养分，是高尚的和文雅的[1]。博雅教育强调贵族必须具备 17 种美德，其中 5 种是智能方面的，即智慧、理智、常识、学识及某种创造力；其余 12 种是道德方面的：正义、节制、勇气、宽容、有抱负、稳重、自尊、诚实、灵活、大方、廉耻心以及和蔼可亲[2]。可

---

[1] 贾永堂：《大学素质教育：理论建构与实践审视》，华中科技大学出版社 2006 年版，第 123 页。

[2] 杨东平：《富贵与高贵》，载严文斌主编《我的财富观》，中国经济出版社 2005 年版，第 153 页。

见，博雅教育不是给学生一种职业训练或专业训练，而是通过几种基本知识和技能，培养具有广博知识和优雅气质的人，是一种全人教育。为此，博雅教育所成就的，不是没有灵魂的专门家，而是成为一个有文化的人。礼仪德育在博雅教育中发挥着重要作用。

博雅教育对世界很多国家和地区的教育发展产生了重要影响，但其教育形态以美国更为典型。美国历来重视礼仪德育。早在太平天国时期，我国就已经有人关注美国人的礼仪和礼仪德育问题。有记载称，当时的洪秀全政府认为美国"礼义富足，以其为最"①，而这时美利坚合众国成立才刚刚不过几十年时间，由此可见美国自建国起就重视礼仪和礼仪德育。目前，在美国的学校教育体系中，小学在中年级开设了礼仪课，对学生进行专门的礼仪教育。

美国家庭和社会都将礼仪德育作为儿童融入社会的必修课，普遍重视礼仪德育。除在学校开设正规的礼仪德育课程外，美国的礼仪德育还有以下做法较为独特。

重视日常生活中特别是餐桌上的教育。在美国，人们常常把礼仪德育看作品德教育的入门课，认为理想的楷模是英式的绅士。美国人认为，"文明礼貌对个人事业的成功极有帮助。大的商业交易和爱情往往是从餐桌上开始"②。为此，美国人非常重视餐桌礼仪教育。在美国家庭，一般在孩子2—3岁的时候，父母就开始对其进行系统的用餐礼仪教育，4岁的孩子就已经学习了用餐的所有礼仪，5岁左右的孩子就已经习惯于做一些餐前摆放好餐具、餐后收拾餐具等力所能及的杂事。这不但减轻了家长的负担，而且也有助于培养孩子的参与意识，同时更使他们学到了一些接待客人的餐桌礼仪。就餐过程中，父母还要对孩子进行环保教育，让孩子从小就懂得资源回收和再生利用的知识，避免污染环境、浪费资源的行为。在这种教育下，美国一般不足10岁的孩子就餐时就已经很文雅了。

美国的学校也巧妙地把学生的在校午餐变为礼貌教育课堂③。学校为了使学生的午餐既欢乐又文明，并尽量保持食堂安静，制定了一系列规

---

①　陶愚川：《中国教育史比较研究》（近代部分），山东教育出版社1985年版，第30页。

②　宋铮主编，查向红编：《让孩子出类拔萃：西方家庭教育成功之谜》，线装书局2005年版，第130页。

③　武春华主编，张海涛编著：《国外家庭素质教育研究报告：让你的孩子超过美国人》，北京工业大学出版社2001年版，第185—186页。

定。如纽约的克林姆小学有明确的学生就餐规定：不许打架；不许乱跑；听到哨声就不能再讲话，否则就要罚站等。为执行好这些规定，三位校长助理轮流监督学生用餐，对表现好的孩子给予表扬，一年搞三次评比，受表扬最多的班级可以免费吃一次冰激凌或意大利烤饼。如果哪个班级饭后把自己的桌子擦干净了，同样会受到表扬；但如果有学生在擦完桌子后跑着离开了食堂，那就不但不会受表扬，而且会抵消以前所受的表扬。为此，在严格的奖惩制度下，学生们不仅懂得饭桌上的基本规矩，而且也知道怎样做才显得更有教养。

举世闻名的西点军校的餐桌礼仪教育更具示范价值。在西点，新生入学必须接受进餐的礼仪教育。进餐时"必须挺直腰坐在餐桌前6英寸的位置用餐，不许交谈，不许左顾右盼。必须切好食物把刀放回固定的位子上，拿起叉叉一小块食物放进嘴里，在嚼食物前必须先把叉放好"①。

此外，在美国，无论是在家庭、学校、还是在企业和社会，人们普遍重视礼仪训练。为了提高礼仪水平，美国首都华盛顿市及其他一些城市，还专门开办女子礼仪学校，对女士进行化妆技术和社交礼仪培训。世界酒店业巨头希尔顿十分注重员工的文明礼仪训练，倡导员工的微笑服务，对礼仪德育具有重要的借鉴意义。希尔顿在职期间，每天问员工最多的一句话是："你今天对客人微笑了吗？"在1930年美国经济危机期间，他曾经呼吁员工："希尔顿的礼仪万万不能忘。无论旅馆本身遭遇的困难如何，希尔顿旅馆服务员脸上的微笑永远是属于顾客的。"在希尔顿经营的黄金时代，他告诫员工："如果旅馆里只有一流的设备而没有一流服务员的微笑，那些旅客认为我们供应了他们全部最喜欢的东西吗？如果缺少服务员的美好微笑，正好比花园里失去了春天的太阳和春风。假如我是旅客，我宁愿住进虽然只有残旧地毯却处处见到微笑的旅馆，也不愿走进只有一流设备而不见微笑的地方。"

四　东西方国家礼仪德育比较及借鉴

礼仪是人类文明的共同财富，礼仪德育在世界各国普遍存在。在阶级社会，各国礼仪文化和礼仪德育都带有鲜明的阶级性、民族性、时代性等

---

① 谢朝晖：《海湾雄狮——斯瓦兹科普夫》，东方出版社1995年版，第17页。

特征，因此，东西方国家的礼仪德育存在明显的差异。

（一）东方国家礼仪德育的特点

1. 以"礼"为基础，"仪"与"礼"紧密结合

儒家文化圈各国一贯重视以礼为基础的道德教育，特别是注重东方传统美德教育，并将仪与礼紧密结合，强调内在道德要求与外在表现形式的一致性。

2. 强调礼仪知识，重视礼仪规范的传授

从我国古代的礼仪德育，到当今日本、韩国、新加坡的礼仪德育，都特别强调礼仪知识的掌握，礼仪在各层次的道德教育中都是重要科目。为此，各国普遍编写专门的礼仪教科书或将礼仪知识渗透到相关学科的教材当中。

3. 强调知行合一，重视在实践中身体力行

在系统传授礼仪知识的基础上，组织大量的礼仪实践活动。如韩国有的小学，甚至幼儿园，专门开辟礼仪室，里面都是传统的韩式家具，老师和学生一起穿上典型的民族服装，进行茶道训练。

4. 强调国家意志，多采用系统的管理体制

这以日本最为典型。日本政府历来重视对学生的礼仪规范教育，并视其为德育的重要组成部分。从 1872 年发布《小学生须知》，1883 年发布《小学礼节规矩》，直到现代日本学校道德教育目标的制定、课程的设置、教材的编写等，都是由文部省包办或按文部省的意志进行的。另外，几乎每个学校都有内容繁多且要求严格的规章制度，对教师和学生的语言、服饰、活动等做出统一的规定。这种大一统的管理体制，能够有效实现国家意志，保证不至于流于形式，在一定程度上提高了学校礼仪德育的有效性。

（二）西方国家礼仪德育的特点

1. 强调礼仪是个人生活愉快、事业成功工具，也是维护社会公共秩序的手段

西方人认为礼仪能避免品行上的疏忽，在很大程度上决定着人们是否能够愉快交往，是否能够顺利合作并取得事业成功，为此特别注意基本礼仪的培养。他们强调礼仪是一切道德之源，将礼仪看成维护社会公共秩序

的重要手段，认为培养公民遵守礼仪准则，是公民道德教育的有效形式。

2. 强调责任分担，重视学校、家庭的不同作用

西方国家的礼仪德育，很多是在家庭中进行的，但礼仪德育始终也是学校道德教育的重要内容。在英、法等国一些学校的教育大纲上，有明确的关于学生仪表、礼仪的详细规定，如在家和在学校的礼节，用餐的礼节；要守时；在公共场所举止、礼貌、服装的礼节等。德国的一些学校也开始将礼仪德育纳入学校教育的正规课程，很多中小学开始开设礼仪课。不莱梅市的弗雷芒中学是德国最早开设礼仪课的学校，该校校长卡尔·维特率先提出开礼仪课，在课程表上增设了"人际交往和行为礼仪"课程并亲自上课，每周授课两个学时。在课堂上，学生们从最基本的礼仪知识学起。比如见面相互问候；进屋前先敲门；给别人造成不便，主动说对不起；得到别人的帮助，要说谢谢，等等。当学生们掌握了这些基本礼仪知识后，维特校长再逐步传授人际交往和言谈举止的必要知识。①

3. 反对说教和强制性灌输，重视全面渗透的教育方式

西方国家大多反对强行灌输某一种价值观，同时也认为价值观的教育不能限于每天几小时的教学中，而应注重学校德育的多样化。为此，西方国家的礼仪德育一般多采用渗透的方式进行，反对空洞的说教和道德灌输。如美国虽然重视礼仪德育，但并不单独开设礼仪课程，而主要通过各门课程和学校日常教育活动来渗透。另外，西方有的国家的学校对学生进行宗教教育，其中包含大量的宗教礼节、仪式教育的内容，使学生能用传统宗教的观念来理解礼仪的社会价值。

4. 强调实用适用，重视有针对性的礼仪培训

在西方国家，针对某种特殊需要的礼仪培训非常多。最具代表性的是，在历届美国总统竞选的时候，都有一套专门的班子为总统候选人进行形象设计，对候选人的穿衣打扮、一颦一蹙、一言一行都要进行严格的训练。西方国家的礼仪德育过程中，时常针对某项具体需要，通过角色扮演或实践体验等教育方式，开展具有较强针对性的礼仪德育。

（三）东西方礼仪德育经验的借鉴

1. 重视传统礼仪德育的继承和发展

东西方礼仪德育的历史证明，礼仪德育历来被各国作为一项重要的教

---

① 秦俊峰：《德国：礼仪课帮学生改恶习》，《小读者》2006 年第 2 期。

育内容纳入教育体系中。在我国传统的教育体系中，"礼"一直是处于核心地位，上至国君下至百姓，无不深受礼仪德育的影响。中华民族世代延续的礼仪德育，成为建设"礼仪之邦"的基础工程，对于中华文明存续发挥了极为重要的作用。在中华传统文化的影响下，东方各国均将礼仪德育作为学校教育的重要内容，并成为东方教育的鲜明特征。从西方国家情况来看，西方各国均将礼仪看成维护公共秩序的重要手段，将礼仪德育与公民道德教育结合起来，作为公民道德教育的重要内容和公民教育的重要任务。所有这些，无不体现出各国历来对礼仪德育的高度重视。中国特色社会主义进入新时代，要继承和借鉴古今中外礼仪德育的成功经验，切实重视新时代礼仪德育问题。

2. 注重礼仪与道德的融合教化

礼仪德育绝不仅仅是整齐规范仪容仪表和行为举止，要注重挖掘礼仪的道德内涵，通过礼仪德育达到道德教育的目标。我国传统社会的礼仪德育，沿着"修身、齐家、治国、平天下"的路径发展，始终贯串着一条清晰的思想主线，即以礼仪德育为主进行道德教育。深受中华文化影响的日本、韩国、新加坡等国家，至今沿袭着重视礼仪和道德教育的传统。在西方国家，其礼仪德育背后也有强大的道德力量来支撑。任何割裂礼仪与道德之间联系的做法都是不可取的。

3. 礼仪德育应坚持直接传授和渗透并举

礼仪德育主要的教育内容是礼仪规范。对于这些礼仪规范，需要教育者在教育教学中或在学生的生活中运用一定的方式方法将其直接传授给受教育者，以便受教育者能将其运用于实际生活，转化为自己的礼仪行为。这是形成受教育者礼仪素质的基础。同时，礼仪德育也应注重环境的浸润和熏陶。在西方国家的礼仪德育中，同样坚持直接传授和渗透并举，如注重把餐桌变成礼仪德育课堂等。新时代礼仪德育既要注重礼仪知识的传授，又要营造尊重礼仪的良好的社会氛围，还要注意发挥榜样对于青少年的示范作用。

4. 坚持礼仪德育的生活化

教育缘于生活。脱离生活的教育是晦涩的，没有生命力的。中华传统礼仪德育的成功经验之一，就是将"大道理"融入与日常生活联系密切的教育内容之中，通过对"细枝末节"的教育，实现远大的教育目标和教育理想。在西方各国的礼仪德育中，同样注重生活化。骑士教育中的礼仪德育，完全在日常生活中进行；绅士教育中的礼仪德育，和生活紧密联系。新时代礼仪德育要注重生活化。如果脱离生活需要，礼仪德育必然失去真实的意义。

5. 家庭、学校和社会分工协作

在人的成长过程中，家庭、学校和社会分别担负着不同角色，具有不同功能。三者应协同配合，凝聚合力。在我国传统的礼仪德育中，非常重视学校、家庭和社会各方凝聚合力。在西方国家，虽然以往礼仪德育多是通过家庭进行的，但目前有的国家已将礼仪德育纳入学校的正规课程，注重发挥学校教育对家庭和社会教育的引导作用。新时代礼仪德育应着力凝聚家庭、学校和社会协同配合的教育合力。

总之，新时代礼仪德育既要继承和发扬中华传统礼仪德育的优良传统，又要借鉴世界各国的成功经验。

第四章

礼仪德育的功能与定位

　　事物总是作为系统而存在的，不但与周围事物互相联系、互相作用，而且内部各要素之间也总是互相联系、互相作用，由此构成一个有机整体。一事物只有在系统中具有某种功能，发挥一定作用，才能占据一定地位，也才具有存在的合理性。礼仪德育是教育大系统的一个方面、一个部分，只有发现礼仪德育的特有功能并进行合理定位，才能确立礼仪德育存在的现实价值，并在此基础上促进其发展。

一　礼仪德育的功能

　　德育功能所要回答的问题是"德育（本来）能够干些什么"①。这一范畴的含义非常广泛，既包括德育对个体的作用和影响，也包括德育对社会的作用和影响。正如桑新民教授所指出的，"教育活动所引起的各种变化、带来的各种结果和影响都可以称为教育功能，不仅包括对教育系统内部各方面的影响，而且包括对外部其他系统的影响；既包括直接影响，又包括间接影响"②。关于礼仪德育功能的论述古已有之，"国尚礼则国昌，家尚礼则家大，身有礼则身修，心有礼则心泰"③，这句话言简意赅地道出了传统礼仪德育的功能。其中，为国尚礼、为家尚礼属于社会性功能，尚礼修身、尚礼养心属于个体性功能。本章从个体功能和社会功能两个方面分析礼仪德育的功能。

---

　　①　檀传宝：《学校道德教育原理》，教育科学出版社 2003 年版，第 32 页。

　　②　桑新民：《呼唤新世纪的教育哲学》，教育科学出版社 1993 年版，第 192 页。

　　③　（清）颜元：《习斋记余卷一·〈代族人贺心洙叔仲子吉人入泮序〉》，载王星贤、张芥尘、郭征点校《颜元集》（下），中华书局 1987 年版，第 410 页。

（一）个体功能

礼仪德育的个体功能不仅包含微观上对培养个体智力、意志、情感等的作用，也包括中观和宏观上对于促进个体社会交往、社会流动和阶层升迁的作用，大体可概括为生存、发展、享用三个层面四大功能。

1. 素质培养功能

所谓素质培养功能，是指礼仪德育能够培养和提高受教育者的礼仪素质。社会个体只有拥有一定的礼仪素质，与社会相容，才能在社会性、现实性环境中存在下去。

礼仪德育之所以具有素质培养功能，从根本上取决于教育的目的和礼仪素质的属性。

第一，礼仪德育的素质培养功能是由教育的目的决定的。教育作为培养人的社会活动，其首要功能在于育人，即通过有目的、有计划、有组织的活动，对受教育者施加深刻、持久而全面的影响，使其形成社会所需要的素质。礼仪德育作为教育活动的一个方面，其直接目的就是培养提高受教育者的礼仪素质。

第二，个体的礼仪素质不是与生俱来的，只能通过后天习得。从礼仪素质的形成过程来看，初生的婴儿仅具有简单的心理和动作，规范得体的礼仪行为习惯和礼仪意识、礼仪精神等复杂的心理特征和外在表现，只能依靠在后天的环境、教育的影响下，借助个人的主观能动性才能形成与发展起来。没有礼仪德育活动，个体礼仪素质的形成将处于盲目、自发状态，也难免由于缺乏有效管理和引导而出现礼仪行为失范。

素质培养功能是礼仪德育最基础、最直接的功能。其他功能都是在这一功能的基础上衍生和发展起来的。

2. 社会交往功能

社会性是人的本质属性。礼仪缘于社会交往需要，天生就是社会交往的工具。在交往过程中，如果交往双方都能注意自身仪表整洁、仪态端庄、举止文雅、言语文明，通常会产生良好的交际效应，促进交往双方相互之间的吸引、理解和互信，进而建立和发展良好和谐的人际关系。

教育的职责之一是推动人的社会化，教育过程中必然要传授社交礼仪。这一任务要么通过专门的教育来实现，要么渗透在其他教育之中。礼仪德育以交际礼仪作为最基础的教育内容，旨在帮助受教育者学会以恰当的方式表达对交往对象的尊重和敬意。这决定了礼仪德育对于个体社交能力的培养具有得天独厚的优势。社会交往功能是礼仪德育的一项固有功能。

3. 社会流动与阶层升迁功能

社会流动是个人或群体社会地位的变化，也就是从某一社会阶层流动到另一社会阶层。社会流动是现代社会的重要特征，社会越开放，阶层流动率越高，流动周期越短，流动幅度也越大。在影响社会流动的诸多因素中，教育是关键。教育对于社会流动的价值主要有两种，一是象征性价值，也就是教育仅作为某种身份和社会地位的象征；二是功用价值，也就是教育可以使个体获得适当工作和施展才华的机会。礼仪德育在社会流动过程中担负着重要角色。

礼仪是一种身份的象征，也是社交能力的体现。古今中外世界各国一向重视礼仪德育对于个体身份的象征意义和助推个体社会流动的价值。在我国古代，"礼不下庶人"，礼仪只作为统治阶级和上层社会的特权，下层社会成员总是千方百计学习上层社会的礼仪礼节，期待有朝一日实现阶层跃升；到了近现代社会，礼仪逐步实现了大众化、平民化，得体的礼貌礼节通常象征着个体的文明程度以及是否拥有良好的家庭、教育和社会背景。礼仪德育通过对个体进行社交礼仪、文化习俗、气质风度等方面的教育，可以推动受教育者在阶层上向更高的层级流动，也就是我们常说的"教育改变命运"。

4. 个体享用功能

礼仪德育的个体享用功能，指的是礼仪德育具有"乐生"作用。这里所指的享用，不单指物质方面的享受，而更多地在于善的追求、审美情趣等精神享受。"个体享用性功能的实现是与最高的德育境界联系在一起的。"[1]

礼仪德育之所以具有个体享用功能，缘于礼仪自身的属性。

（1）礼仪具有美的价值，能够给人以美的享受

礼仪的美主要有仪表风度美、优雅气质美、言行举止美等，这些基本方面构成了礼仪美的整体形象。人们常常用文质彬彬、风度翩翩来形容一个人的形象气质。人们也都希望自己与人交往时潇洒大方，不拘束、不呆

---

[1]　檀传宝：《论德育的功能》，《中国德育》2008 年第 9 期。

板，气度不凡，受人欢迎，受人尊敬，这些都是礼仪的美的价值的具体表现。

（2）礼仪可以使交往双方获得尊重与被尊重的精神享受

尊重需求属于高层次的人类需求。礼仪本身就是一种表达敬意的方式，通过礼貌、礼节、仪式等具体的表现形式，可以恰当地将内心深处的敬意传达给交往对象，既是尊敬他人的具体表现，也是自尊的合理表达，使交往双方同时获得尊敬与被尊敬的享受。

（3）庄重的人生礼仪可以使人生更加完美，获得幸福和享受

人生礼仪也称"通过礼仪"，它伴随着人生的整个过程，促进仪式参与者社会角色的认同和自我角色的实现，进而使人生更加完美。人生有四个最重要的阶段，即诞生、成年、婚姻和死亡。婴儿的呱呱坠地是新生命的开始和人类生命的延续，不仅开启了一个人类个体的人生大门，而且事关家庭兴旺、民族繁衍和国家兴衰，为此要举行诞生礼。一个人告别孩提时代、长大成人，要举行成年礼仪，以标志着被社会接纳为正式成员，开始拥有成年人的权利。婚礼是人的终身大事，举行婚礼，一是向社会宣告新郎新娘作为合法夫妻开始他们的婚姻生活；二是接受亲朋好友的祝福，使婚姻具有隆重性和纪念意义；三是通过一些象征性的仪式增进婚姻的牢固性和持久性。在人生各项礼仪中，葬礼的内容最为复杂。葬礼一方面是对死者一生贡献的评价和追念；另一方面又是对死者进入信仰中的另一个世界表示祝福①，它表示一个人走完了自己生命的全部旅程，在人生舞台完美谢幕。

礼仪德育个体享用功能的发挥，既在教育过程之中，又在教育过程之外。首先，在礼仪德育的实施过程中，受教育者能够获得精神上的满足，体验到乐趣，产生愉快心理。另外，在教育过程之外，个体凭借其礼仪素质能够提高生活品质，使生活更为愉快。礼仪德育通过发展完善受教育者的多方面素质，陶冶人格修养，提升人的精神境界，满足受教育者的精神需要，从而实现人的身心和谐。

（二）社会功能

礼仪德育的社会功能，着重考虑的是礼仪德育作为教育系统的一个方

---

① 周青青:《中国民间音乐概论》，人民音乐出版社 2003 年版，第 12—13 页。

面对其他社会系统所能产生的作用，可以从政治、经济、文化和社会几个方面进行分析。

1. 政治稳定功能

礼仪德育的政治稳定功能，指的是礼仪德育对政治稳定与发展所具有的作用。礼仪德育的政治稳定功能不只意味着在阶级斗争中的工具性，而是"所要造就的德育对象既应具有对现存政治体制的理解、协同能力，也应具备理性思考和批判的能力，以期具有未来政体改造的智慧"①。礼仪德育的政治稳定功能，历来受到统治阶级的高度重视。正如孔子所说"道之以政，齐之以刑，民免而无耻；道之以德，齐之以礼，有耻且格"②。中华人民共和国成立以后，我国一度将礼仪文化和礼仪德育冠以"封、资、修"的帽子而肆意打击，导致礼仪德育应有的政治稳定功能未能发挥出来。中国特色社会主义进入新时代，我们应深入挖掘并充分发挥礼仪德育的政治稳定功能。

礼仪德育之所以具有政治稳定功能，从根本上源于礼仪在国家政治生活中扮演的角色。

（1）礼仪是社会控制的工具

在阶级社会，礼仪自始至终都是统治阶级强化社会控制的重要工具。在我国古代，儒家的伦理道德通过礼节和仪式表现出来，将道德规范具体化为日常生活中的举止应对。儒家礼仪将高尚道德与世俗道德接轨，通过仪式活动达到道德的教化作用，并沿着"修身、齐家、治国、平天下"的轨迹发展，其道德影响力和渗透力无时不在、无处不在。封建统治者大力推行儒家礼仪，通过对礼仪行为的控制实现社会道德控制，进而提升社会控制力。

西方国家对礼仪在社会控制方面的作用也非常重视。西方文化是基督教文化。基督教仪式是专门为宗教生活而设计和规定的，教徒参加宗教活动必须遵守这些仪式。通过举行宗教仪式，社会成员需要发展一定的抑制力和控制力，产生必要的自律；同时，宗教仪式把社会成员聚合在一起，加强相互之间的联系，是维护社会稳定的重要力量；宗教仪式还强化了教徒的天命观和宿命论，能够帮助人们建立一种对社会美好生活的愉快感

---

① 檀传宝：《论德育的功能》，《中国德育》2008 年第 9 期。

② （春秋）孔子：《论语·为政第二》，载王国轩等译《四书》，中华书局 2007 年版，第 6 页。

受，一旦出现天灾人祸等威胁社会稳定的情况时，即对稳定社会秩序、维护社会制度发挥重要作用。正因为如此，西方国家至今高度重视利用宗教礼节、仪式活动来达到其控制社会的目的。美国虽然是一个政教分离的国家，但在美国的公共和政治生活中有大量的宗教仪式，如：美国独立日、阵亡烈士纪念日等重要的国家节日要通过宗教仪式来纪念；重大国事活动中举行的宗教仪式；总统就职典礼上的宗教仪式；日常社会生活中的婚礼、葬礼都采用宗教仪式；民族危机时刻，以宗教形式来寻求慰藉和进行祈祷，如在遭受9·11恐怖袭击时，时任美国总统布什在仪式结束时的最后一句话是："上帝保佑美国。""美国人把宗教礼仪作为民族认同的黏合剂。每一次仪式的举行也是对全体公民的传统教育，为美利坚民族精神的存在提供了强烈的心理暗示"[1]，说的就是宗教仪式对于维护美国的社会稳定具有极其重要的作用。

（2）礼仪是凝聚民族力量的纽带

礼仪具有维系、团结和凝聚功能。从一定意义上讲，没有礼仪的群体是一盘散沙、乌合之众，随时随地都可能崩溃。而只有当群体认同了某种相同的行为规范之后，通过参加相同的活动、为了共同的目标，才有可能走到一起来，也才有可能产生向心力和凝聚力。礼仪就是这种具有强大凝聚作用的行为规范之一。在公众性仪式活动中，仪式参与者总是表现出一定的主体意识，正是由于这种主体意识，才催生了仪式的凝聚功能。公众性仪式本身就是礼仪德育的重要形式。

国家仪式是最为典型、最具代表性的仪式，其凝聚和团结功能也最为强大。2020年9月8日，全国抗击新冠肺炎疫情表彰大会在人民大会堂举行，国家以最高礼遇，通过最隆重的仪式，授予钟南山"共和国勋章"，授予张伯礼、张定宇、陈薇"人民英雄"国家荣誉称号。一年前，在迎接中华人民共和国成立70周年，也是国家勋章和国家荣誉称号法自2016年颁行以来首次"逢十"周年之际，国家首次以"中华人民共和国"名义对在中国特色社会主义建设中做出突出贡献的杰出人士授予国家最高荣誉，首次以国家主席令的方式授予国家勋章和国家荣誉称号[2]并

① 周琪：《牧师祈祷：宗教仪式的暗示》，凤凰网综合，2009年1月15日，http://news.ifeng.com/c/7fYjfsp1rR7。

② 黄宇菲：《我国国家勋章和国家荣誉称号制度的创制性实践》，《中国人大》2019年第18期。

举行隆重的颁授仪式。进入新时代以来，党和国家的典礼和仪式制度日臻完善，授勋、宪法宣誓，设立中国人民抗日战争胜利纪念日和南京大屠杀死难者国家公祭日等，向全社会释放出关心英雄、珍爱英雄、尊重英雄的强烈信号，强化中国人民共同的历史记忆，提升各族人民的国家意识，凝聚建设中国特色社会主义的制度认同、道路认同和文化认同，使全国各族人民的民族感情得到空前升华，中华民族的凝聚力不断增强。

（3）礼仪是国家形象的标志

这里所说的国家形象，既包括在涉外交往中的国际形象，也包括在处理内政过程中政府在国民中树立的形象；既可能出自国家领导人在国际交往中留给世界的印象，也可能来自一个普通公民在不经意间对"老外"说的一句话或者在境外的一个小动作。

我国历任国家领导人都非常重视国际交往中的礼节。周恩来总理非常重视礼宾工作，是举世公认的彬彬有礼的中国总理。在内政、外交工作中，周总理都以文明规范的举止，热情亲切、落落大方的仪态，显示出中华民族豁达、豪迈、自尊、自信、镇定、稳重的气魄和胆略。尤其周总理那具有浓郁东方风格的礼仪风度，为中华人民共和国成立初期打开外交工作局面创造了有利条件。周总理在接待活动中十分重视礼仪规范。1962年，西哈努克亲王来华访问离京时，周总理率部到机场为西哈努克亲王送行，亲王的飞机刚刚起飞升空，参加欢送仪式的几位部长就离开队伍走向自己乘坐的汽车。周总理笔直地站在原地不动，并严肃地让身边同志把已离开欢送队伍的人请回来。因为按照国际惯例，国家元首的座机起飞后需绕场一周，以示对到访国的答谢，东道国送行人员在这之前不能离开。事后，周总理对"没有礼貌"的部长们进行了严厉批评，并要求对《礼宾工作条例》做出补充规定，要求以后到机场为贵宾送行，必须等飞机起飞，绕场一周，双翼摆动三次后，送行者才可离开。1965年夏天，当非洲某国元首结束访华日程后，按照惯例，上海机场安排了3000多人参加欢送仪式。正当周总理陪同贵宾在欢送队伍前绕场一周时，突然天空乌云滚滚，雷声隆隆，狂风大作，欢送仪式尚未结束，雨点已落了下来。贵宾登机后，瓢泼大雨倾盆而下，顿时淋透了在场的每一个人。由于雷雨交加，飞机无法马上起飞。此时，周总理纹丝不动地在暴雨中站立，任凭风吹雨打，执着地尽主人送客的礼仪。在总理的感染下，整个送行队伍也纹丝不动，在风雨中屹立。这样一支刚强的礼仪大军，充分显示了中国人民对非洲客人的尊重，对中非友谊的真诚，成为中国人民赢得非洲朋友信赖的重要保证之一，为中华人民共和国开创外交局面，不断提高国际地位发挥了重要作用。

礼仪德育的政治稳定功能的优势之一，在于其教育内容是含蓄的、潜移默化的。传统的思想道德教育的突出弊端是泛政治化，由于政治色彩过于浓厚，在多元化、个性化的时代往往容易引起受教育者的排斥情绪和逆反心理，使得教育效果大打折扣。礼仪德育中的爱国主义教育，从具体的礼仪行为培养做起，通过升国旗、奏国歌仪式中的行为教育，或者通过涉外交往中的行为规范教育等进行，教育过程中没有长篇累牍的说教，但教育效果是润物无声、沁人心脾的。

礼仪德育的政治稳定功能的优势，还在于其不是将政治教育单独剥离开来独立进行，而是与美的艺术紧密结合，相互渗透。礼仪是一种美。仪表美、仪式美、行为美等美的艺术，更能够给参与者以艺术享受，这种艺术享受往往使人们自觉融入，形成角色认同，使人们的思想政治观念在不知不觉中发生变化，对于维护政治稳定具有突出的作用。

2. 经济发展功能

礼仪德育的经济发展功能，就是礼仪德育对经济增长和发展的促进作用，礼仪德育能够为经济建设服务。

礼仪德育之所以具有经济发展功能，从根本上源于礼仪的经济作用。礼仪事关经济活动成败。

（1）礼仪是重要的竞争力元素

企业的生产要素包括劳动力、土地、资本、技术、信息等内容，但就这些潜在的竞争力元素本身而言，只不过是单一的生产要素。只有促使这些生产要素发育成齐全完备的竞争力元素，企业才能形成完整的市场竞争力。而企业实体及其市场竞争力的形成，还需要发育完善的各个竞争力元素之间保持一种有机的联系和组合，礼仪对于巩固这种联系、维护这种组合具有重要作用，并因此成为重要的竞争力元素。世界很多知名企业高度重视员工的礼仪培训，借此提升企业竞争力。其中，希尔顿公司以迷人的微笑独占了世界旅馆业鳌头，"今天你对客人微笑了吗"成为每一位希尔顿员工的座右铭，堪称以礼仪文化建设带动提升公司竞争力的成功典范。日本丰田公司专门制定有《礼仪工作规范》，该规范包含 16 章内容，对仪态仪表、常用礼节、文明用语、电话礼仪、座位次序、名片的使用方法、客人接待的一般程序、访问客户、办公室礼仪等均做了详尽的规定，对于增强丰田公司竞争力、提高其产品的市场占有率发挥了重要作用。

（2）礼仪是企业文化建设的抓手

21世纪是文化管理、文化致富的时代。"大道无形。"企业文化虽然是看不见、摸不着的，但企业文化建设就是将企业的核心价值观教育融入具体的企业管理行为的过程，必然通过具体的内容表现出来。对员工进行礼仪培训，强化礼仪德育，是企业文化建设最为行之有效的实施渠道之一。通过组织开展新员工入职仪式、企业欢庆仪式、典礼、表彰仪式等，帮助员工通过庄严、神圣、形象、生动的方式知悉公司提倡什么、鼓励什么，公司员工也就知道了如何约束和规范自身行为，如何在企业发展过程中找准自己的定位，积极融入企业文化，努力为企业发展做贡献。

（3）礼仪是企业与客户沟通的桥梁

与客户进行有效沟通，是企业走向成功的必由之路。在沟通的过程中，方法和技巧非常重要。商界流行的乔治·路德说过的一句话："销售人员需要从内心深处尊重客户，不仅如此，还要在礼仪上表现出这种尊重。否则的话，你就别想让客户对你和你的产品看上一眼。"[①] 企业代表在与客户交流沟通的过程中，必须讲究职场礼仪。无论是以面谈、会见等方式进行沟通，还是通过电话、信函、电子邮件等方式进行交流，在礼仪问题上都不能有丝毫马虎懈怠。

礼仪德育可以提高受教育者的礼仪素质进而转化为企业竞争力，促进经济发展，但礼仪德育培养的是未来经济活动的参加者，因此，礼仪德育的经济发展功能的实现，具有明显的滞后性，将经历一个逐步实现并不断扩大影响的过程。有远见的企业家总是将企业文化作为企业的核心和灵魂，甚至在企业开办之初、尚未真正起步之际就将礼仪培训作为建设和凝聚企业员工队伍、树立企业形象的第一步。

3. 文化传承功能

礼仪德育的文化传承功能，也就是能够促进礼仪文化在时间上的延续、空间上的扩展和代际间的传接，并依托礼仪文化传承，使民族传统文化得以不断发扬光大。

---

① 李建军、俞慧霞：《与客户有效沟通的N个技巧》，中国纺织出版社2006年版，第183页。

礼仪德育之所以具有文化传承功能，是由教育的本质和文化自身的属性共同决定的。

（1）礼仪德育的文化传承功能首先是由教育的本质决定的

教育作为培养人的活动，传递文化是其基本职能之一。在教育活动中，施教者将人类积累起来的文化，经过选择、加工传递给受教育者，实现文化在人类代际间的传递。由于学校教育是有目的有计划有组织的活动，教育的文化传递过程具有系统化、集中化、高效化的特点，因此，包含礼仪德育在内的教育是文化传递的最重要的手段。

（2）礼仪德育的文化传承功能，是由文化自身的属性决定的

文化只有时时更新才能源远流长，只有不断发展才会有强大的生命力。作为人类创造的社会性信息，也是人类独有的信息，文化只能通过"社会遗传"的方式实现。在传递文化的过程中，教育具有创造文化的功能。文化一旦为人所掌握，就会成为社会实践活动的方法和手段，成为创造新文化的动力，推动社会文化与时俱进，历久弥新。礼仪文化是一种特殊的文化，是民族文化的重要组成部分。中华民族优秀传统礼仪文化承载着中华民族的血脉和灵魂，既是我们历经祖祖辈辈积淀下来的绚丽的文化瑰宝，又亟待在我们这个时代、经过我们的奋斗完成涅槃，获得新生。因此，传承和弘扬中华民族优秀传统礼仪文化，应成为礼仪德育的神圣使命。

礼仪德育发挥文化传承功能，主要通过两个方面实现的：一是将经过选择、加工的优秀礼仪文化传递给受教育者，进而实现民族礼仪文化的代际传递；二是施教者可以深入研究礼仪文化，在传承、吸收传统礼仪文化精髓的基础上进行创新，完成传统与现代的完美结合，从而重建一套适合新时代的文明礼仪，促进礼仪文化现代化。

4. 社会和谐功能

礼仪德育的社会和谐功能，是指其具有促进社会和谐稳定的作用。建设社会主义和谐社会，是党在新的历史条件下提出的全新的执政理念和重大战略任务。和谐社会的重要内容之一是人与人、人与社会和谐，要求人们在社会发展过程中形成社会认同，达成社会共识，实现人与人之间、人与社会之间和谐相处。礼仪德育是建设社会主义和谐社会的重要手段。

礼仪德育之所以具有社会和谐功能，是由于礼仪本身以"和谐"作为其价值追求，具有促进社会和谐稳定的功能。从礼仪的起源上看，礼仪

源于维系和发展社会秩序的需要，并随着人际关系及其他社会关系的发展而发展。

（1）礼仪有助于人际关系和谐

社会成员的礼仪素质不仅可以折射出其文化素质、道德修养、精神风貌和处世态度，而且凭借良好的礼仪行为可以降低人际沟通的难度，有利于赢得社会的尊重和信任，进而建立起和谐的人际关系。待人以诚、表里如一、彬彬有礼的人更容易获得成功。有着保险业"世界首席推销员"之称的齐藤竹之助认为，推销员要经常与人接触，第一印象很重要。为此，他坚持一切以顾客为中心，并在服装、礼仪、作息时间等方面做仔细研究，"衣服要常换，皮鞋要常擦，袜子要常洗，手帕要干净，每天修剪指甲，刮胡子，常梳理头发，并注意发型"[1]。事实证明，正是由于齐藤竹之助能够通过恰当规范的礼仪留给他人良好的第一印象，才能建立起和谐的人际关系，为事业成功奠定基础。

（2）礼仪有助于促进家庭和谐

家庭是每个人生活的起点。在传统社会，人们主要的社会关系和生活空间、活动场所主要限于家庭，因此，我国传统社会十分重视家族的亲属关系，素有"家和万事兴"之说，并以"四世同堂""五世同堂"而自豪。在现代社会，虽然现代家庭与传统家庭相比，从形式到内容都发生了显著变化，但对于每个人来说，一个温馨、和睦的家，永远是自己的大本营、避风港和加油站。家庭成员良好的礼仪素质，是促进家庭和谐、和睦、稳定的主要保障。现代家庭生活中的礼仪，并不十分重视仪式行为，更多的是一种情感的交流。为此，家庭仪式的重要性正在减弱，甚至有些家庭仪式正在走向消亡，如祭祖等，也正因如此，民主、自由、平等的家庭氛围成为现代家庭文化的主流，现代家庭礼仪也比以往更加注重其精神实质。有人将现代家庭成员之间的关系准则概括为十六个字："互敬互爱、互信互勉、互谅互让、互帮互慰"[2]，这需要良好的礼仪素质作基础，也是促进家庭和谐的重要保证。

（3）礼仪有助于推动社会和谐有序

社会公共礼仪是一个国家社会文明程度、道德风尚和生活习惯的反

---

① 李荣建：《华夏文化与文明礼仪》，中国三峡出版社 2006 年版，第 103—104 页。

② 钟敬文主编：《中国礼仪全书》，安徽科学技术出版社 1997 年版，第 437 页。

映，因此，世界各国普遍认同礼仪是人的社会化的重要内容，也是人类文明进步的标尺。对于一个国家、一个社会、一个地区而言，人们在公共场所的礼仪行为状况，是衡量其社会风气是否健康向上的重要标志，也是检验其精神文明建设工作成效的重要指标。同时，在现代社会，随着社会交往日益频繁、人际关系日益复杂，人们对社会公共生活质量的要求越来越高。和谐的社会公共生活，必须以良好的公共秩序为基础。人类维护公共生活秩序的手段多种多样，既有行政和法律等强制性手段，又有长者权威、传统习惯、风俗礼仪等非强制性手段。在这些因素中，礼仪天生就是维护社会秩序的工具，并成为良好的社会公共秩序的基础。随着时代的发展和社会的进步，礼仪对于维护现代社会公共生活秩序的作用比以往更为突出。在街头巷尾、车站码头、商店、影剧院、运动场馆、旅游场所、公共卫生间等一切公共生活空间，如果失去礼仪的规范和约束，都将陷于混乱。

（三）个体功能与社会功能的关系

礼仪德育的个体功能与社会功能既紧密联系，又相互区别。二者是对立统一的关系。

1. 二者存在明显的区别

（1）内涵和作用领域不同

社会功能作用于一定的社会，落脚点指向促进经济、政治、文化和社会生活的发展；个体功能作用于个体，落脚点指向个体礼仪素质的形成与发展。

（2）两种功能的发挥通常具有不同步性

一般来讲，当社会发展处于较低级的阶段时，社会整体与人类个体尚不能实现高度统一，这时，满足社会的需要经常要成为第一需要，即礼仪德育首先要实现的是其社会功能，而这种社会功能又往往是与个体功能相对立甚至是以牺牲个体的发展为代价的。这在我国奴隶社会、封建社会的一些年代以及在欧洲中世纪时期表现尤为明显。

2. 二者紧密联系

（1）两种功能相依相伴

个体功能和社会功能是一个事物的两个方面，两者虽然相互区别，但归根结底是一种相互依存关系。没有个体功能也就没有社会功能，反之亦然。

（2）两种功能的发挥在一定条件下实现同步

当社会处于较低水平时两种功能的发挥具有不同步性，但当人类文明高度发展以后，两种功能将最终得以同步发挥出来。人类社会发展到社会主义阶段，为两种功能实现高度统一、同步发挥创造了条件，提供了可能。

新时代的礼仪德育，以实现个体功能与社会功能的高度统一作为最高追求。我国正在加快推进教育现代化，教育现代化的特点之一就是教育的个体功能与社会功能实现高度统一。现代化的教育坚持把"以人为本"作为核心理念，不但追求人的全面发展，而且努力服务于社会的全面、协调、可持续发展，并通过充分发挥教育的社会功能，为个体的发展创造条件，使教育的个体功能得以充分实现。也只有到了社会主义社会，礼仪德育的个体功能和社会功能才有了实现高度统一的社会基础。

二　新时代礼仪德育的定位

（一）礼仪德育是传承和创新中华优秀传统文化的重要阵地

关于如何对待中华传统文化，习近平提出三条指导性原则，即继承性与民族性、原创性与时代性、系统性与专业性①。在这些原则指导下，以礼仪德育实践来推动中华优秀传统文化的传承和创新，本身就是中华礼仪德育优良传统的现代复兴，有助于巩固加强新时代中国特色社会主义文化建设的前沿阵地。

文化传承功能是礼仪德育重要的社会性功能。任何一种民族文化都不是孤立存在的，而是人类文化历史长河中的一个阶段，也是世界文化的一部分。因此，以新时代礼仪德育来传承创新中华文化，要做好以下几个方面。

1. 植根于中华民族文化的沃土中传承创新中华礼仪文化

传承创新中华礼仪文化，首先要着重考虑民族性和时代性，既要植根于民族优秀传统文化的沃土不动摇，又要切实坚持发展的观点。要将新时

---

① 习近平：《习近平谈治国理政》（第 2 卷），外文出版社 2017 年版，第 338—344 页。

代中华文化置于整个中华文明的历史文化长河之中，做整体思考，而不是只做主观性、片段式理解进而随意取舍，甚至对传统文化中一些早已不符合时代精神的陈旧过时的文化形式进行简单复制。中华传统礼仪文化是中华文化的核心和精髓，对此我们既要充分坚定文化自信，坚定不移传承中华优秀传统礼仪文化；也要反对抱残守缺，坚决摒弃旧时代礼仪文化中落后的阶级属性和过时的表现形式。要通过深入持久科学的礼仪德育实践，对传统的中华礼仪文化做批判的继承和发展。

2. 在抵御他族文化侵略的前提下适当汲取营养来传承创新中华礼仪文化

新时代礼仪文化建设要处理好继承性和原创性之间的关系。要将中国特色社会主义礼仪文化建设置于世界文化整体中加以考虑。世界文化发展是各民族文化不断交流与融合、碰撞与协调的进化过程，脱离人类文化整体、自我封闭、孤立的文化必将逐步丧失活力并最终走向衰亡。传承创新中华礼仪文化，既不能对他族文化照单全收、丧失自我，也不能对他族文化拒之千里、故步自封。新时代礼仪德育要适度吸纳他国之长，着重培养提高受教育者对礼仪文化的鉴别能力，以新时代中华民族礼仪为美，切实培养提高受教育者的礼仪素质，进而形成抵御西方文化侵略的坚强屏障，巩固提升弘扬中华民族优秀礼仪文化的坚定自信。

(二) 礼仪德育是德育的基础工程

1. 礼仪是德育的重要内容

礼仪与道德和思想倾向、政治态度密不可分。人的道德思想是沉淀在内心世界的，只能通过具体的行为表现出来。礼仪就成了人们表现道德思想的一种重要形式和表达道德要求的有效手段。同时，通过观察人们的仪表、容貌、举止行为，考察人们是否讲礼仪、礼节、礼貌，也能够了解人们的道德素质状况，衡量其道德水平高低；通过考察一定社会的礼仪状况，可知该社会的文明程度。因此，礼仪也成为衡量个体道德状况和社会道德水平的重要标尺。礼仪也能反映出人们的思想倾向和政治态度。礼仪与道德、思想倾向、政治态度的不可分性，决定了将礼仪从德育中剥离出去的尝试是不可能实现的。礼仪天生就是德育的重要内容。

在我国古代，德育始终与社会文化建设息息相关。通过营造深厚的礼仪文化氛围实现道德教化和社会治理，是传统德育的一大特色。我国历来有将礼仪作为德育主要内容的传统。早在西周时期，我国的学校教育中就已将"礼"列为"六艺"（礼、乐、射、御、书、数）之首。西汉时期，则将"礼"作为"五常"（仁、义、礼、智、信）之一列为德育的主要内容。历经世代积累，逐步形成了发达的以礼为核心的童蒙教育体系，并流传下来汗牛充栋的蒙学读物。虽然在近代以来的百年风云动荡中，中华传统礼仪文化受到严重打击，但这并未从根本上改变礼仪作为德育重要内容的地位。自 20 世纪 80 年代以来，党和国家日益重视中华礼仪文化建设和礼仪德育复兴，也为新时代礼仪德育提供了重要的政策支持和保证。

　　总之，礼仪离不开道德，道德也离不开礼仪。礼仪与人们的思想倾向、政治态度也存在密切联系。礼仪本来就是德育的重要内容，历史如此，现实亦如此。

　　2. 礼仪素质也是德育目标之一

　　所谓德育目标，"是指一定社会对教育所要培养的人在品德方面的质量和规格的总的设想或规定"①。德育目标是教育目标在德育方面的具体化，是教育目的对人在政治、思想、道德素质发展等方面的规划。教育部于 2005 年出台的《关于整体规划大中小学德育体系的意见》② 中，对大中小学教育阶段的德育目标进行了新的界定。《意见》中，小学教育阶段德育目标包括教育帮助小学生"初步养成孝敬父母、团结同学、讲究卫生、勤俭节约、遵守纪律、文明礼貌的良好行为习惯"，明确将"文明礼貌"作为德育目标之一；中学教育阶段德育目标包括教育帮助中学生"养成良好的社会公德和遵纪守法的行为习惯"，其中，衡量社会公德方面目标的实现程度的指标之一是礼仪；大学教育阶段德育目标包括教育引导大学生"加强自身道德修养"，"促进大学生思想政治素质、科学文化素质和身心健康素质全面协调发展"等，这一追求所指向的礼仪已深入到礼仪精神的层面，是礼仪的最高境界。可见，礼仪素质的逐步培养和顺序提高是我国学校德育贯穿始终的目标之一。

　　培养提高礼仪素质之所以成为德育目标之一，是由于礼仪德育是一种养成教育，归根结底是要教会学生"如何做人"。它以文明礼仪作为教育内容，目标是使受教育者掌握与现代社会相适应的具有现代文明内涵的社

---

① 　冯文全主编：《现代教育学新论》，电子科技大学出版社 2007 年版，第 385 页。

② 　教育部：《教育部关于整体规划大中小学德育体系的意见》，教育部办公厅，2005 年 4 月 20 日，http://www.moe.gov.cn/s78/A12/s7060/201007/t20100719_179051.html。

会生活规范，包括养成良好的仪容仪表和礼貌修养、大方得体的礼节行为习惯以及文明语言习惯等。因此，礼仪德育是个体道德品质和个性形成的基础教育，也是提高全民族整体道德素质、振兴民族精神和建设社会主义精神文明的基础教育。

3. 礼仪修养是品德修养的基础性工程

良好的品德素质既不是与生俱来的，也不是自发生成的，而是在一定的社会环境下，在长期实践锻炼中，依赖于主体自觉地进行思想品德修养的结果。在这一过程中，礼仪素质的形成是其他品德素质形成的基础，礼仪修养是思想品德修养的基础性工程。

品德修养与礼仪修养有着明显区别。首先，内容不同。品德修养的内容是道德素质的修养。礼仪修养的内容则主要是以仪容仪表、仪态和语言规范为核心，包括在人际交往中的礼节、礼貌、交往程序等方面。其次，具体任务不同。从根本上看，礼仪修养与品德修养的作用、目标是完全一致的，都是为了帮助受教育者成为具有高尚的道德情操、良好的品德和行为习惯的人，但这并不等于说二者的具体任务相同。礼仪修养的任务，侧重于通过礼仪知识、技能的学习和训练，帮助受教育者提高礼仪素质，尤其是要帮助受教育者学会表达对交往对象的尊重、谦恭和友善。品德修养的任务，则侧重于道德知识的学习和运用，致力于道德境界的提升。

品德修养与礼仪修养又存在密切的联系。礼仪修养是品德修养的组成部分，从属于品德修养，是品德修养的基础性工程。一方面，品德修养对礼仪修养具有决定作用。人在礼仪、礼节、礼貌等方面所表现出来的礼仪素质，要受人的道德水平的支配。一个具有较高道德境界的人，必然是一个拥有良好礼仪修养的人。礼仪修养水平要通过人们在公共生活及人际交往中的实际行为表现出来。在这一过程中，只有具备良好品德修养的人，才能在利益面前做出正确选择，表现出良好的礼仪、礼节和礼貌、风度。另一方面，礼仪修养有助于品德修养的有效表达。礼仪贵在适度。只有具备良好礼仪修养的人，才能以最为恰当的方式表达其高尚的品德修养。正如《论语·泰伯》所言："恭而无礼则劳，慎而无礼则葸，勇而无礼则乱，直而无礼则绞。"如果脱离礼仪修养的支持和辅助，任何良好的品德修养都有可能走向另一个极端。

总之，高尚的品德修养需要通过礼仪修养来显现，高超的礼仪修养要凭借良好的品德修养来支撑，二者相辅相成，共同促进受教育者综合素质的提高。将品德修养与礼仪修养结合起来，有助于提升品德修养水平。

（三）礼仪德育是人文素质教育的重要渠道

1. 礼仪素质是重要的人文素质

人文素质是与科学素质、身体等方面的素质相对而言的概念。根据马克思主义关于人的全面发展学说，人的发展不仅包括劳动能力的发展，还包括社会关系的全面发展以及个性的发展。因此，科学素质、人文素质以及身体等方面的素质，均为人的全面发展所不可或缺的素质。科学素质一般指了解必要的科学技术知识，掌握基本的科学方法，树立科学思想，崇尚科学精神，并具有一定的应用科学处理实际问题、参与公共事务的能力。人文素质则指以人内心的精神世界为基础，以文化传统为载体所构成的高层次的人的整体素质的状况①，是人们在认识和处理人与人、人与社会关系方面所应具备的基本品质。人文素质的主要内容，包括人文精神、人文意识、人文品质、道德水准以及文化心理素质等。

礼仪素质是一种重要的人文素质。礼仪素质作为由礼仪精神、礼仪意识和礼仪行为习惯构成的综合体，是基于礼仪精神、以礼仪文化传统为载体的人文素质。从起源上看，礼仪直接源于协调社会人伦关系的需要，自古就是人们认识和处理与他人，与社会之间关系的行为准则和规范。我国历来拥有重视礼仪素质的传统。在我国古代，"人文"一词一般特指"礼教文化"，礼仪素质几乎可以与人文素质画等号。"知书达礼""彬彬有礼""礼贤下士"，历来被视为做人的高尚情操和美德，作为个体素质的基本目标，也是中华民族精神生活的价值导向之一，在个人和社会全面发展的过程中扮演着重要角色。现代西方各国特别是欧洲国家的绅士教育、美国的博雅教育，也都将礼仪素质作为重要的人文素质并纳入教育的培养目标体系。

2. 礼仪德育在人文素质教育中处于重要地位

人文素质教育就是以教育的方式传递人类优秀的文化成果，并使之内化为受教育者的人格、气质、修养，成为人的相对稳定的内在品格。概括讲，就是传递人文知识、培育人文精神、提升人文素质。培养提高学生的人文素质，是素质教育的任务之一，而礼仪德育则是人文素质教育的题中

---

① 郑传芳：《邓小平理论学习与研究》，海风出版社2001年版，第320页。

应有之意。礼仪文化是民族文化的重要表征，也是社会生活多样化的重要元素。世界各民族、各国家都有自己独特的礼仪文化传统。人文素质教育理应担负起弘扬人类文明、传承礼仪文化的历史重任。文化传承的源头活水、不竭动力在于人。礼仪文化只有附着于人，内化为人的素质，才能在人类代际传递并发扬光大；也只有当礼仪文化真正被受教育者内化为人的礼仪素质，人类整体的文明水平才能不断提高。

礼仪德育是克服"两种文化分裂"现象的突破口。20 世纪 50 年代，英国学者 C. P. 斯诺在题为《两种文化》的演讲中指出，由于科学技术的影响，科技与人文正被割裂为两种文化，出现"两种文化分裂"的现象，这将妨碍社会和个人的进步与发展。时隔半个多世纪，"两种文化分裂"现象目前不但没有缓解，反而随着"科学主义"的盛行而呈现出愈演愈烈之势。由于科学主义大行其道，致使人文素质教育被忽视，加上人才选拔制度等原因，使整个教育出现重理轻文，造成受教育者人文基础薄弱，能力素质结构单一，进而表现出明显的人文素质不足，沟通协调能力、文字表达能力欠缺，对世界、人生的看法有失偏颇等，乃至最终沦为高科技时代的"机器人""工具人""单面人"，远离人生幸福的真谛。目前，越来越多的声音在慨叹一些中国学生的"人文素质缺乏症"日益严重，具体表现：行为不文明，社会公德意识淡薄，不善处理人际关系，心理承受能力差，甚至存在一定的心理障碍，等等。如不能尽快扭转局面，将对受教育者个人、家庭、社会，乃至民族和国家酿成更为严重的后果。虽然礼仪德育并不是包治百病的灵丹妙药，但在目前情况下不失为缓解"两种文化分裂"的矛盾的突破口，而且很多学校特别是职业学校、理工科学校已经做出了很好的尝试。近年来，清华大学为全校学生普遍开设"中国古代礼仪文化"等人文素质课，深受清华学子欢迎，对于提高人才培养质量、促进学生全面发展发挥了重要作用。

礼仪德育是人文知识转化为人文素质的桥梁和纽带。目前，越来越多的地方和学校日益注重对学生进行人文知识教育，这无疑是一种进步。但是，事实上，人文知识与人文素质并不能直接画等号，人文知识的增多也并不意味着人文素质的提高。龙应台曾经发表题为《为什么需要人文素养》的演讲，其中有这样一段表述："素养跟知识有没有差别？当然有，而且有着极其关键的差别。我们不要忘记，纳粹头子很多会弹钢琴，有哲学博士学位。这些政治人物难道不是很有人文素养吗？我认为，他们所拥有的是人文知识，不是人文素养。知识是外在于你的东西，是材料、工具，是可以量化的东西。必须让知识进入人的认知本体，渗透他的生活与行为，才能称之为素养。"① 这一表述告诉我们，人文知识是浅表的、外在的，而人文素质是根本的、内在的，"必须让知识进入人的认知本体，渗透他的生活与行为"，才能构成人文素质。而礼仪恰恰具有"德诚于内，礼行于外"的属性，礼仪素质是一种自内而外由礼仪精神、礼仪意识、礼仪行为习惯构成的多层次结构，所以，礼仪德育具有将人文知识直接转化为人文素质的天然优势，因此成为人文知识转化为人文素质的桥梁和纽带。

（四）礼仪德育是增强德育有效性的重要途径

1. 德育有效性及其考量标准

所谓德育的有效性，是指德育的内在效果、外在效益以及德育工作的效率。德育的效果、效益和效率共同构成了学校德育有效性的基本内涵②。如何提高学校德育的有效性，是当前德育研究与实践中所要解决的一个重要任务。

考量德育有效性的首要指标是德育效果。所谓德育效果，是就德育与受教育者个体发展状况之间的关系而言的，是指德育目标的实现程度，也就是德育的目标任务转化为学生个体素质的程度。一般情况下，德育效果有三种：一是正向效果，德育的目标任务如期转化为学生个体的知、情、意、行等素质；二是零效果，德育实践没有引起受教育者个体相应的素质变化；三是负向效果，德育实践引起学生个体素质与德育目标任务之间的差距进一步加大。德育效果如何，取决于德育的目标任务是否准确，德育内容是否科学，方法是否合理等因素，取决于施教者是否按德育规律实施德育，以及受其他多种因素制约。因此，从德育效果来看，学校必须遵循德育规律，改进德育方法，协调各方面影响，努力取得德育正效果，避免德育负效果，促使零效果向正效果转化。

考量德育有效性的另一个重要指标是德育效益。所谓德育效益，是就学校德育系统与外部的关系而言的，是指学校德育对于社会发展的促进作

---

① 龙应台：《为什么需要人文素养?》，《中国青年》2011 年第 8 期。
② 翟天山：《学校德育的有效性问题初探》，《华中师范大学学报》（哲学社会科学版）1992 年第 2 期。

用的大小。衡量德育效益的指标是效益水平和效益面。德育效益水平即德育促进社会发展的程度。如果一定时期的学校德育能够适应社会要求，并在此基础上超越其所处时代的局限性，超前引导社会进步，则认为德育的效益水平高；反之，则德育的效益水平低。当前，我国正在加快社会主义市场经济和创新体系建设，提出建设社会主义和谐社会的宏伟目标，社会对人的创新意识、主体精神，对人与人之间、人与社会之间的和谐相处方法与技能等提出了新的更高的要求。然而，我们的德育在某种程度上忽视了对受教育者的人文关怀和当今时代对人才培养的真正需求，这属于德育的效益水平不高的表现。德育的效益面就是学校德育促进社会发展的范围。学校德育的社会发展功能既有政治稳定功能、经济发展功能，又有文化功能等。如果德育的效益面仅体现在某一个方面，则说明效益面不大。长期以来，我国的学校德育偏重政治稳定功能，效益面不够广，需要我们在今后的实践中予以改进。

德育有效性还可以通过德育效率来考量。所谓德育效率，是德育投入与产出的关系问题，是指一定的德育资源投入和所获得的效果、效益的比率。学校的德育资源投入包括教师劳动、教材建设、经费、时间等的投入，如果较多的德育资源投入只能带来较少的德育效果和德育效益，则德育效率低；反之，较少的德育资源投入可以带来较多的德育效果和德育效益，则德育效率高。提高学校德育效率的途径有两个，一是控制德育资源的投入，二是通过优化德育资源，不断提高德育效果和德育效益。德育资源的投入是德育发展的重要保障。从我国学校德育的发展实际来看，近年来，在党和政府的高度重视下，在社会各界的关怀和支持下，对学校的财力、物力投入有所增加，德育工作者在时间、精力上的投入也更多，为学校德育发展提供了重要条件。从长远看，这些资源在绝对数量上的减少对学校德育发展来说无异于釜底抽薪。因此，除了提高投入的使用效率外，还必须通过优化学校德育资源配置，使校内、校外德育影响相互协调，努力提高德育效果和德育效益。

2. 礼仪德育有助于提高学校德育有效性

礼仪德育有助于提高德育效果。礼仪本身是一种既有内在的道德要求，又有礼貌、礼节、仪式等外在表现形式的行为规范。通过个人礼仪、家庭礼仪、学校礼仪以及社会交往礼仪等具体礼仪规范的学习，通过符合礼仪要求的行为方式训练，不但可以直接培养学生优雅的气质，优美的仪表、风度，得体的言谈举止，进而促使学生形成健康向上的道德情感和高尚的道德情操，提高其道德自觉意识以及自我约束能力，养成良好的道德行为习惯。从这一角度上说，礼仪德育的过程其实就是一个内强素质、外塑形象的道德教育工程，因此成为提高德育效果的重要途径。

礼仪德育有助于提高德育效益。制定礼仪规范的目的，首先在于培养一种和谐的人际关系，从而保持社会的稳定、和谐、有序。礼仪德育可以通过"小手拉大手、大手牵小手"的方式，对净化社会风气、调节人际关系产生积极的影响，对于建设社会主义和谐社会、展示国家、社会和公民个人良好的礼仪风貌具有重要作用。同时，礼仪德育的效益不仅仅是眼前的，更是长远的。今天的学生是明天社会的主人，通过接受良好的礼仪德育，对于社会长治久安具有长期的保障和促进作用。正如《礼记·曲礼上》所言："道德仁义，非礼不成；教训正俗，非礼不备；纷争辩讼，非礼不决"①，礼仪作为一种行为文化的必要的"外包装"，使社会关系有了更为温馨、和谐的外观，具有促进社会和谐、维护社会稳定的作用。

礼仪德育有助于提高德育效率。一方面，对受教育者而言，礼仪德育的意义是积极的，不会使受教育者的利益受损，而只会增进其利益，所以受教育者易于接受，养成习惯，由此进一步推进道德教育；另一方面，就教育者而言，礼仪德育可以以较低的成本换取较高的回报。礼仪德育的着眼点在于培养人们的行为自律。为实现这一目标，一般不需要增加大量的物质投入，也不一定必须额外增加人员，最理想的方式是在全员育人、全方位育人的德育体系中，将礼仪文化渗透其中，融入学校生活的方方面面，积极营造浓厚的人人学礼仪、人人懂礼仪、人人践行礼仪的氛围，最终取得事半功倍的效果。

综上所述，礼仪德育具有其他教育活动所不可替代的独特功能，不但能够培养提高受教育者的礼仪素质，而且具有重要的政治、经济、社会和文化价值，还可以使受教育者获得更多的愉快的感受和更高层次的精神享受。因此，礼仪德育必然成为人文素质教育的重要渠道，德育的基础工程，也是增强德育有效性的重要途径和传承创新中华优秀传统文化的重要阵地。

---

① （西汉）戴圣编纂：《礼记·曲礼上》，载胡平生、张萌译注《礼记》（上），中华书局2017年版，第5页。

第五章

礼仪德育过程及其规律

礼仪德育过程是礼仪德育"目标实现的程序"①。礼仪德育过程是由不同维度的多种要素构成的，这些要素之间相互作用，构成了礼仪德育过程的矛盾。这些矛盾推动了礼仪德育的运动和发展。礼仪德育矛盾运动中内在的、本质的、必然的联系就是礼仪德育过程的规律。礼仪德育要遵循这些规律，才能取得预期的效果。

一　礼仪德育过程要素

礼仪德育过程要素是德育过程要素的子概念，而德育过程要素又是教育过程要素的子概念。礼仪德育过程要素可从实体性要素和过程性要素进行分析。实体性要素大体可概括为教育者、受教育者、教育内容、教育方法四大要素，过程性要素大体可概括为教育目标、教育活动、教育结果三个方面。

（一）　实体性要素

1. 礼仪德育的教育者

与其他学科教育者相比，礼仪德育的教育者具有明显的广泛性特点，在从业要求上也更高。

（1）礼仪德育的教育者的广泛性

由于学科特点不同，数理化等学科教学的教育者相对比较单一，礼仪德育教育者则具有更明显的广泛性。在学校范围内，除了专门从事礼仪德

---

① 范树成：《德育过程论》，中国社会科学出版社 2004 年版，第 14 页。

育教学的教师外，还有学校管理人员、班主任、辅导员以及党团组织、少先队组织等。在学校之外，家庭和社会上的教育者在礼仪德育过程中均发挥着非同寻常的作用。父母以及其他家庭成员、亲属、街坊邻里等均是家庭生活领域的礼仪德育教育者，偶像明星、影视文学作品中的人物等属于社会生活领域的礼仪德育教育者。

礼仪德育教育者的广泛性使得礼仪德育过程更为复杂，呈现出更强的不确定性。在数理化等学科教学过程中，来自家庭和社会的教育者一般通过课外辅导、检查督促等形式发挥一定作用，但从本质上看，由于这些学科课外辅导的内容与课堂教学具有一致性，也就是说家庭、社会与学校教育具有同质性，家庭教育、社会教育是对学校教育影响的巩固和强化，通常有助于促进学校教育活动。而礼仪德育则不然，由于礼仪德育的教育者是广泛的，家庭教育、社会教育与学校教育在礼仪德育的功能、定位、手段等方面的考量难免不一致，这使得家庭教育者、社会教育者完全认同学校教育只是礼仪德育的理想状态，常态则是意见不完全一致或存在一定的分歧。这种分歧或不一致有的是主观上的不认同，有的是主观上虽然认同但由于相应的协调行动不到位而导致客观结果上与预期不一致。礼仪德育教育者的广泛性使得礼仪德育过程显得异常复杂。

（2）礼仪德育对教育者提出更高的要求

一般而言，社会对教育者的要求普遍高于其他行业。教育者不仅应是所任教学科的专家，还应是精通教育教学规律的教育专家，同时还是具有良好思想政治道德素质的人。礼仪德育对其教育者提出的要求比其他学科更高。

礼仪德育教育者应当是"双学科专家"甚至是"多学科专家"。礼仪德育教育者既要精通礼仪知识和技能，又要掌握社会主义道德原则与规范，精通教育教学规律。同时，由于礼仪和心理学、美学存在着密切联系，因此，礼仪德育教育者也要掌握一些心理学、美学等方面的知识。有多学科专业背景的礼仪德育教育者更能满足礼仪德育实践要求；最优秀的礼仪德育教育者必然也是一位多学科领域的专家。

礼仪德育教育者应当是教育艺术家。礼仪德育归根结底是一种教育，为此需要教育者不仅要精通教育教学基本理论，还要练就高超的教育艺术。从教育活动看，一位拥有高超教学艺术的教育者，更能获得受教育者拥戴并强化"亲其师而信其道"的效应，也才能使教育过程成为一种艺术享受，进而给受教育者留下难以磨灭的美好记忆。从目标与结果的关联上看，礼仪德育致力于培养提高受教育者的礼仪素质。这比其他学科教学结果的呈现环境更为复杂、呈现过程更为持久、呈现方式更为多样，因此也提高了礼仪德育的难度，对礼仪德育教育者如何巩固教育效果、使之能在较长时期、较复杂环境中具有更强的适应性和稳定性，是一种更严峻的挑战和更严格的检验。

礼仪德育对教育者的高标准要求还表现在道德、人格和信仰方面。礼仪德育贵在言行一致、表里如一，这就要求教育者不仅要有对中华优秀礼仪文化的满腔挚爱和自豪，更要有对马克思主义的坚定信仰，高尚的爱国情操，以及高度的中国特色社会主义道路自信、理论自信、制度自信、文化自信等。如果没有发自心底的挚爱、忠诚和敬意，表面上的礼节和仪式就是虚伪的过场，礼仪德育教育者在教育过程中就会表现为双重人格，从而削弱教育影响，阻碍受教育者礼仪素质的形成。

2. 礼仪德育的受教育者

礼仪德育的受教育者通常指接受礼仪德育影响的学生，也泛指任何接受礼仪德育影响的社会群体或个体。礼仪德育受教育者主要有以下几个特征。

（1）礼仪德育受教育者的广泛性

社会生活是人与人之间交往的集合，有交往就必须有一定的规则，而规则的文明与进步是社会和谐运行的必要条件。礼仪德育就是传递和发展这些规则的重要手段。因此，礼仪德育受教育者极其广泛，不分民族，不分年龄，不分地域，具有全民性，全体社会成员无一例外都是礼仪德育的受教对象。我国作为"礼仪之邦"，崇礼尚仪早已成为中华民族世代沿袭的优秀传统文化基因，礼仪德育受教育者的广泛性这一特征在我国表现尤其明显。

（2）礼仪德育受教育者的层次性

礼仪德育受教育者的广泛性决定了受教育者并不是一个毫无差别、千篇一律的抽象整体，而是分为不同层次的。层次性也是礼仪德育受教育者的重要特征。礼仪德育受教育者，因其所处的地域环境、生活阅历、文化水平、社会地位、年龄等的差异，具有不同的社会属性和礼仪素养特点，因而表现出明显的层次性。我们可按照不同的标准将其划分为不同的类型、不同的层次。例如：根据受教育程度的不同，可分为小学生、中学生、大学生等礼仪德育受教育者；根据礼仪的作用领域，可分为个人生活、校园生活、家庭生活、公共场合等礼仪德育受教育者。礼仪德育受教育者的层次性特征，要求教育者在开展礼仪德育活动时，要针对不同教育对象在不同领域的需求实际，提出不同的要求，应用不同的方法，有的放矢地实施礼仪德育，以提高其针对性和实效性。

（3）礼仪德育受教育者的可塑性

可塑性是指礼仪德育对象的礼仪素质可以经过礼仪德育活动加以塑造，即经过教育可使受教育者的礼仪素质发生符合社会要求的变化。礼仪德育受教育者之所以具有可塑性，是因为人的仪表、仪态、社交方式等既不是先天形成的，也不是一成不变的，而是在一定外部环境的综合作用下，在社会实践过程中逐渐形成并不断发展的。礼仪德育受教育者的这种可塑性，既为礼仪德育提供了可能性，也凸显了先进文化、优质教育引导的重要性，是礼仪德育得以进行的内在依据。同时，礼仪德育受教育者的可塑性，也对教育者先受教育提出了更高的要求。只有高素质的礼仪德育教育者，才能以发展的眼光、欣赏的态度和专业的知识来引导受教育者，把握实施教育影响的最佳时机，采取最科学的教育方式，从而不断激发受教育者的发展潜能。

3. 礼仪德育的内容

（1）礼仪德育内容构成的体系性

礼仪德育内容的体系性特征是由礼仪和礼仪德育的内涵决定的。如前所述，礼仪的内涵极为丰富，它包括行为规范、道德准则、典章制度、治国方略、修身之道等。礼仪德育内容依据不同的标准可进行不同的分类。按照受教育者的年龄特征可分为小学生礼仪、中学生礼仪和大学生礼仪；按照礼仪的性质特征可分为礼仪理论、礼仪规范、民族礼俗；按照实施途径可分为家庭礼仪、学校礼仪和社会礼仪等。这些不同的礼仪德育内容构成了"多维一体"的礼仪德育内容体系。礼仪德育内容的体系性特征为我们分层、分步骤和阶段实施礼仪德育提供了可能。

（2）礼仪德育内容的发展性和相对稳定性

中华优秀传统礼仪文化是中华文化的重要内容。在五千多年的历史演变过程中，我国不仅形成了一套宏大的礼仪思想和礼仪规范，而且其精髓深入人心，形成了完整的伦理道德、生活行为规范，进而内化为中华民族的自觉意识，并贯穿于人们的心理和行为之中，成为维系中华民族延绵不断的重要基因。纵观人类历史，虽然礼仪文化的形成和演变也是一个动态发展的过程，但其合理内核是延续的，在一定历史时期内礼仪具有相对的稳定性。礼仪文化的这种相对稳定性和延续性也就为我们在新时代开展礼仪德育提供了可能。

（3）礼仪德育内容载体的多样性

"载体"是礼仪德育的要素之一，是联系教育主体和教育客体的桥梁和纽带。学校礼仪德育内容载体具有多样性。从礼仪德育载体的外在表现形式来看，可以划分为四大类，即教学载体、人物载体、活动载体和网络载体。其中，教学载体的主要形式有符号信息载体、活动载体和光电信息载体三类。因此，除了选定的教材作为主体的教育内容外，家庭和社会上的因素，特别是家长、公众人物，通常作为受教育者直接模仿的对象，对受教育者的礼仪素质产生重大而深远的影响。此外，影视艺术中的人物形象、网络游戏中的虚拟身份等，也都对受教育者有很大的影响。

4. 礼仪德育的方法

礼仪德育的方法是礼仪德育教育者与受教育者在礼仪德育过程中，为达成一定的目标而采用的活动方式与手段。与其他学科教学相比，礼仪德育方法具有突出的开放性，教育方法所产生的影响与目标之间的时距关系也有更明显的特殊性。

（1）礼仪德育的方法具有多样性

根据受教育者的年龄阶段特征和具体需求差异，应采用不同的方法开展礼仪德育活动。为此，礼仪德育的方法具有多样性。常见的礼仪德育方法主要有：教学演示、制度规范、榜样示范、实践养成、环境熏陶等。其中，教学演示是指在教学过程中教师通过讲解和示范进行的礼仪德育活动，它是礼仪德育的最主要渠道。榜样示范是学校、家庭和社会等多方面通力协作，充分发挥教育者带头和公众人物带动的作用，展示礼仪文化的魅力，它在礼仪德育活动中具有独特的优势。

（2）礼仪德育方法所产生的效果与欲达成的目标之间的时距关系更为特殊

任何教育影响都不是立竿见影的，从施教、受教到教育效果的显现，都需要一个过程。和其他学科相比，礼仪德育方法的效果与欲达成的目标之间的时距既可以说更短，也可以说很长，存在长和短之间更为突出的矛盾。

礼仪德育方法的效果与目标之间的时距可以说更短，是因为礼仪德育始于礼仪行为训练，通过举手投足的模拟和演练，受教育者在短时间内掌握适宜的礼仪规范并不是一件难事。然而，礼仪德育方法的效果与理想目标之间的时距要比其他学科长很多，这是因为由礼仪行为训练到形成礼仪意识、塑造礼仪精神、养成礼仪习惯是一个曲折漫长的过程，受到更多因素的影响，更容易被阻碍甚至阻断。这就要求教育者充分考虑"长"和"短"之间的矛盾，充分发挥礼仪德育作用直接、浅表效果可以立显的优势，努力缩短礼仪德育方法与理想目标之间的时距。

（二）过程性要素

礼仪德育过程是教育者和受教育者为实现教育目的而共同从事的实践活动。这一活动经过一定的环节和流程，最终表现为一定结果。教育目标、教育活动、教育结果构成了礼仪德育过程的三大过程性要素。

1. 教育目标

礼仪德育目标是对礼仪德育所培养的个体在礼仪素质方面的质量和规格的总的设想或规定。礼仪德育的目标从根本上说是提高学生的礼仪素质，具体包括形成礼仪行为、增强礼仪意识、凝聚礼仪精神、养成礼仪习惯。因受教育者和教学内容等方面的诸多差异，礼仪德育的目标在不同时间、不同地点和不同场合下有不同的表现，呈现出具有阶段性、递进性特点的多个具体目标，并组成礼仪德育的目标系统。

2. 教育活动

把教育目标转变为现实的教育结果，需要经过一些中间环节，也就是教育活动。礼仪德育活动具有多种实现形式，最常见的有课堂教学、课外实践、社会宣传、理论研讨等。随着实践的深入发展，礼仪德育的实现形式也必将日益丰富。

3. 教育结果

礼仪德育的结果集中表现为受教育者在礼貌、礼节、言谈举止和道德情操、政治觉悟、思想水平等方面的实际变化，也表现为对社会政治、经济、文化、人伦关系等方面所产生的影响。

礼仪德育过程的实体性要素与过程性要素之间是紧密联系、相互作用的，由此构成了礼仪德育过程中的诸多矛盾，如教育者与受教育者之间的矛盾，受教育者与教育方法之间的矛盾，教育者与教育方法之间的矛盾，教育目标与教育结果之间的矛盾等。这些矛盾相互作用，共同构成了礼仪德育过程的矛盾运动，并推动着礼仪德育实践的向前发展。

二　礼仪德育过程规律

礼仪德育过程规律就是礼仪德育矛盾运动中内在的、本质的、必然的联系。认识和把握、运用这些规律，对于完善礼仪德育实践、提升礼仪德育效果、发挥礼仪德育功能具有重要价值。礼仪德育过程中的矛盾有主次之分，礼仪德育过程规律有基本规律和具体规律之别。

（一）基本规律

礼仪德育过程中的基本矛盾就是在整个礼仪德育过程中占支配地位、起主导作用的矛盾。礼仪德育过程是礼仪德育目标实现的程序，而礼仪德育目标是培养提高受教育者的礼仪素质，不断满足社会对受教育者礼仪素质越来越高的要求。据此，社会对受教育者所提出的礼仪素质目标要求与受教育者礼仪素质的现实水平之间的矛盾，就构成了礼仪德育过程的基本矛盾。这一矛盾不仅决定着礼仪德育过程中其他矛盾的产生和发展，而且整个礼仪德育过程都因这一矛盾的产生而产生、发展而发展。它规定着礼仪德育过程的本质，贯穿于整个礼仪德育过程的始终，并对礼仪德育全过程的运动变化发展起着支配作用，因此是礼仪德育过程的基本矛盾。整个礼仪德育过程的展开，就是解决这一基本矛盾的动态过程。

在礼仪德育基本矛盾运动变化发展过程中所蕴含的内在的、本质的、必然的联系，就是礼仪德育过程的基本规律。礼仪德育过程的基本规律可以表述为，礼仪德育过程及其构成要素与社会及受教育者礼仪素质现实水平相互制约规律。其具体内容是，社会发展状况决定礼仪德育过程及其构成要素，礼仪德育过程及其构成要素对社会发展具有反作用，促进或阻碍社会发展（当礼仪德育过程及其构成要素适应社会要求时会促进社会发展，反之，则会阻碍社会发展）；受教育者礼仪素质发展水平制约礼仪德育过程及其构成要素，反过来，礼仪德育过程及其构成要素制约受教育者礼仪素质发展水平。

礼仪德育的基本规律要求我们实施礼仪德育要从两方面着手。

一方面，礼仪德育的目标、内容与方法等要反映社会的要求。

礼仪德育过程的基本规律告诉我们，礼仪德育是社会发展的产物，社会发展直接决定和影响着礼仪德育的发展。礼仪德育过程及其构成要素不可能脱离现实社会的要求及社会条件而孤立存在。礼仪德育目标的设定、内容的选择和安排、方法的选用，都要考虑社会要求和社会条件。

第一，礼仪德育目标的确定要反映社会的要求。礼仪德育目标要以社会需求和时代发展为参照，反映所处时代的社会政治经济文化制度的要求，面向未来社会的发展。脱离社会和时代需求的礼仪德育目标，其存在没有任何意义，也必将被时代所淘汰。新时代礼仪德育目标的设定要紧密联系中国特色社会主义进入新时代的实际，服从和服务于新时代政治、经济、文化和社会发展需求，与党和国家的教育方针高度契合。

第二，礼仪德育内容的选择和安排要符合社会的要求。礼仪德育目标的实现与礼仪德育的内容息息相关，礼仪德育内容是影响礼仪德育目标能否实现、在多大程度上实现的最为关键的因素。新时代礼仪德育内容应植根于我国新时代中国特色社会主义实践，以提高礼仪德育的针对性和实效性。礼仪德育内容需要从宏观决策层面加以重点考虑，也需要通过强化礼仪德育理论和实践研究来为宏观决策提供咨询，为基层礼仪德育实践提供指导。我国当前新时代中国特色社会主义礼仪文化建设和礼仪德育理论与实践研究明显滞后于现实实践，这一局面应尽快扭转。应尽快健全完善我国社会主义礼仪制度，进而提出相对成熟、规范的礼仪德育内容体系，以更好地适应社会需求。

第三，礼仪德育方法的选用要符合当代社会发展的特点。礼仪德育方法也是影响礼仪德育目标能否顺利达成的重要因素。新时代礼仪德育方法要体现时代特征。应在完善创新讲授、演示等传统的教法和听、记、练习等传统学法的基础上，充分考虑网络时代出现的新情况新问题，采取适当措施，将新媒体平台、虚拟网络空间等具有时代特征的教育资源转化为礼仪德育的优势，以提高礼仪德育的吸引力和实效性。

另一方面，礼仪德育的目标、内容、手段等的确定与选择要依据受教育者礼仪素质发展水平，要根据受教育者的发展需求、年龄特征、个性特点和现有礼仪素质实际来组织礼仪德育。

第一，礼仪德育要适应受教育者的发展需求，在教学目标的设定、内容的选择、方法、措施的考量等方面要切实坚持"以学生发展为本"，与学生的科学合理的真实需求相吻合。如面临就业的学生,最迫切的需求可能是面试礼仪;刚入校门的小学生,最迫切的需求可能是与同学、老师相处的礼仪等。礼仪德育要充分考虑受教育者的真实需求。

第二,礼仪德育要适应受教育者身心发展的阶段性,所采取的教育措施要符合受教育者成长的阶段性。如,针对低龄受教育者,应多采用形象、生动的直观教学方法;对于大学生,则应协调礼仪行为训练和理论知识传授的关系,既要避免简单化,也要避免陷入单纯的说教。

第三,礼仪德育还要适应受教育者的性格、气质、能力等方面的个体差异性。这种差异性直接影响受教育者个体对礼仪德育内容的思考能力、判断能力、选择和接受能力。教育者要充分考虑受教育者的个体差异,切实坚持"因材施教",避免千篇一律。

礼仪德育过程基本规律是礼仪德育过程中固有的客观规律。只有按这一规律实施礼仪德育,才能根据社会对受教育者所提出的礼仪素质目标要求,确定合理的礼仪德育的具体目标、内容和活动。如果忽视或违背这一基本规律,礼仪德育目标设定、活动过程和结果都将与社会需求相背离,礼仪德育的目标就难以实现。

(二) 具体规律

在礼仪德育基本矛盾和基本规律支配下,礼仪德育过程不断推动一系列具体矛盾得以解决,这些具体矛盾包括教育者与受教育者之间的矛盾、受教育者与教育方法之间的矛盾、教育者与教育方法之间的矛盾、教育目标与教育结果之间的矛盾等,这其中也蕴含着一系列具体规律。

1. 双主体互动规律

礼仪德育过程的实体性要素中,教育者与受教育者均为礼仪德育过程的主体,亦称"双主体",它们之间是辩证统一关系。教育者与受教育者既相互区别,又相互依存,二者总是借助一定的教学内容、教学方法等教育手段,在礼仪德育过程中双向互动,形成双主体互动。礼仪德育过程是教育者和受教育者之间相互作用、相互影响的矛盾运动过程。

(1) 教育者在礼仪德育过程中是教育主体,发挥着主导作用

教育者是一定社会对礼仪素质要求的表达者,也是整个教育过程的设计者、组织者、管理者,还是受教育者发展内驱力的激发者。高水平的教育者总是能设计并组织开展高效的教育,不断激发受教育者发展的内驱

力，使整个礼仪德育过程与社会需求相吻合。反之，如果教育者缺乏应有的教育智慧，对教学设计、组织和管理不到位，则很难满足社会对礼仪德育的需求。

（2）受教育者在礼仪德育过程中居于主体地位，并能对教育者产生一定影响

整个礼仪德育过程应当是受教育者在教育者引领、帮助下自主发展的过程，受教育者能动地接受教育并进行自我教育，同时认识、影响、改变教育者及其教育影响，从而在实现自身礼仪素质不断提高的过程中促进教育者和整个教育过程日趋完善。

（3）在礼仪德育过程中，教育者和受教育者的双主体作用缺一不可

一方面，没有受教育者主体作用的发挥，教育者所传递的教育内容就不可能被受教育者所认识和接受，也就不可能达成预期的礼仪德育目标。

另一方面，如果没有教育者对受教育者的激发和引导，受教育者就不可能将其主体作用充分地体现和发挥出来，也就无法形成自觉的礼仪德育过程。

因此，在礼仪德育过程中，教育者和受教育者这双主体是双向互动关系，二者相辅相成、不可分离、相得益彰。尊重和利用双主体互动规律，既要强调发挥教育者的作用，也要重视发挥受教育者的作用。一方面，要最大限度地调动受教育者的积极性、主动性和创造性，使受教育者主动接受教育内容，按照教育者提出的教育要求，在吸收礼仪知识、形成初步礼仪行为的基础上自主追求礼仪意识、礼仪精神等更高层次的礼仪素质目标，从而切实提高礼仪素质，最终形成符合社会要求的礼仪行为习惯。另一方面，教育者要不断提高终身学习的意识和能力，不断提高教育艺术水平。要善于收集和处理礼仪德育过程中的信息反馈情况，并适时对教育活动做出调整，在推动礼仪德育实践螺旋递进的过程中不断完善教育过程，同时实现自身的专业发展与提升。

2. 教育者先受教育规律

这一规律揭示了教育者与先接受教育之间的本质联系。在礼仪德育过程中，教育者是施教者，是整个礼仪德育活动的设计者、组织者、管理者。这就决定了实施礼仪德育，使礼仪德育取得理想效果，教育者先要接受教育，掌握礼仪知识及实施礼仪德育的策略、方法和技能。

（1）教育者先受教育从根本上是由教育的属性和教育者的地位决定的

"古之学者必有师，师者所以传道、授业、解惑也。"[1] 教育者只有先受教育，才能胜任传道、授业、解惑的角色要求。《礼记·学记》提出先学后教、在教中学、教学相长原则，强调"虽有嘉肴，弗食，不知其旨也；虽有至道，弗学，不知其善也。是故学然后知不足，教然后知困。知不足，然后能自反也；知困，然后能自强也。故曰：教学相长也"[2]。在礼仪德育过程中，受教育者主体虽然具有自主性、能动性和选择性，但总体上是在教师指导下的自主性、能动性和选择性。教育者对于受教育者主体作用的发挥以及教育手段的选择、教育过程的走向等均具有至关重要的作用。在礼仪德育中，教育者先接受教育，才能指导受教育者更好地接受教育。马克思主义经典作家对教育者先受教育规律也有不少论述，如马克思提出"教育者本人一定是受教育的"[3]，毛泽东强调"只有代表群众才能教育群众，只有做群众的学生才能做群众的先生"[4] 等。

（2）礼仪德育教育者先受教育，是由我国的现实情况决定的

当前我国礼仪德育发展势头强劲，但在实施过程中仍存在不少这样那样的问题，其一就是礼仪德育师资队伍尚不尽如人意。截至目前，我国尚未形成专门的礼仪教育师资培养制度。这从根本上造成礼仪德育师资短缺，礼仪课教学不得不由其他科任教师兼职，导致了礼仪德育的专业性、规范性、科学性等方面出现不少问题。

要解决这一问题，只有遵从教育者先受教育规律，可采取两类措施：一是将礼仪德育教育者先受教育列入教师继续教育和职业生涯规划体系，"坚持教育者先受教育"[5]。在各级各类教育、各学科教师培训中，着重强化礼仪德育基本理念、目标、内容、方法等方面的培训工作，以提升全员搞好礼仪德育的自觉意识，切实发挥好教师在礼仪德育过程中的示范和表率作用，也便于从整个教师队伍中择优遴选礼仪德育师资。二是积极创造

---

① （唐）韩愈：《师说》，载钱伯城《国学经典导读〈韩愈文集〉》，中国国际广播出版社 2011 年版，第 79 页。

② （西汉）戴圣编纂：《礼记·学记第十八》，载胡平生、张萌译注《礼记》（下），中华书局 2017 年版，第 698 页。

③ 《马克思恩格斯文集》（第一卷），人民出版社 2009 年版，第 500 页。

④ 《毛泽东选集》（第三卷），人民出版社 1991 年版，第 864 页。

⑤ 《习近平谈治国理政》（第二卷），外文出版社 2017 年版，第 379 页。

条件在相关院校和相关专业开设礼仪德育课程，培养礼仪德育教师。最早的经过专业训练的礼仪德育师资可充实到各级教研员队伍，使之作为"教师的教师"，发挥以点带面作用，通过师徒式的传帮带等方式，将礼仪德育的科学理念、知识和方法等深播到礼仪德育一线教师。

3. 内化外化规律

受教育者礼仪素质形成是一个复杂的内化和外化过程。内化和外化是辩证统一关系，它们相互联系、相互制约。

（1）礼仪文化的内化

所谓内化，是指人们经过一定形式的学习，将某些社会意识、道德规范等精神文化转化为个体稳定的心理因素的过程。[①] 内化过程是个体的内部心理结构对外界文化因素的一种适应过程。内化不仅包括个体对人类知识、经验的吸收和转化，更重要的是吸收社会规范、价值系统并形成个体的态度、信念和价值观，进而形成较为稳定的个性心理倾向。礼仪素质的形成过程，首先是受教育者对以礼仪行为规范作为基本内容的礼仪文化的内化。

礼仪文化的内化，是个体对礼仪文化的认同和接受并将其固化为自身素质的过程。这一过程包含两个层次水平，一是自发的，二是自觉的。所谓自发的，也就是个体在社会生活过程中不可避免地受到社会环境等因素的影响，并通过自我选择的过程，效仿社会上的某种礼仪行为，进而内化为自身的礼仪素质。自发层面上的礼仪文化内化虽然是一种无意识的过程，但这一过程对个体的影响非常大，一旦形成影响，将不易发生改变。所谓自觉的，也就是社会有目的、有计划地对个体施加影响，通过营造氛围、进行教育等方式，以新时代中国特色社会主义礼仪文化来武装受教育者，受教育者自觉地学习和内化礼仪文化。受教育者的礼仪素质主要是通过后者形成和发展的。

（2）礼仪文化的外化

如果说内化是外部的客体的东西转化为内部的主体的东西，那么，外化就是内部的主体的东西转化为外部的客体的东西。礼仪行为是一个人礼仪素质的外在表现，也是其整体的内在素质的外化。通过内化而形成的礼仪意识和礼仪精神，如果不能继续向前发展并外化为实实在在的礼仪行为

---

① 时蓉华：《社会心理学词典》，四川人民出版社1988年版，第47—48页。

实践，那么，内化将不具有任何实际意义。

从过程上看，礼仪素质外化的起点是发生具体的礼仪行为，也就是个体将已掌握的礼仪规范及已形成的礼仪意识、礼仪精神转化为内部动力进而引发具体的礼仪行为。礼仪行为是礼仪素质的具体反映和外部标志。在此基础上，个体由于持之以恒地坚持某种礼仪行为，日积月累，就会形成特定的行为模式，养成礼仪习惯。习惯一经养成，便很难改变。

从行为发生的动力机制来看，礼仪行为的发生和礼仪习惯的养成是人的心理活动外化的结果。影响行为动力和效率的心理因素主要包括需要、动机、态度、情绪、理想、价值观等，这些心理因素被激发的程度，直接决定着礼仪行为习惯发展的程度。

从行为结果及其影响上看，外化的礼仪行为是礼仪德育的功能得以发挥的必要条件。通过外化的礼仪行为，才能在一个人的礼仪素质与外部环境之间建立起真实的联系。也只有通过这种联系，礼仪行为才能产生具体的影响并发挥作用，无论是礼仪德育的个体功能还是社会功能，都依赖于受教育者内化的礼仪文化外化为礼仪行为才能得以实现。

（3）内化与外化的交互作用

礼仪素质的形成和发展是一个复杂的、长期的过程，也是多种因素综合作用的结果。在这一过程中，既离不开内化，同时更离不开外化。

礼仪德育过程是内化与外化紧密结合、相互促进的过程。这一过程也是个体的礼仪认知、礼仪情感、礼仪意志、礼仪信念和礼仪行为乃至礼仪精神等因素相互作用、共同提高的过程。在这一过程中，内化是基础和起点，外化是目标和归宿。如果礼仪文化不经过内化，不转化为受教育者的意识、观念和精神，就无法进一步转化为礼仪行为习惯。如果没有外化，礼仪文化的内化也就没有任何实际意义，礼仪德育的目标就无法最终实现。

遵循内化外化规律，在礼仪德育过程中，既需要教育者发挥主导作用，又需要经过受教育者个人的主观努力。

礼仪素质的形成过程，离不开受教育者的主观能动性。现代教育理论认为，人的素质主要是在后天社会生活中通过教育和社会实践活动形成的，教育的使命就是要按照受教育者身心成长的规律，充分调动受教育者的积极性、主动性和创造性，让其自主地发展自己的素质。正如"人性教育"的倡导者福禄贝尔所主张的，儿童的发展是"内发"过程，不是"外塑"过程，教育不能压抑儿童的自由，而应遵循儿童的本性，使儿童自身的潜力得到发展和表露①。礼仪素质的形成过程，就是借助多种教育手段，运用多种教育方法，最大限度地调动并充分发挥受教育者的主观能动性，引导其礼仪素质自主生成的过程。在这一过程中，要着重激发受教育者的内发动力，以加速其礼仪文化的内化和外化过程，提高教育的有效性。这是因为，内发的礼仪情感、意志和信念往往可以直接转化为礼仪行为的动机。同外部驱动相比，这种动机是由内而外发出的，为此更为强劲、持久、稳固，也才属于真正的动机。借鉴当今日本的成功学研究者川西茂的观点，目标是趋向成功的极为重要的要素，为此，要"制定从自身中蒸腾而出的、真正想达成的'内发性的目标'；以外界刺激使人产生欲望的给予动机的方式（叫作外发性报酬）不可能产生真正的动机；找到可以埋头、专心致志的内发性报酬，进入'沉浸状态'才会真正激发动机"②。为了充分激发受教育者的内发性动力，可以通过情境设计、角色体验、社会实践等活动，使受教育者更多地感受到自身因礼仪素质提高而获得的快乐和享受，进而形成更为持久、强劲的内化动力。

在礼仪德育过程中，教育者要发挥主导作用，以高超的教育艺术不断激发受教育者的内在心理活动，促使其主动内化礼仪文化并将其外化，从一点一滴做起，从身边的每一件小事做起，经过长期艰苦的磨砺，逐步形成良好的礼仪行为习惯。

三　礼仪德育过程机制

"机制"一词源于希腊文 Mechane，其英文是 Mechanism，原指机器构造及其制动原理和运行规则。《现代汉语词典》对机制的解释扩展为四个基本含义：一是指机器的构造和工作原理；二是指有机体的构造、功能和相互关系；三是指某些自然现象的物理、化学规律；四是泛指一个工作系统的组织或部分之间相互作用的过程和方式。可见，"机制"是一种原理、机理、相互作用的关系和过程、发生作用的方式。礼仪德育过程机制大体可概括为导向机制、动力机制和调控机制③。

---

① 袁桂林：《外国教育史》，东北师范大学出版社 1995 年版，第 221 页。
② 川西茂：《成功的三个周期》，王文博、罗雪梅译，金城出版社 2007 年版，第 267 页。
③ 范树成：《德育过程论》，中国社会科学出版社 2004 年版，第 150—162 页。

（一） 导向机制

导向机制是礼仪德育过程中的"方向盘"和"定位器"①。整个礼仪德育过程是在一系列具体的过程导向所组成的导向链条中得以完成的。礼仪德育目标的设定要以社会和个体需求为导向，礼仪德育手段的选择、活动的组织要以礼仪德育目标为导向，礼仪德育结果的评价要以是否如期达成了预定目标、是否促进了教育者与受教育者礼仪素质的共同发展为导向等。在正确的导向机制作用下，礼仪德育才能沿着正确的方向、朝着预定的目标前进，才有可能取得应有的教育效果，也才有可能最终使得礼仪德育的个体功能、社会功能全面发挥出来。

1. 礼仪德育目标的设定以社会需求为导向

礼仪德育目标是一个庞大的目标体系。根据礼仪德育目标的抽象程度，可以划分为三个层次：一是最具抽象性和概括性的礼仪德育总目标。这一层次的目标相当于国家对礼仪德育所做的顶层设计和总体要求，可理解为礼仪德育的指导思想和课程宗旨。二是按领域和内容、阶段划分的礼仪德育目标，如不同学段的仪容仪表礼仪教育目标、形体礼仪教育目标、社交礼仪教育目标等，是对礼仪德育总目标的分解和细化，大体相当于课程标准层面。三是具有可操作性的具体的礼仪德育目标，也就是分解到每一堂课、每一个教育环节的礼仪德育目标。

礼仪德育总目标以国家对礼仪德育的需求为导向，直接体现国家的教育意志，反映国家对政治、经济、文化和社会问题的统筹安排部署，是对公民礼仪素质的根本要求，因此成为礼仪德育的根本指针和总方向。

课程标准层面的礼仪德育目标以礼仪德育总目标为导向，将礼仪德育总目标分解到不同学段和不同内容之中，形成多个具有整体性、连贯性、呈系列化递进关系的礼仪德育课程模块。

具体礼仪德育活动层面的礼仪德育目标以课程标准为导向，一方面将礼仪德育课程标准所规定的教育目标、教育内容分解到具体礼仪德育活动中；另一方面以具体的礼仪德育实践活动来检验礼仪德育总目标以及礼仪德育课程标准的设定是否科学合理，是否有助于促进教育者和受教育者的共同发展等，进而为校正礼仪德育目标和发展方向提供实践依据。

---

① 范树成：《德育过程论》，中国社会科学出版社 2004 年版，第 150 页。

2. 礼仪德育手段的选择、活动的组织以礼仪德育目标为导向

礼仪德育内容的选择、教育方法和组织形式的设计、教育环节的安排等，均以礼仪德育目标为导向。其中礼仪德育内容代表着礼仪德育过程的性质和方向，教育方法、教育组织形式、教育环节的安排设计等，可概括为礼仪德育的手段，都是以礼仪德育目标为导向、为实现礼仪德育目标服务的。

3. 礼仪德育结果的评价以是否如期达成了预定目标、是否促进了教育者与受教育者礼仪素质的发展为导向

礼仪德育结果的评价也以礼仪德育目标为导向，以是否如期完成了礼仪德育事先预设的目标、是否促进了教育者和受教育者的礼仪素质的共同发展作为检验的标准。如果礼仪德育目标的实现度较高，则表明礼仪德育过程是成功的，该经验值得推广借鉴；如果礼仪德育目标未能如愿达成，则要再回望和检视礼仪德育的整个过程，对目标的设定、内容的选择、方法和环节的设计等进行反思和修正，力求礼仪德育过程得以发展和完善。

（二）动力机制

动力机制是礼仪德育过程的"发动机"[1]。礼仪德育过程是一个不断发展的动态系统，礼仪德育过程的动力机制就是一个由多方面、多层次矛盾所构成的关系系统，是推动礼仪德育前进的力量，包括内生动力机制、外生动力机制和联动机制[2]。

1. 礼仪德育过程的内生动力机制

礼仪德育过程的内生动力机制是指源于礼仪德育主体内在需要的动力体系，包括来自教育者和受教育者的动力结构要素。礼仪德育过程的内生动力机制是礼仪德育发展的根本动力机制。

（1）来自教育者的动力结构要素和内生动力机制

对于学校教育者而言，礼仪德育不但是一种利益驱动，也是教育者的事业发展需要和道德理想追求。一方面，直接承担礼仪德育任务的教师、班主任、辅导员等，其本职工作之一就是搞好礼仪德育。因此，礼仪德育过程是否圆满，事关学校教育者的职业稳定性、社会地位和职业尊严等切

---

① 范树成：《德育过程论》，中国社会科学出版社 2004 年版，第 154 页。

② 曾昭皓：《德育动力机制研究》，博士学位论文，陕西师范大学，2012 年。

身利益，由此形成了一种内生的利益驱动力；另一方面，礼仪德育也是教育者的一种发展需求，在教育学生的同时也使自身获得专业发展与提升，彰显教书育人的神圣职责和使命以及高尚人格，并能促进自身道德理想向现实的转变。这也促成了礼仪德育过程内生的发展动力。上述学校教育者的利益驱动、发展需求、道德理想等要素相互作用，所形成的合力就成为学校礼仪德育过程的内生动力机制。这也是礼仪德育过程最主要的内生动力机制。

上述来自教育者的礼仪德育过程内生动力要素，在礼仪德育过程中相互影响相互作用，共同构成了教育者方面的礼仪德育过程内生动力机制。

（2）来自受教育者的动力结构要素和内生动力机制

来自受教育者方面的内生动力机制源于礼仪德育的个体功能。受教育主体的动力结构要素，大体可概括为物质利益和精神享受。

礼仪德育的基本目标是不断提高受教育者的礼仪素质，促使受教育者由"自然人"加速转化为"社会人"。一是从物质利益角度看，礼仪德育最基本的功能在于培养提高受教育者的礼仪素质，使之获得一定的礼仪素质并能够与社会相容，以便在社会性、现实性环境中拥有更好的生存基础。在此基础上，由于礼仪在一定程度是一种身份的象征，也是社交能力的体现，因此通过礼仪德育能够获得向更高一级社会阶层升迁的能力。提高礼仪素质、实现阶层升迁，对于受教育者及其家庭而言都属于非常现实的重要的物质利益，为此必然成为礼仪德育过程的内生动力之源。二是从精神享受层面，礼仪德育具有"乐生"作用，可以使受教育者在礼仪德育过程之中和过程之外都能获得善的追求、审美情趣、艺术创造等精神享受。一旦受教育者在礼仪德育过程中切实获得了精神享受，必将激发其对礼仪德育的浓厚兴趣，就会激发出强大的、根本的内生动力。当受教育者在具备了一定的礼仪素质、在社会生活中体验到被尊重的快乐之后，必将使其萌生对礼仪德育的持久、强劲的追求。这是礼仪德育过程的最为根本的内生动力。

2. 礼仪德育过程的外生动力机制

礼仪德育过程的外生动力机制是指除礼仪德育教育者和受教育者直接需求之外的其他各种动力系统，主要包括：来自家庭和社会的动力机制、来自理论创新的动力机制和来自礼仪德育实践系统之外的其他实践系统的动力机制。

（1）来自社会的外生动力机制

对于社会而言，由于礼仪德育具有一系列重要的社会功能，构成礼仪德育过程外生动力的基本要素。一是从政治角度看，礼仪德育是培养、提高政治认同的重要手段，能够加深受教育者对现存政治体制的理解，凝聚各族人民的广泛共识和力量，减少或消除影响政治稳定的因素，为建设政治文明和稳定的政治秩序提供保障。因此，这必将激发统治阶级大力倡导礼仪德育，从外部推动礼仪德育的实施。二是从经济角度看，礼仪德育具有重要的经济功能，能够促进经济的发展。这就为礼仪德育过程注入了来自经济领域的动力。三是从文化传承角度，礼仪德育是传承中华优秀礼仪文化、促进社会主义精神文明建设的重要手段，这使得礼仪德育获得了来自文化领域的动力。四是从社会和谐角度看，礼仪德育能够维护和保障社会的和谐稳定。社会和谐是人类永恒的追求，也是党和政府坚持不懈为之奋斗的目标，还是中华民族实现伟大复兴的社会保障。这就在礼仪德育过程中汇入了来自社会生活领域的不竭的动力。

（2）来自理论创新方面的外生动力机制

礼仪德育理论与实践是辩证统一关系。礼仪德育理论源于实践又高于实践。科学的、完善的礼仪德育理论对实践具有指导作用，可以推动礼仪德育过程不断走向完善，缩短礼仪德育目标实现的进程，促使礼仪德育功能最大限度地发挥出来。而错误的、不科学的礼仪德育理论则将阻滞礼仪德育实践的科学发展，对礼仪德育过程起延缓或者破坏作用，不利于礼仪德育过程专业化、科学化，因此，难以达到礼仪德育过程应有的效应，使得礼仪德育功能难以有效地发挥出来。

理论产生的目的就是为实践服务，作为实践的指导。理论的属性决定了其自身有一种内驱力，会努力与实践相结合。理论与实践相结合的手段就是掌握实践的主体，也就是人。正如马克思所强调的："理论一经掌握群众，也会变成物质力量。理论只要说服人，就能掌握群众；而理论只要彻底，就能说服人。"① 因此，我们要在实践中不断创新完善礼仪德育理论，并推动科学的礼仪德育理论与礼仪德育实践相结合，使之在参与礼仪德育实践的过程中转化为物质力量，推动礼仪德育过程。礼仪德育理论向实践转化的天然的内驱力，是礼仪德育过程的外生动力之一。

（3）来自礼仪德育系统之外的其他实践系统的动力机制

来自礼仪德育系统之外的其他系统，主要是与现时的礼仪德育处于不

---

① 《马克思恩格斯文集》（第一卷），人民出版社 2009 年版，第 11 页。

同时空之中的其他礼仪德育实践系统。如历史上的礼仪德育实践、其他国家或民族的礼仪德育实践等。这些处于不同时空之中的礼仪德育实践对于现时的礼仪德育都会产生一定影响，有的影响是正向的，有的影响是反向的。如我国延续数千年的成熟的礼仪德育，总体上为现时的礼仪德育实践打下了良好的基础，因此会促进新时代礼仪德育发展。处于不同时空之中的其他礼仪德育实践系统的发展，是现时的礼仪德育过程创新的实践模板，是礼仪德育过程不可忽视的外生动力。

礼仪德育内生动力机制与外生动力机制之间是辩证统一关系。一方面，二者相互区别，具有不同的内涵，在礼仪德育过程中有不同的作用。礼仪德育的内生动力及其机制是礼仪德育形成和发展的内部矛盾体，对礼仪德育过程起着根本的决定作用。礼仪德育的外生动力及其机制是礼仪德育存在和发展的各种外部联系，对礼仪德育过程也有重要作用。另一方面，礼仪德育的外生动力机制与内生动力机制又是相互依存、不可分离的。二者相互作用、相互影响，共同推动礼仪德育向前发展。

3. 礼仪德育过程的联动机制

礼仪德育过程的联动机制是指促进礼仪德育动力系统实现良性互动的动力机制。礼仪德育过程的联动机制是一种整合性、衔接性的动力机制，实质是礼仪德育过程的整合要素，其功能在于保证礼仪德育过程的动力机制将礼仪德育的动力保持在适度范围内。

（1）基于利益整合与衔接的礼仪德育联动机制

礼仪源于人际交往中利益调整的需要。礼仪德育对利益的协调，首先是让人们认识到规范与利益的关系，进而达成礼仪调整目标。如果说礼仪德育的联动机制实质是一种整合性功能，那么这种整合首要的就是利益整合。在礼仪德育过程中，多维的教育主体需要利益整合，以便达成家庭、社会与学校礼仪德育的一致性。教育者与受教育者需要利益整合，以便建构共同的课堂教学目标并产生协调一致的教育行为，实现礼仪德育效果最大化。

（2）基于文化和价值观整合的礼仪德育联动机制

文化是一个存在很大争议的概念，人们迄今对文化的定义有200多种。从本质上看，文化是人们生存发展的方式，处于核心和灵魂地位的是思想和理论。所谓文化整合，就是在一定的历史时期内，特定的组织或社会集团通过一定的方式方法和手段，在多元文化的基础上确立共同的理想信仰和价值观，使一定的群体成员在保有各自立场、观点的前提下，求得群体成员对组织的理念和价值观的认同，以凝聚共识进而增强组织黏合力。从这一意义上，文化整合就是利用思想和理论的力量对不同的社会利益关系进行协调的过程。

礼仪德育所传递的礼仪文化，是一种鲜明的文化符号。通过共同的礼节、仪式和行为规范，可以将具有相同文化背景的人联结起来，形成自我和群体身份的认同，进而转化为巨大的力量。就礼仪德育的动力机制而言，礼仪德育所传递的礼仪文化在本质上是一种内在的人格力量，以文化整合的方式实现礼仪德育动力机制之间的内在协调，通过文化整合所产生的导向与协同效应，也就是形成礼仪德育过程的联动机制，进而使礼仪德育的动力系统发挥更好的协调联动作用。

（三）调控机制

礼仪德育过程的调控机制是德育过程的"控制器"和"矫正器"[1]。礼仪德育过程是一个动态的变化发展过程，虽有导向机制保证礼仪德育发展方向，但由于不可避免地会受到内部与外部因素干扰，时常会出现发展路径偏离预定目标的情况，因此需要及时进行监控、调整。调控机制的功能就是随时关注礼仪德育过程的进展，并根据情况对礼仪德育过程做出调整。

调控机制本身也是一个大的系统，包含着诸多要素，如调控主体、调控客体、调控手段、调控过程等[2]。

1. 调控主体

调控主体是调控机制中人的要素，包括教育者和受教育者。调控主体的功能是及时发现礼仪德育过程中存在的问题，并进行及时校正，以保证礼仪德育过程朝着预定的目标不断趋近。

调控主体对礼仪德育过程实施调控，首先要满足以下条件：一是要有清晰明确的调控目标。礼仪德育过程的调控目标是确保礼仪德育目标的实现，为此既要有清晰明确的礼仪德育过程调控目标，又要准确把握礼仪德育目标体系。二者应保持一致。礼仪德育目标不仅是教育者对礼仪德育过

---

[1]　范树成：《德育过程论》，中国社会科学出版社 2004 年版，第 158 页。

[2]　范树成：《德育过程论》，中国社会科学出版社 2004 年版，第 159 页。

程进行调控的依据，也是受教育者对礼仪德育过程进行调控以及对自我教育过程进行调控的依据。如果缺乏清晰明确的礼仪德育调控目标，或者对礼仪德育目标把握不准，都将影响礼仪德育过程的稳定性。二是要明确调控项目。调控主体应明确调控什么以及在哪些方面实施调控。要根据调控目标和调控对象的性质来确定调控项目。三是要在综合权衡调控目标、调控项目的前提下，根据现实条件选用适合的调控手段并稳妥推进调控过程。

2. 调控客体

礼仪德育的调控客体也就是调控对象，包括教育者、受教育者以及教育内容、方法、环境、进程等要素。

教育者既是调控主体，也是调控客体。在调控过程中，首先要对教育者的教育理念、内容选择、方法措施等进行调控，使之与礼仪德育目标相吻合，也要适应受教育者的真实需求，符合受教育者成长的阶段性和个性心理特征。

受教育者同样既是调控主体也是调控客体，既接受教育者调控、进行自我调控，同时也反作用于教育者，对教育者的教育理念、教育内容和方法等产生影响。所以礼仪德育过程中的调控是他人调控与自我调控的有机统一。其中，教育者对受教育者的调控是主要方面，侧重于对受教育者学习动机、心理状态、学习内容与方法、进度等方面进行协调和调节，使受教育者的身心状态、学习活动等与礼仪德育过程的目标要求、发展方向、进度和环节相一致。

如果说教育者和受教育者都是具有主观能动性的调控客体，那么，礼仪德育内容、方法、环境、活动等要素则是被动的调控客体。教育者的任务是根据礼仪德育目标和受教育者礼仪素质现实水平对这些要素做出调控，以使教育内容难易适中、呈现方式适合、教育方法科学、教育环境优良，以提升整个礼仪德育过程的吸引力、感染力和实效性。

3. 调控手段

调控手段是实现调控目标的具体方法。要根据调控目标、调控项目来确定调控手段。调控过程中通常需要综合运用多种调控手段，以便形成有效调控。较常用的调控手段有心理调节、评价与反馈调节等，其中最常用的是反馈调节。

一般而言，礼仪德育的反馈调节机制包含两个层面的内涵，一是受教育者的自我调节，二是教育者的反馈调节。二者没有特定的顺序，有可能同时进行，也有可能存在时间差。

（1）受教育者的自我调节

受教育者在礼仪德育过程中接受礼仪文化，在内化外化规律作用下形成一定的礼仪意识、礼仪精神并表现为一定的礼仪行为，形成礼仪行为习惯。受教育者所表现出来的礼仪行为，可能与礼仪德育目标相吻合，也可能不吻合。这时候，受教育者会及时地获取外界（学校、家庭、社会等）对于自身礼仪素质状况的反馈信息并进行调整。当外界反映是积极的，受教育者就会受到鼓励，将保持其行为并有所加强，达到正强化的效果；如果外界的反映是消极的，受教育者的行为就会受到抑制，或者被要求转向，通过自我调整方向及其目标，使自己能够符合相关要求。

（2）教育者的反馈调节

在礼仪德育过程中，教育者通过观察受教育者的言谈举止，获取关于礼仪德育效果的信息，并做出及时反馈。这里也有两种情形：一是受教育者表现出来的礼仪素质与教育者所倡导和要求的目标相吻合时，教育者会不断强化自身的教育行为，使当前的礼仪德育过程得以持续；二是当两者不吻合时，教育者会中断现有的教育行为，根据受教育者身心发展阶段性和个性心理特征等因素，对教育目标和手段等进行调整，改进礼仪德育过程。

4. 调控过程

调控机制包括定向调控、程序调控、随机调控等内容。定向调控就是纠正礼仪德育过程中的方向性偏差，以使礼仪德育沿着正确的方向不断向礼仪德育目标趋近。程序控制就是根据预定的礼仪德育活动程序，对礼仪德育过程进行控制，以保证整个过程的稳定和持续，使礼仪德育过程不偏离预定的发展轨道。随机调控就是根据礼仪德育过程中发生的实际情况，随时采取适应的措施和方法，对礼仪德育过程进行调控。

调控过程包括三个顺序递进的环节[1]：一是确立调控标准，也就是根据礼仪德育目标制定相应的评价标准体系。二是及时做出评价，也就是根据调控标准对礼仪德育过程及时进行评价，评价活动应当贯穿礼仪德育过程始终，而不是事后评价，以免因评价行为的滞后性导致调控效果被削

---

[1]　范树成：《德育过程论》，中国社会科学出版社2004年版，第162页。

弱。三是反馈矫正，也就是教育者和受教育者通过交换评价结果，及时采取矫正措施。

　　总之，礼仪德育过程是各要素相互影响、相互制约的动态过程。只有全面认识、准确判断各要素的特点及其相互关联性，才能深刻理解并把握礼仪德育过程中的固有规律，进而通过恰当利用礼仪德育过程机制，来促进礼仪德育持续、健康、稳定发展。

第六章

礼仪德育的目标与内容

围绕人生目标的作用问题，美国斯坦福大学的学者曾进行过一项为期25年的跟踪调查，结果表明，目标对人生具有巨大的导向作用，有什么样的目标，就有什么样的人生。这一结论对于礼仪德育实践具有重要的借鉴意义。确定科学合理的礼仪德育目标，并在目标的指引下设定内容，进而选择恰当的实施途径、方法和管理措施，是新时代礼仪德育的成功之路。

一 礼仪德育的目标

礼仪德育属于德育的范畴，其目标是德育目标的一部分，更是教育目标的一部分。教育目标是一个多层次、多维度的目标体系。广义的教育目标是指社会和人的发展对教育提出的总要求，这种要求是多层次的，如国家教育目标、学校教育目标、专业教育目标、课程教育目标等；这种要求也是多维度的，包括人才培养的质量、数量和结构要求等。狭义的教育目标通常指根据不同学段和不同学科的教育任务、学生的年龄和认知水平而提出的具体的培养要求。德育目标是教育目标在德育方面的要求，是指"一定社会对教育所要培养的人在品德方面的质量和规格的总的设想或规定"[1]，是"教育目的对人的政治、思想、道德、个性心理素质发展的规划"。礼仪德育的目标从属于大中小学德育目标，是指一定社会对所要培养的人在礼仪素质方面的质量和规格的总体设想。礼仪德育目标是一个由总目标和若干层级的分目标组成的目标体系。

---

① 冯文全：《现代教育学新论》，电子科技大学出版社 2007 年版，第 385 页。

（一）礼仪德育目标的特点

礼仪德育具有区别于其他教育的质的规定性，因此，其目标也具有不同于其他教育的特点。礼仪德育目标具有以下特点。

1. 历史性和阶级性

一定的礼仪德育目标以及根据目标所设定的教育内容，都是反映一定历史阶段社会发展的要求，并随着社会的发展变化而发展变化。在阶级社会，礼仪德育目标是由统治阶级设定的，体现统治阶级的意志，反映统治阶级培养人的要求。为此，不同的历史时期、不同阶级有不同的礼仪德育目标。如：在我国古代社会，礼仪德育的目标是使受教育者沿着"修身齐家治国平天下"的方向发展，进而维护封建统治制度的长治久安；欧洲中世纪时期骑士教育中的礼仪德育，直接目标是使骑士善于表达对女主人的忠诚和献媚，进而维护骑士制度及封建等级制度。在建设中国特色社会主义的新时代，礼仪德育的目标应体现国家和人民的利益，服从和服务于以人为本、科学发展的时代旋律。

2. 继承性和发展性

回顾礼仪德育的历史，我们会发现，礼仪德育目标虽有历史性、阶级性，不同社会、不同阶级有不同的礼仪德育目标，但无论是目标的具体内容还是形式方面也有一些共同性、普遍性的要求，因此，这些共同性的目标会被后来的社会或其他阶级在某种程度上所继承。但是，礼仪德育归根结底是为现实的社会服务的，是面向未来的。因此，其目标又是发展的。因此，礼仪德育目标的确定既要立足当前，又要面向未来，即在确保受教育者掌握当代的礼仪规范、适应当前社会生活的前提下，也应为未来社会做准备。这就要求礼仪德育目标的设定应略高于现实社会的文明水准，既是现实的、可行的，又是超前的、先进的。在建设中国特色社会主义的新时代，应适应新的时代和社会发展要求，确定科学合理的礼仪德育目标，并在建设完善新时代中国特色社会主义礼仪文化体系的基础上，设定符合受教育者特点的教育内容体系。

（二）确定礼仪德育目标的基本原则

1. 协调一致原则

在确定礼仪德育目标的过程中，所应遵循的首要原则是协调一致性原则。这里所讲的一致，包括以下几层意思：一是从发展方向上看，礼仪德育的目标要与国家的教育目标保持方向一致，在国家教育目标的框架下产生；二是从学科系统目标上看，礼仪德育的目标应与其他教育目标保持协调，如学科教育、体育教育、艺术教育、劳动教育等，以便形成教育合力；三是从本质属性上看，基于礼仪德育的功能与定位，礼仪德育的目标与德育的目标更加趋近，应与德育目标协调一致。

2. 差异性原则

在确定礼仪德育目标的过程中，还应遵循差异性原则。这里所讲的差异，包括时代差异、年龄差异、地域差异、民族差异等。

一是时代差异。礼仪德育目标应体现时代差异，一方面在于教育本身具有时代性，礼仪德育目标要随教育目标的变化而变化；另一方面，还在于礼仪的时代性。礼仪文化是社会历史发展的产物，是在人类长期的社会实践活动中逐步形成、发展、完善起来的，具有鲜明的时代差异。礼仪文化总是与一定社会的生产关系联系在一起。封建社会等级森严的繁文缛节，是在封建土地所有制为基础的生产关系上形成、发展起来的。资本主义社会抛弃封建社会繁文缛节的根本原因，也正是资本主义生产关系发展的必然要求。而在我国社会主义社会，人与人之间的关系由于建立在生产资料公有制基础之上，因此，在本质上是平等的。礼仪文化的表现方式也随之发生了根本变化，处处体现尊重、平等的时代特征。礼仪德育的目标和内容应体现这一时代特征。

二是年龄差异。礼仪德育目标应体现年龄差异，一方面，从教育学角度看，教育本身具有阶段性和渐进性，受教育者礼仪素质的培养提高应是一个由低级到高级的、螺旋式的渐进过程，礼仪德育目标应与受教育者的年龄特征相吻合，体现阶段性和渐进性；另一方面，还在于礼仪的多样性。礼仪作为一种行为规范，涉及社会生活的各个方面，从而决定了礼仪具有多样性，也就是不同职业、不同生活领域具有不同的礼仪规范。在受教育者成长的不同阶段，社会角色不同，生活内容不同，对礼仪的需求也有所不同。礼仪德育应根据受教育者成长过程中对礼仪的不同需求，确定符合社会对受教育者角色要求的礼仪德育目标和内容。

三是民族和地域差异。礼仪德育目标应体现民族和区域差异，主要基于礼仪具有明显的民族性和区域性。民间有"十里不同风，百里不同俗"的说法，不同的文化背景产生不同的礼仪文化。一个国家、一个地区、一个民族的礼仪规范是在长期的共同生活中逐步形成、积累和发展起来的。由于不同国家、地区和民族在政治、经济、文化等方面有不同的特点，使得礼仪规范不可避免地具有一定的地域性、民族性。我国自古以来就是一个地域辽阔、民族众多的国家，56个民族各自都有体现本民族特点的礼仪规范和丰富多彩的礼仪形式，不同地域之间的礼仪文化有很大的差异。在中华民族大家庭中，各民族的礼仪是其民族文化不可分割的一部分，凝聚着民族感情，并已固化为民族的生活方式。确定礼仪德育的目标、内容，应围绕社会主义核心价值体系这一根本原则，兼顾中华民族大家庭礼仪文化的共性和56个民族礼仪文化的个性，充分考虑礼仪的民族和区域差异因素。

（三）确定礼仪德育目标结构的理论依据

1. 分层目标结构理论

礼仪德育总的目标是培养提高受教育者的礼仪素质。对于如何实现这一目标的问题，现代管理科学关于"分层目标结构"的理论具有重要的借鉴意义。该理论认为，"目标是由总目标到具体目标所构成的一个层次复杂的体系。下一级目标往往是实现上一级目标的手段，在目标锁链中，由低到高地实现各层次目标"[1]。因此，我们应将礼仪德育的总目标进行分层次、分阶段设计。在分解礼仪德育的目标任务的过程中，应坚持层次思维，既要考虑教育对象的层次性，又要考虑教育目标的层次性，还要考虑教育内容的层次性，以便形成承前启后的目标序列。

2. 品德发展的阶段性理论

在确定礼仪德育目标时，从教育对象的层次性方面考虑，可参照品德发展的阶段性理论，根据受教育者心理和品德成长的阶段特征，为不同的成长阶段设定不同的目标任务。林崇德认为："儿童从出生到成熟，大约经历了六个重大时期：乳儿期（0—1岁）、婴儿期（1—3岁）、学前期或幼儿期（3—7岁）、学龄初期（相当于小学阶段）、学龄中期或少年期（相当于初中生）和学龄晚期或青年初期（相当于高中生）。"[2] 这六个时期是六个不同的年龄阶段，有不同的年龄特征。其中，六七岁至十一二岁

---

① 邱伟光、张耀灿：《思想政治教育学原理》，高等教育出版社1999年版，第187页。
② 林崇德：《品德发展心理学》，陕西师范大学出版社2014年版，第102页。

为小学阶段，属于品德发展协调性时期；十一二岁至十三四岁为少年期，属于动荡性品德发展时期；十四五岁至十七八岁为青年期，这一时期品德发展明显具有成熟性特点[①]。我国学校教育分为小学、中学、大学三个主要阶段，其中中学又分为初中和高中，这三个阶段大体对应上述"协调性时期""动荡性品德发展时期""成熟期"，到大学教育阶段逐渐定型。依据上述理论，我们应将礼仪德育的总目标分成小学、中学和大学三个阶段，在不同教育阶段规定不同层次的阶段性目标。

3. 教育目标分类理论

在确定礼仪德育目标时，从教育目标本身的层次性方面考虑，可参照布卢姆的教育目标分类理论和我国基础教育课程改革关于教育目标结构的要求。布卢姆学派将教育目标分成认知、情感和动作技能三个领域，[②] 我国基础教育课程改革要求确立包含知识与技能、过程与方法、情感态度及价值观在内的目标体系。布鲁姆的教育目标分类理论和我国基础教育课程改革关于教育目标结构的要求对于我们确定礼仪德育目标的层次具有很大的参考价值。我们要认真研究这些目标分类理论和要求，根据我国礼仪文化和礼仪德育的特点，确定合理的礼仪德育目标。

对于特定的教育对象而言，礼仪德育的目标也具有层次性。

此外，在确定礼仪德育目标时，还应考虑教育内容的层次性。礼仪德育的内容大体指的是以仪容仪表仪态为核心内容的个人礼仪、家庭生活礼仪、校园生活礼仪、社会公共生活礼仪、政治性活动中的礼仪以及经济活动中的礼仪等。这些教育内容本身也具有层次性，反映到礼仪德育目标体系中，也应具有层次性。

（四）礼仪德育的目标体系

礼仪德育的总目标是培养提高受教育者的礼仪素质，这一总目标下辖不同领域、若干层次的分目标，如认知性目标、能力发展目标、情感态度价值观目标等；从人的成长发展过程来看，不同发展阶段又有不同的阶段

---

① 林崇德：《品德发展心理学》，陕西师范大学出版社 2014 年版，第 103 页。

② 布卢姆学派的教育目标分类：认知目标包括 6 个层次，即知识、领会、运用、分析、综合和评价；情感目标包括 5 个层次，即接受（注意）、反应、价值化、组织、价值与价值体系的性格化；动作技能领域分 7 个层次，即知觉、定向、有指导的反应、机械动作、复杂的外显反应、适应和创新。

性目标；每一层次、每一阶段的每一子目标，又可分解为若干系列的具体目标。礼仪德育的目标体系，就是在培养提高受教育者礼仪素质这一总目标统领下，由若干分目标、阶段性目标和具体目标组成的有机的目标体系结构。

以教育发展的阶段性作为分类依据，礼仪德育目标可分为小学教育阶段的礼仪德育目标、中学教育阶段的礼仪德育目标和大学教育阶段的礼仪德育目标三个阶段性目标。

1. 小学教育阶段的礼仪德育目标

小学教育阶段，学生年龄一般在六岁至十一二岁，处于品德发展的协调性时期。在这一时期，小学生将形成比较协调的外部和内部动作，道德知识逐渐系统化，并形成相应的行为和习惯。小学生与成人较易沟通，师生关系、亲子关系比较融洽，便于进行有的放矢的教育。同时，由于小学生的思维正处于形象思维向抽象思维迅速过渡的时期，受认知水平和接受能力所限，对国家、民族、政党等较为抽象的概念还处于模糊状态。所以，小学教育阶段礼仪德育的目标应是较为低级、初步、基础性的。

确定小学教育阶段礼仪德育目标，应依从国家关于小学德育目标的规定。《中共中央国务院关于进一步加强和改进未成年人思想道德建设的若干意见》（中发〔2004〕8号）指出："对小学生重点是规范其基本言行，培养良好习惯。"教育部 2005 年出台的《关于整体规划大中小学德育体系的意见》，规定小学教育阶段德育目标包括"教育帮助小学生初步培养起爱祖国、爱人民、爱劳动、爱科学、爱社会主义的情感"，"初步养成孝敬父母、团结同学、讲究卫生、勤俭节约、遵守纪律、文明礼貌的良好行为习惯"[1]。这些规定，是确定小学礼仪德育目标的重要指针。据此，本章对小学教育阶段的礼仪德育目标做出如下界定：认识礼仪的重要性，了解日常生活中的礼仪知识，初步形成尊重礼仪的思想意识和价值取向及礼仪行为习惯。实践中，已有一些地方和学校提出了小学教育阶段礼仪德育目标体系。如山东省菏泽市从知识、能力和德育三个方面明确了小学礼仪教育的目标。他们制定的小学文明礼

---

① 教育部：《教育部关于整体规划大中小学德育体系的意见》，教育部办公厅，2005 年 4 月 20 日，http://www.moe.gov.cn/s78/A12/s7060/201007/t20100719_179051.html。

仪教育目标如下①：

知识目标：掌握基本形体姿态和常用礼节的规范要求，了解文明礼仪与健康成长的关系；掌握常用礼貌用语和简单的问候语、答谢语、道歉语、迎送语、应答语及其适用场合，懂得谈吐礼仪在人际交往中的重要作用；懂得尊敬父母、尊敬老师、与同学相处的礼仪；掌握公共场所的礼仪要求。

能力目标：能够规范和调整自己的行为举止，养成文明的行为习惯；能够正确使用文明礼貌用语；主动参与集体生活，自觉遵守公共秩序，维护社会公德，自觉保护环境。

德育目标：能够遵守《小学生守则》和《小学生日常行为规范》，热爱生活，尊敬他人，乐观向上，诚实守信，热爱家乡，热爱祖国。

该目标体系与基础教育课程改革所要求的目标体系相吻合，结构相对完整，但依然有待进一步完善。如在知识目标中，"掌握公共场所的礼仪要求"比较宽泛，执行中难以准确把握，有待进一步具体化；能力目标中，"维护社会公德"的要求比较高，与小学生实际的思想水平和行为能力存在较大落差，可降低要求为"遵守社会公德"；在德育目标中，"热爱家乡，热爱祖国"的要求与小学生品德和心理成长的阶段性特征也不完全符合，可降低为"初步培养起爱家乡、爱祖国的情感"，另外，这一目标较宽泛，是一般的德育目标，与礼仪德育联系不紧密等。

2. 中学教育阶段的礼仪德育目标

中学教育阶段通常分为初中和高中两个阶段。初中生年龄一般在十一至十四岁，这一时期是从童年向青年过渡的时期，也是品德发展的动荡性时期。高中生年龄一般在十四至十八岁，这一时期是品德发展的成熟时期，也是生理和心理发展的关键期。初中生和高中生在心理和生理特征方面具有显著差异。初中生喜欢发现自我并探索新自我，思维独立性、批判性增强，在依赖中寻求独立，出现对成人的反抗。高中生则更为成熟，喜欢独立自主地判断是非，具有了独特的评人说事的方法和思想观点，能够初步从道德角度和用哲学观点观察和分析问题。但是，高中生对现实生活的体验和阅历依然不足，其心理特征依然具有不稳定

① 菏泽市教育局：《关于在全市中小学生中开展文明礼仪教育活动的实施方案》（菏教基字〔2007〕2 号），菏泽市教育局，2007 年 2 月 7 日。

性。因此，对初中生和高中生的礼仪德育目标应有所区别。初中教育阶段首先应延续小学教育阶段的礼仪德育目标，在巩固小学礼仪德育成果方面多下功夫，避免小学教育阶段养成的初步的礼仪素质在动荡期出现逆转，功亏一篑。在此基础上，应拓展礼仪德育内容，特别是强化政治性、民族性方面的教育内容。高中教育阶段则应在初中教育的基础上提出更高的要求。

在国家关于中学德育目标的规定性方面，《中共中央国务院关于进一步加强和改进未成年人思想道德建设的若干意见》中指出："对中学生重点是加强爱祖国、爱人民，爱劳动、爱科学、爱社会主义教育，引导他们树立正确的理想信念和世界观、人生观，价值观。"《关于整体规划大中小学德育体系的意见》指出，中学教育阶段德育目标是："教育帮助中学生初步形成为建设中国特色社会主义而努力学习的理想，树立民族自尊心、自信心、自豪感"，"逐步形成公民意识"，"养成良好的社会公德和遵纪守法的行为习惯"，"中等职业学校还要帮助学生树立爱岗敬业精神和正确的职业理想"[1]。这些规定是确定中学礼仪德育目标的重要基础。据此，本书对中学教育阶段的礼仪德育目标做出如下界定：理解礼仪的基本理论知识，形成较为稳定的尊重礼仪的思想意识和价值取向，固化礼仪行为习惯。菏泽市确定的中学生礼仪德育目标如下[2]。

知识目标：了解礼的起源与发展、内容与实质。懂得中学生适当的形体、姿态、服饰、谈吐。

能力目标：在小学的基础上，严格规范自己的行为举止，养成良好的"体态语言"习惯，能够灵活运用不同场合下的礼貌用语，学会端庄、大方、整洁的仪表修饰，有较强的审美能力和团结协作能力。

德育目标：激发学生的爱国主义情感，增强民族自尊心；培养高尚的道德情感、思想品质，培养学生自觉遵守社会公共秩序，自觉遵纪守法，维护社会利益，爱护公共设施的良好品质。自觉保护与人类共同生存的环境。

该目标与上述小学礼仪德育的目标协调一致，体现出了礼仪素质培养

---

[1]　教育部：《教育部关于整体规划大中小学德育体系的意见》，教育部办公厅，2005年4月20日，http://www.moe.gov.cn/s78/A12/s7060/201007/t20100719_ 179051.html。

[2]　菏泽市教育局：《关于在全市中小学生中开展文明礼仪德育活动的实施方案》（菏教基字〔2007〕2号），菏泽市教育局，2007年2月7日。

提高的阶段性和渐进性，但依然存在不足之处。一是在知识目标方面，"了解礼的起源与发展"有混淆礼和礼仪概念的嫌疑，容易误导学生。二是知识目标和能力目标均显单薄，难以支撑其德育目标，特别是"增强民族自尊心"这一德育目标在知识和能力层面的目标中找不到依据，缺乏存在的基础。另外，德育目标较宽泛，是一般德育的目标，与礼仪德育联系不紧密等。

3. 大学教育阶段的礼仪德育目标

大学教育阶段，学生的道德品质和文明行为习惯已经基本形成，世界观、人生观、价值观也基本定型。因此，大学礼仪德育目标要求应该更高。同时，大学生即将结束学校生活，走上工作岗位，对职场礼仪的需求更迫切，也更高。因此，大学礼仪德育目标应具有更强的职业性和突出的针对性。

关于大学生思想政治教育及大学德育目标，《中共中央国务院关于进一步加强和改进大学生思想政治教育的意见》中强调，大学生思想政治教育的主要任务之一是"以基本道德规范为基础，深入进行公民道德教育"，要求"认真贯彻《公民道德建设实施纲要》，以为人民服务为核心、以集体主义为原则、以诚实守信为重点，广泛开展社会公德、职业道德和家庭美德教育，引导大学生自觉遵守爱国守法、明礼诚信、团结友善、勤俭自强、敬业奉献的基本道德规范"，"引导大学生从身边的事情做起，从具体的事情做起，着力培养良好的道德品质和文明行为"。《关于整体规划大中小学德育体系的意见》中，大学教育阶段德育目标包括"教育引导大学生确立在中国共产党领导下走中国特色社会主义道路、实现中华民族伟大复兴的共同理想和坚定信念，牢固树立爱国主义思想和全心全意为人民服务思想，自觉遵守法律法规和社会道德规范，加强自身道德修养，具备良好的心理素质和艰苦奋斗、开拓进取的精神，促进大学生思想政治素质、科学文化素质和身心健康素质全面协调发展"[①]。据此，本文对大学教育阶段的礼仪德育目标做出如下界定：大学礼仪德育应着眼于大学生综合素质的提升，帮助大学生提高礼仪修养，把握礼仪的文化精神和思维方式，促进大学生实现自我完善。大学生中的先进分子应具备推广、

---

① 教育部：《教育部关于整体规划大中小学德育体系的意见》，教育部办公厅，2005 年 4 月 20 日，http://www.moe.gov.cn/s78/A12/s7060/201007/t20100719_179051.html。

普及礼仪文化的知识、能力和价值追求。大学礼仪德育应系统传授更高层面、更宽领域的礼仪规范，特别是具有专门针对性的职场礼仪规范，为大学生进入职场做准备。同时，大学礼仪德育应强化有关中国特色社会主义礼仪文化的基本理论教育，提高大学生对礼仪文化的理性认识水平，形成礼仪精神。

　　以上，我们可以通过表格的形式深化印象，以便形成对礼仪德育目标体系结构的整体认识。

　　礼仪德育的总目标、分目标、阶段性目标、具体目标，如表6-1：

表 6-1 　　　　　　　　　　　　**礼仪德育目标体系概览**

目标层次 / 学段		小学教育阶段	中学教育阶段	大学教育阶段
培养提高受教育者的礼仪素质	知识与技能目标	初步认识和掌握仪容仪表仪态礼仪；初步认识和掌握谈吐礼仪的基本要求及其适用场合；掌握与父母、家人、老师、同学相处的礼仪和要求；初步认识和掌握公共场所的基本礼仪要求	简单了解礼仪的基本理论知识；懂得形体、姿态、服饰、谈吐等礼仪规范要求在不同场合、不同人群中的不同表现，及社交礼仪的基本内容和要求；掌握较为普遍的民族礼俗、国外礼俗的特征	掌握非专业水平的礼仪和礼仪文化理论基本体系；熟知社会生活各种角色、各个领域的礼仪规范要求；洞悉礼仪文化传承与创新的基本原则
	过程与方法目标	能够自己管理自己，规范和调整自己的行为举止，养成文明的行为习惯；能够根据交往对象、活动场所、情境等因素，正确运用礼貌用语；在家庭、学校和社会公共场所，以适合的礼仪礼节融洽人际关系，以恰当方式帮助别人	巩固小学阶段养成的文明行为习惯，仪容仪表规范整齐，形体姿态、语言表达大方得体；在不同场合能够灵活运用基本的社交礼仪；形成较强的审美能力和团结协作能力	能够在社会生活各领域，以各种社会角色彰显礼仪素质
	情感态度价值观目标	初步形成对中华优秀传统礼仪文化的积极的情感和态度；确立以讲文明、懂礼貌、有礼节为荣，以不懂礼仪、不讲规矩为耻的价值观念	懂得文明礼仪的重要价值，树立对中华传统礼仪文化的自豪感，能自觉维护"礼仪之邦"的美誉	树立对中华优秀传统礼仪文化的自信心，主动践行礼仪精神，形成弘扬中华传统礼仪文化的责任意识

二　礼仪德育的基本内容

（一）教育内容与教育目标之间的关系

在教育目标与教育内容的关系中，目标占据主导地位，起着决定作用，内容离不开目标；同时，内容对目标也有反作用，教育内容是实现教育目标的手段，对教育目标能否顺利实现具有重要影响。

1. 教育内容取决于教育目标

教育目标是制定教育内容的前提和依据，教育内容是教育目标进一步细化和明确化的现实存在。教育目标使教育内容的选择具有明确的目的指向。目标决定内容，内容要服从和服务于目标。因此，设定礼仪德育的内容，应以不同层面、不同阶段的礼仪德育目标作为基础和依据。

2. 教育内容是实现教育目标的手段

教育内容是为实现教育目标经选择而纳入教育活动过程的知识、技能、行为规范、价值观念等的总和，也就是说教育内容是为实现教育目标服务的。教育内容是实现教育目标的载体，为实现教育目标提供了中介，制约和影响着教育目标的实现。

作为实现教育目标的载体，选择与编创教育内容，应始终指向教育目标，并将教育目标有机地体现在教育内容中。为了实现同一个教育目标，可以选择不同的教育内容；同一教育内容也可以用来实现不同的教育目标。只有正确地认识与把握教育目标与教育内容的内在联系，才能使教育目标和教育内容真正融合一起。合理选择和安排礼仪德育的内容，是实现礼仪德育目标的必要手段。

（二）礼仪德育的内容体系

为实现礼仪德育的目标，在设计礼仪德育的内容体系时，既要考虑知识与技能、过程与方法、情感态度价值观三个不同维度的教育目标要求，又要考虑不同学龄阶段的不同目标要求；既要以礼仪规范作为主要内容，又要兼顾礼仪理论知识；既要传承中华民族优秀礼仪文化，又要有全人类的视野。本书从礼仪理论、礼仪规范、民族礼俗三个维度，勾勒礼仪德育的内容体系。

礼仪德育的内容体系概览，如表6-2。

表 6-2　　　　　　　　　　礼仪德育的内容体系概览

内容＼学段		小学教育阶段①	中学教育阶段②	大学教育阶段③
礼仪理论		什么是礼仪	简要介绍礼仪的起源、发展、本质、特点、作用等	礼仪概念的内涵与外延，礼仪的渊源与发展，礼仪的本质与核心，礼仪的功能与特征，礼仪修养的目标、方法与途径等
礼仪规范	个人礼仪	1. 仪表礼仪 1.1 仪容自然洁净 1.2 服饰朴素整洁 2. 谈吐礼仪 2.1 声音悦耳 2.2 称呼恰当 2.3 交谈有礼 3. 举止礼仪 3.1 日常举止 3.2 会面举止	1. 仪表形象礼仪 1.1 整洁与修饰 1.2 目光与微笑 1.3 形体与姿态 2. 交谈礼仪 2.1 交谈的基本要求 2.2 交谈的基本技巧 2.3 正确使用通信工具	1. 待人接物常识 1.1 常规礼节 1.2 身势语（肢体语）礼仪 1.3 讳避礼仪
	家庭礼仪	4. 家庭成员礼仪 4.1 孝敬父母 4.2 敬重老人 4.3 爱护小小 5. 家庭活动礼仪 5.1 拜访 5.2 接待 5.3 庆贺 5.4 馈赠 6. 家庭睦邻礼仪 6.1 以礼相待，尊重邻里 6.2 和睦相处，互谅互让	3. 家庭成员礼仪 3.1 尊重老人，孝敬父母 3.2 兄弟姐妹，敬长爱幼 4. 街坊邻里礼仪 4.1 尊重邻里和睦相处 4.2 关心帮助增进友谊 4.3 友善自律宽容礼让 5. 社区活动礼仪 5.1 共建良好社区环境 5.2 热心参与社区活动	2. 婚恋礼仪 2.1 恋爱礼仪 2.2 婚姻礼仪
	学校礼仪	7. 尊师礼仪 7.1 尊重老师的劳动 7.2 学会与老师交往 8. 同学交往礼仪 8.1 互相尊重 8.2 和睦相处 8.3 互帮互助 9. 校园场所礼仪 9.1 图书馆、阅览室礼仪 9.2 教室与校园礼仪 10. 集体活动礼仪 10.1 升国旗仪式上的礼仪	6. 校园交往展示礼仪风采 6.1 和谐地与老师相处 6.2 真诚地与同学交往 7. 校园活动体现礼仪要求 7.1 升旗仪式须庄严 7.2 集会活动讲秩序 7.3 值周服务重形象 7.4 台上表现要得体 8. 校园场所遵循礼仪规范 8.1 教室上课有规矩	3. 校园场景礼仪 3.1 教学场所礼仪 3.2 办公场所礼仪 3.3 生活场所礼仪 3.4 校园其他礼仪 4. 校园活动礼仪 4.1 常规活动礼仪 4.2 运动会礼仪 4.3 会议礼仪 4.4 会议接待礼仪 4.5 会议接待礼仪 4.6 晚会、舞会、聚会礼仪 5. 校园交往礼仪

① 参见李树青、王贺兰《礼仪课堂》（小学版），河北少年儿童出版社 2005 年版。

② 参见李树青、王贺兰《礼仪课堂》（中学版），河北少年儿童出版社 2005 年版。

③ 参见刘连兴、王景平、张美君《大学生礼仪修养》，山东大学出版社 2004 年版；黄菊良《大学生礼仪修养》，华东师范大学出版社 2007 年版。

续表

内容 \ 学段		小学教育阶段	中学教育阶段	大学教育阶段
礼仪规范	学校礼仪	10.2 各种典礼、集会礼仪 10.3 上台领奖、发言或表演的礼仪	8.2 图书馆阅览有品位 8.3 办公室请教有礼貌 8.4 宿舍生活显教养	5.1 师生交往礼仪 5.2 同学交往礼仪
	社会礼仪	11. 行路乘车的礼仪 11.1 行路礼仪 11.2 乘坐礼仪 11.3 骑自行车礼仪 12. 游览观光的礼仪 12.1 动物园 12.2 公园 12.3 旅游胜地 12.4 展览馆 13. 特定场合的礼仪 13.1 商场超市 13.2 影剧院 13.3 餐厅 13.4 医院 13.5 公共洗手间 14. 网络社区的礼仪 14.1 访问网站礼仪 14.2 网上交谈的礼仪 14.3 使用电子邮件的礼仪	9. 公共场所礼仪 9.1 驾骑单车、乘坐公共交通工具、乘坐电梯礼仪 9.2 观看演出、参观展览、观看比赛礼仪 9.3 旅游、购物、如厕、就医礼仪 10. 社会交往礼仪 10.1 介绍、握手、递接名片礼仪 10.2 拜访接待 11. 聚餐、探视、馈赠礼仪 11.1 参加聚餐前的准备、聚餐中的举止、聚餐后的道别 11.2 探视时间、探视仪表、探视语言、探视礼品 11.3 选择及赠送礼品的礼仪 12. 网络交往礼仪 12.1 网络交往明是非 12.2 网络礼仪的基本准则 12.3 做文明的访客和网友	6. 有关场所的交际礼仪 6.1 工作场所的礼仪礼节 6.2 生活场所的礼仪礼节 6.3 公众交通场所的礼仪礼节 6.4 公共文化场所的礼仪 6.5 商业、娱乐、餐饮、住宿场所的礼仪礼节 6.6 公共医疗卫生场所的礼仪礼节 6.7 网络交际礼仪 7. 公共关系礼仪 7.1 公关礼仪概念 7.2 公关专题活动礼仪 7.3 公关文书礼仪 7.4 公关语言技巧 7.5 公关危机处理及礼仪 8. 礼仪文化 8.1 茶文化礼仪 8.2 服饰文化礼仪 8.3 酒文化礼仪 8.4 饮食文化礼仪
民族和国际礼仪		本民族的传统礼俗	中华民族大家庭中各兄弟民族的风情礼俗	世界各国风情礼俗

此外，礼仪德育还要将仪式作为重要的教育内容和教育途径。仪式的教育力量是巨大的。人类自古至今重视仪式。人的一生中要经历不计其数不同性质、不同类别、不同规模、不同意义的仪式，甚至可以说人生就是由无数个仪式串成的链条。青少年时期是人生成长的关键时期，所要经历的仪式比其他时期更多，也更有价值。对于礼仪德育而言，这些仪式既是重要的教育内容，也是有效的教育途径。根据仪式所处的领域，仪式大致包括以下内容：

第一，人生仪式。从出生到辞世，人生的每一个关键时刻都有仪式。

如，出生有诞生礼（迎接新生命仪式），成长过程中有成人礼（成人仪式）、婚礼（结婚庆典），辞世有葬礼（遗体告别仪式），等等。

第二，家庭仪式。在家庭生活中，除了要为家庭成员举行人生仪式外，还要有一些常规性仪式。如每逢传统节日，由家长组织庆祝仪式。在我国传统社会，中秋的时候要敬月光，端午的时候要插艾草、洗菖蒲澡，等等。

第三，学校仪式。学校是受教育的场所，所以，要有一系列关于教育的仪式。如，新生入学要举行入学仪式（开笔礼），"整衣冠""点天眼"等；以后每个学期、学年开学时，有开学典礼、结业典礼；在某个教育阶段结束的时候，要举行毕业典礼。同时，学校教育具有鲜明的阶级性，少不了政治性仪式。如在入队、入团、入党的时候，分别要举行入队仪式、入团仪式和入党仪式。再者，每天还要举行升、降国旗的仪式等。

第四，社会仪式。受教育者经常还要在家庭和学校生活之外参加一些仪式，主要是当地政治、经济或社会活动中的一些仪式。如重大活动的开幕式、闭幕式、奠基仪式、落成仪式等。

第五，国家仪式。随着我国社会主义礼仪制度日益健全完善，国家仪式的地位和作用不断强化。如清明节对中华始祖的国家公祭仪式，9月3日抗日战争胜利纪念仪式，9月30日烈士纪念日向人民英雄敬献花篮仪式，国庆节庆祝仪式，12月13日南京大屠杀死难者国家公祭仪式等。

这些仪式既分散在家庭、学校和社会生活的不同领域，也分布在人生成长的不同阶段。对受教育者进行仪式教育，要考虑不同年龄段学生的成长实际，提高仪式教育的针对性、科学性。如入队仪式最好在小学一年级的第一个"六一"儿童节举行；入团仪式最好在八年级以后的"五四"青年节举行。

（三）礼仪德育内容的物质载体

礼仪德育的内容需要通过一定的物质载体来呈现，这些物质载体统称为教材，也就是教育者用于指导受教育者的一切材料。教材有广义、狭义之分。狭义的教材特指课本，也称教科书。广义的教材指教师及学生使用的所有学习材料，既包括传统的印刷品教材，如各类与教学相关的教学参考书、补充读物、讲义、讲授提纲、辅导材料、教学挂图等，也包括随着教学手段的现代化日显重要的教学用录像片、唱片、光盘、教学电影胶片以及缩微胶片等，还包括进入信息化时代后的网络信息等。总之，教科书、讲义和讲授提纲等传统意义上的教材，只是学校教材整体中的一部分。随着时代和社会的不断进步，教材的范围将更加宽泛。

教材是教育过程中必不可少的工具，直接影响教育质量和效果。教育内容的呈现、教育过程的组织管理以至教育目标的实现，都依赖于教材的支持。如果教材与教育目标不一致或者偏离了教育目标，将很难实现教育目标甚至出现完全相反的教育结果。因此，世界各国普遍重视教材建设，特别是在教科书的编写、选用上，往往采取严格的审批手续。例如，前苏联和印度采用国定制，也就是同一学科或同一门课程，全国统一采用何种课本，由国家或地方教育行政部门选定。又如日本，实行审定制，教科书由民间组织编写，但需经国家或地方教育行政部门审查合格后才能作为教科书出版发行。在美国，教科书一般由民间的出版社依据各州的课程标准来编写出版，教科书评估与选用依各州情况而定，其中有 20 多个州实行州级教科书审定制度。在法国教科书市场，教师对教科书的选择起决定性作用，家长也有一定的发言权。当一个年级有几个平行班并有两个以上同一学科任课教师时，教师们会按学校要求协商选择教科书；如果出现意见不一致情况，校长会责成学科教学小组做出最终决定。

我国的教材管理制度比较严格，但这一管理制度在执行过程中依然存在薄弱环节。如在基础教育课程体系中，国家和地方课程一般有统一的课程标准，而且多数课程有统一编写的教科书，这是我国基础教育在世界处于领先水平的重要条件之一。但在校本课程层面，目前的教材管理相对混乱；大学和职业学校的教材管理也较为松散。在目前的学校教育体系中，礼仪德育多作为基础教育阶段的校本课程和大学教育阶段的选修课程实施，而这一层面的教材管理明显薄弱。加之当代中国正处于迅速发展的时代，就礼仪本身而言，传统与现代、民族与世界矛盾交锋异常激烈，反映到礼仪德育过程中，出现教育内容错乱。这也是当前礼仪德育过程中有的人大谈特谈西方礼仪，有的人振臂高呼复兴古礼，也有人以避免误导学生而不愿卷入纷争并对礼仪德育持观望态度的原因之一。加强礼仪德育教材管理，以便提升教育内容的科学性，已成礼仪德育发展的燃眉之急。就国家和社会角度而言，应大力加强有中国特色的社会主义礼仪文化建设，并通过多种渠道、多种形式进行传播，为礼仪德育提供丰富的素材；就教育角度而言，应遵从教育发展的规律，将有中国特色的社会主义礼仪文化转化为教育资源，不断提高教育内容的科学性。

　　总之，要保证礼仪德育健康发展，首先要确定合理的教育目标，并在目标规定下设定科学的教育内容，同时加强管理和引导，规范教材建设和使用，确保礼仪德育目标顺利实现。

第七章

礼仪德育的实施体系与策略选择

礼仪德育是一项长期的社会系统工程，它不仅贯穿于人的一生，而且涉及社会生活的方方面面。因此，推进礼仪德育，必须调动社会各界、各方面的力量，健全完善家庭、学校与社会乃至网络紧密结合的"四位一体"的礼仪德育实施体系。

一 学校—礼仪德育的关键

（一）学校礼仪德育的地位和作用

青少年在学校接受教育的时期是人生成长过程中最关键、最重要的阶段。因此，学校礼仪德育在礼仪德育实施体系中处于主导地位，其优势是任何其他教育形式和渠道无法比拟的。

1. 师资方面的优势

相较而言，学校拥有一支高素质的专、兼职礼仪德育师资队伍，他们能够根据国家的有关方针政策，遵循礼仪德育发展规律，全面地、有的放矢地对受教育者进行有效的教育。首先，教师渊博的知识以及对礼仪理论、礼仪规范深刻正确的理解，可以帮助学生形成科学的礼仪价值观，并在科学的礼仪价值观引领下促进良好礼仪行为习惯的形成和发展。其次，通过师生的教学交流所形成的"皮格马利翁效应"[①]，影响着学生礼仪行

---

① 皮格马利翁效应，由美国著名心理学家罗森塔尔和雅格布森提出。亦称"罗森塔尔效应"（Robert Rosenthal Effect）或"期待效应"。皮格马利翁效应的核心启示是：赞美、信任和期待具有一种能量，它能改变人的行为，当一个获得另一个人的信任、赞美时，他便感觉获得了社会支持，从而增强了自我价值，变得自信、自尊，获得一种积极向上的动力，并尽力达到对方的期待，以避免对方失望，从而维持这种社会支持的连续性。

为习惯的发展方向和情感态度价值观的取向；同时，教师在教学过程中所表露出的对课程中所蕴含的礼仪文化的态度和观点，对学生礼仪素质的形成和发展产生深刻的影响。再次，教师的礼貌、礼节等行为不仅为学生的言行提供了可模仿的榜样，而且随着学生礼仪认识水平的不断提高，教师榜样作用的影响将更加明显。最后，教师集体形象本身是学生集体的榜样，学校教师的集体形象和精神风貌也对学生礼仪素质的形成和发展形成一定的影响。优良的教师集体风貌是形成良好的学生集体、培养学生集体礼仪素质的良好环境氛围和无声的教育力量。

2. 教育方面的优势

学校礼仪德育的内容具有全面性、系统性、层次性的特点，也具有一套便捷的可操作、可调控的教育方法和手段，能够根据社会发展和青少年健康成长需要高效率地完成教育目标和任务，可取得独特的教育效果。其中，教学是一项最直接、最经常、最主要的教育活动，是传授学生礼仪知识、培养学生礼仪行为、提升学生礼仪素质的一个关键环节。古今中外教育家普遍重视教学对礼仪素质培养的突出作用；教育实践也证明了教学途径的独特功效。首先，通过礼仪课程教学，教师可向学生直接传授礼仪知识和行为规范，为其礼仪价值观、审美观的形成和礼仪素质的发展奠定基础。礼仪课程包含礼仪知识、礼仪行为规范体系等多方面的内容。通过课堂学习，不仅能够使学生学会正确认识礼仪、礼貌和礼节问题，而且还可帮助学生掌握最基本的礼仪规范。在此基础上，学生方可形成正确的礼仪意识、凝聚科学的礼仪精神并养成良好的礼仪习惯。其次，教师通过其他学科的课程教学，使学生掌握系统的学科知识，可以为学生礼仪素质的形成和发展提供必要的智力和科学工具。再次，在教学过程中，各学科课程也包含着一定的礼仪文化思想，在教学中，通过挖掘各门学科的礼仪文化要素，可以对学生进行礼仪德育。最后，由于教学过程是师生间、同学间的多向交流互动，因而师生交流、同学协作的机会和场合较多，这也可以培养和形成师生交往、同学间交往的基本礼仪行为习惯，进而生成社会交往所应具备的礼仪素质。

3. 教育环境的优势

学校具有优良的礼仪德育环境，在教书育人、管理育人和服务育人方面具有独特的优势。学校的环境、气氛也影响着学生礼仪素质的形成和发展。首先，学校的教学组织环境，包括课堂秩序、学习风气、生活条件、校园文化等，都会直接或间接地对学生礼仪素质的形成和发展形成影响。这种影响是潜移默化的，具有相对的稳定性和持久性，这是家庭和社会礼仪德育不可具备的。其次，一些非正式团体对学生礼仪素质的形成和发展也具有重大的作用。这些因素包括师生在课堂内外的个人关系、同学间的老乡会、兴趣小组等。因为这些团体和关系是基于共同的兴趣爱好和相似的个性倾向性建立起来的。它们对学生言行举止、交往方式、礼仪素质的影响作用不可低估。学校通过制定一整套严格的管理制度，科学的引导、鼓励和规范，可以使这些非正式团体对学生礼仪素质的形成和发展发挥正面的强化作用。

（二）学校礼仪德育的实施策略

1. 学校礼仪德育的实施原则

学校礼仪德育的实施是一个十分复杂的过程。在这一过程中，应遵循以下基本原则。

（1）显性教育与隐性教育相一致原则

学校礼仪德育一般包含有显性教育和隐性教育两种形式。这就决定了在礼仪德育实施过程中存在着显性教育与隐性教育的矛盾。如果显性教育与隐性教育所提供的教育影响不一致，隐性教育因素就会演变为巨大的、无形的"阻抗"因素，导致学生对显性教育影响产生逆反心理，削弱甚至抵消教育效果，或者出现表面上遵从显性教育，而实际上却遵从与显性教育完全相反的隐性教育的"伪君子"现象。在相对落后、封闭的环境下，显性教育和隐性教育的价值目标容易达成一致，而在当今世界科技和信息迅猛发展、交往与沟通空前频繁的时代，显性教育和隐性教育的矛盾不断激化，以至于人们在评价德育工作成效时慨叹 5＝2<0 [①]。可见，礼仪德育实施中应坚持显性教育与隐性教育相一致的原则，以求形成教育合力。

一是教师的态度要真诚。在显性教育的各个环节，教师以真诚的态度、宽广的胸怀向学生展开心扉，以无形的人格力量来影响和教育学生，应避免用教育者的权威来掩饰自己的行为，否则很容易使学生感受到教师

[①] 5＝2<0，也就是学校5天的正面教育效果，被2天的校外消极影响所弱化甚至被抵消。意指因社会的影响与学校教育不一致而带来的教育效果。

心口不一，进而对教育内容产生怀疑，抵消显性教育的效果。二是提高教师礼仪素质。教师的言行对学生形成礼仪意识、凝聚礼仪精神、养成礼仪行为习惯具有直接的影响。因此，应加强教师礼仪培训，全面提高教职员工的礼仪素质，使全体教职工在全员育人的过程中能够按照礼仪要求表现出恰当的礼仪行为，为学生树立起遵从礼仪的典范和榜样，使学生在受教育的过程中受到潜移默化的影响。三是家庭和社会教育与学校教育的影响要一致。如果社会环境和家庭教育影响与学校教育存在较大差异，那么，学校教育的效果就会被削弱甚至抵消。学校教育既要适应社会环境，又要超越社会环境，并发挥学校作为文化高地的作用，辐射、影响和带动家庭、社区的礼仪文化建设，以形成学校、家庭和社会的教育合力。

（2）直接教育与间接教育相结合原则

就礼仪德育实施过程中教育者的因素而言，有无数交错的教育力量，直接或者间接作用于受教育者，形成直接教育和间接教育的矛盾。礼仪德育实施的过程，是在所有教育者共同努力下，坚持直接教育与间接教育相结合，通过形成教育合力并作用于学生的过程。

一是要发挥好直接教育的主导作用。专门的礼仪德育课程是一种系统化、理论化程度较高的课程教育，它统领着其他课程中的礼仪德育因素，对其他课程中的礼仪德育因素起着一种系统化和整合作用，要特别注意做好专门的礼仪德育课程建设。同时，还要有专门的礼仪德育教师、研究者以及其他权威人士对礼仪德育课程实施过程中的教育因素进行整合，加强礼仪德育资源库建设与管理。这是发挥好直接教育主导作用的关键。二是要高度重视间接礼仪德育的作用。在间接的礼仪德育中，教育者的德育意图并不直接和明显，它是在受教育者意识不到的状态下进行的。间接教育不等于随意教育，教育者事先也要制定具体的教育内容和方案，发挥好全员育人、全面育人的综合功能。

（3）"知"与"行"相统一原则

所谓"知"，也就是知识，包括关于礼貌、礼节、仪式等的具体规定及相关理论；"行"，也就是实践、行动，包括具体的礼仪行为习惯等。在礼仪德育实施过程中，教育内容与受教育者的现实礼仪行为之间的矛盾，主要表现为"知"与"行"的矛盾。"知"与"行"密不可分。一方面，"知"的因素非常重要，这里的"知"，不仅是一种"知识"，而在一定意义上也是一种人类智慧，它凝聚着一种律己敬人、促进和谐、催人奋进的人类精神力量。另一方面，"行"也非常重要。礼仪德育是一门实践性非常强的活动，"知"的目的最终在于"行"。

一是要切实搞好礼仪知识教育。应通过传授礼仪知识，使学生获得更多关于礼仪的理性认识，避免因缺乏礼仪知识而出现实际行为不符合礼仪规范，或者由于对礼仪知识的错知而导致错误行动等类似现象。但是，搞好礼仪知识传授不等于礼仪德育知识化，应避免把礼仪德育与知识教育混为一谈。二是要着重强化礼仪行为训练。礼仪德育根本目标是让受教育者形成礼仪行为习惯，这应通过持之以恒的行为养成训练来完成。基于此，目前教育中普遍关注的是"行"，重视行为训练，强调礼仪行为的规范性。然而，有些礼仪培训活动却打着"高效""实用"的幌子，淡化礼仪知识的传递和礼仪精神的培养，把礼仪德育与形体训练、交际技能训练画等号，这是与礼仪精神相背离的。

总之，"知"与"行"密不可分。任何抛弃"知"而片面强调"行"或者脱离"行"而空谈"知"的做法都是错误的，在实践中也是极为有害的。

2. 学校礼仪德育的实施途径

（1）发挥课程教学的主渠道作用

在现代课程观念中，最重要的课程形态是学科课程，也就是以一定学科的形式对教育性经验进行系统组织，以便快捷高效地传递人类文化遗产中的精华成分，进而加速新生一代的文明化进程。学校礼仪德育的首选方案是通过课程来实施礼仪德育。

首先，开设专门的礼仪德育课程。在所有各种类型的课程中，专门的学科课程是一种科学化、理论化和系统化程度最高的课程形态。为此，开设相对独立的礼仪德育专门课程，有助于发挥课堂教学对礼仪德育活动的主导作用。

开设专门的礼仪德育课程，应注意的根本问题是课程设计的科学性问题。一方面，从教学内容角度讲，由于礼仪文化具有民族性、时代性、地域性、阶级性等特征，不同民族、不同时代、不同地区、不同阶级的礼仪文化具有不同表现形式，这就要求在设计教学内容的过程中正确处理好上述关系，既要传承优秀的民族传统礼仪文化，又要兼顾时代发展和国际交往的需要，注重吸收国外有益的礼仪文化，避免简单划一。另一方面，从教学内容与学生实际相结合的角度，在礼仪德育课程的设计和开发过程中，应对学生的身心发展阶段性和发展规律进行深入研究，使课程设计符合学生身心成长的规律，将教学内容由浅入深、由简至繁地组织起来，使整个课程设计呈现螺旋式上升的组织结构。

开设专门的礼仪德育课程，可以充分表明礼仪德育的重要地位，容易唤起人们对礼仪德育的关注。实践证明，专门的礼仪德育课程能够系统地对学生进行礼仪知识的传授和礼仪规范训练，教育效果好，也受到学生的普遍欢迎。但是，这种课程模式也存在一些不足，如开设专门的礼仪德育课程要求有专门的礼仪德育师资，但目前我国中小学教师编制普遍偏紧，而且，在教育部公布的高校专业设置目录中，还没有专科以上礼仪德育师资专业，师资数量和水平制约礼仪德育课程的实施。另外，这种模式还要求有独立的课时，可是，其他课程对学时的要求也比较强烈，由此可能引起学时、课时的矛盾。

其次，渗透性课程是十分广泛的课程形态，它包括了学校通过学科课程所设置的整个课程体系。按照传统的课程观念，各学科课程分别是智育、体育、美育等诸育的专门化课程。由于这些不同领域的专门化课程蕴含着丰富的礼仪德育资源，这就有必要也有可能将各学科课程作为礼仪德育课程内在因素进行系统设计和开发，使之成为一种间接的、渗透性的礼仪德育课程。系统设计和开发渗透性的礼仪德育课程，对礼仪德育课程建设意义重大。

设计和开发渗透性礼仪德育课程，需要对各科课程从总体上进行考虑。这是因为，没有经过目标整合的间接的礼仪德育课程是一种自发的、偶然起作用的影响因素。只有对各科课程从礼仪德育目标和整体上进行系统的设计与开发，才能将间接的学科礼仪德育课程中蕴含的教育因素，整合为礼仪德育目标指导下的渗透性礼仪德育课程进而形成教育合力。按照礼仪德育目标进行渗透性礼仪德育课程的设计与开发，并不是把各科课程都变成礼仪德育课程，抹杀各种专门化课程的特殊性。礼仪德育目标的实现具有不同于一般的学科知识教学的特点，专业课程以外的因素对其影响非常大。礼仪德育目标的实现呼唤专门的礼仪德育课程，但渗透性礼仪德育课程却是具有基础意义的教育增长点。

做好渗透性礼仪德育学科课程设计，应注意以下方面：一是注重各学科专任教师的礼仪素质培养与提高。教育过程是师生互动的过程，教师可以通过赋予课堂教学更多的人文关怀，对学生的礼仪意识、礼仪行为习惯产生潜移默化的影响。二是利用教材资源进行角色认领。在文学、历史、艺术、体育乃至自然科学课程等各学科教材中，包含有大量的关于人与人之间、人与社会之间关系的内容。教师可以引领学生进行角色认领。角色认领有助于学生从自我中心转变到换位思考进而反观自己，促进礼仪素质的形成与发展。即便通常被认为与礼仪德育最不相干的数学课，也可以成为礼仪德育的重要阵地。2006 年 4 月 18 日，我随同河北省未成年人思想道德建设工作督查组，在保定市实验小学随机听取了一堂二年级数学课，留下了终生难忘的印象。由于是临时决定，任课老师和学生都没有时间提前做好为听课而"表演"的准备。教室里叽叽喳喳，讲台上的作业本、粉笔盒、教具散乱堆放。上课铃响，一位年轻的男老师——李尚老师含笑走进教室。师生相互敬礼后，李老师微笑着扫视全班同学，问："哪位同学愿意把讲台收拾一下?"这一刻，教室里突然变得异常安静，甚至可以听见心跳的声音。三两秒内，一个小男孩迅速跑上讲台，手忙脚乱地整理讲台上的物品，收拾完毕即转身准备回座位。这时，李老师轻声说："等一等!"同时微笑着快步向男孩走过去，俯身，伸出右手，亲切地说："谢谢你!"男孩一愣，下意识地伸出自己的手，与老师温暖的大手紧紧握在一起，脸上瞬间漾起说不清是害羞、幸福还是骄傲的灿烂的笑……当这位同学回到座位后，李老师说："同学们，我们每个人都要养成良好的生活习惯，自己的物品要摆放整齐、有秩序，自己用起来方便，也不会给别人带来麻烦。知识的学习也一样，需要随时整理。下面，我们想一想，上节课学了什么?"我非常佩服李尚老师的教育机智，他善于捕捉教育契机，并将教育效果尽可能扩大，切实担负起了教书与育人的双重责任。同时，这一情景也从侧面说明，该校对礼仪德育是有整体规划和设计的，否则，很难做到教师能够将不利于教学的偶然因素巧妙地转化为礼仪德育的有利契机。

通过礼仪德育专门课程以外的其他学科课程开展礼仪德育，是对中小学生进行礼仪德育的重要途径，甚至可以说，这是我们追求的理想境界——把礼仪德育的要求有机渗透到各个学科的教学活动中，成为各个学科教学的灵魂，取得润物无声的教育效果。但是，使用这种模式的重要前提是必须进行精心设计和准备，否则礼仪德育就会像碎片一样，学生无法学到较为系统的内容，礼仪德育也难以实现作为课程应当具备的持续性和渐进性。这种模式还有一个潜在危险，那就是可能陷入"三个和尚没水喝"的尴尬境地，或者说，每个教师都有可能期待由别的教师来完成礼仪德育。但是，通过全校范围的协调、组织和管理，这种模式是能够成功实施的。只要学校精心规划设计，认真抓好落实，必然能够取得应有效果。

最后，开设礼仪德育活动课程，也就是以活动为载体、通过组织活动开展礼仪德育。活动课程是一种较为特殊的课程形态。这里所指的活动课程，既包括直接的礼仪德育活动课程，也包括间接的礼仪德育活动课程。

设计和开拓礼仪德育活动课程，应注意以下几点：一是应与学科课程联系起来，在学科课程的支持下，根据礼仪德育目标，设计形式多样、内容丰富的活动方案，以增加学生的直接体验。二是要注意礼仪德育活动课程和学科课程的区别。传统学科课程比较重视间接经验的学习，学习的场所是课堂。而活动课程是以受教育者的各种活动为载体，如社会实践活动、文体活动、公益性活动等，强调从受教育者直接经验出发来学习，强调课程的综合经验，学习场所既可以是课堂，也可以在课堂外。三是要注意礼仪德育活动课程与课外活动的区别。活动课程源于课外活动，但与之有根本的区别。活动课程是一种课程，是学校正规教育的组成部分并纳入课程计划，有组织、有计划、有系统地开展。而课外活动则是课程的一种补充，课程组织安排是临时的、短期的，活动范围局限于课堂之外。四是要注意礼仪德育活动课程与训练活动的区别。礼仪德育活动课程设计过程中要避免活动课程沦为训练活动。礼仪德育活动课程强调学生的主体性，把学生当作选择、决策的主体来看待，而不是将教育者的意志强加给学生，"要求"其参加活动。笔者在指导一些学校开设礼仪德育校本课程的过程中，注重开设活动课程，收效明显。如在已完成使命后撤并的唐山市丰南区爽坨中学是一所农村初级中学，该校在普及礼仪德育活动时，首先开展"礼仪示范生"挂牌执勤活动，重点培养一批品学兼优的学生作为"礼仪示范生"，并让他们挂牌上岗，在学校门口执勤，在学生中示范，引领学校礼仪风尚的潮流。在召开学生家长座谈会时，这些礼仪示范生则作为接待学生家长的学生引领员，对每位家长热情相迎，表情亲切友善，语言优美得体，手势舒展大方。这种接待，对于全部都是当地农民的学生家长来说，无疑形成了一种强烈的视觉和心灵冲击波，有助于凝聚家庭和学校的礼仪德育合力，发挥学校礼仪德育的辐射和带动作用。

（2）发挥学校礼仪文化环境的育人功能

学校礼仪文化环境是个广义的概念，它包括教师人格形象、校园人际关系、校园景观、校园规章制度、校园文化氛围等因素。在礼仪德育过程中，通过有目的、有计划、有组织地开发和利用这些教育资源，可唤醒隐藏在教育过程中的影响学生礼仪素质形成和发展的隐性因素，使之更加富于教育性。

首先，学校物质环境应是经过精心设计和改造的具有教育性作用的环境。物质层面的校园环境是一种校园文化景观，是校园和社会文化的积累与沉淀，集中反映了一个国家的主流文化价值观念，特别是反映着教育的价值取向。学校经过改造后的自然面貌、学校建筑设计、校园规划、教室内的设计以及由此而组成的一种总体的校园景观和校貌，对学生的思想道德和礼仪素质发展具有默然的影响。学生通过反复解读和体味校园文化景观，可以吸收、融入物质环境中的文化因素，进而调整思想观念和行为方式，不断塑造自我，提高素质。

要注意开发学校物质环境的礼仪德育功能，充分考虑学校物质环境对学生影响的多样性，将其作为学校礼仪德育课程的有机组成部分进行系统的设计和开发。苏联教育家苏霍姆林斯基留下了宝贵的经验：在他辛勤耕耘了几十个春秋的帕夫雷什中学，校园里到处都是树木花草，环境美丽又整洁；每个教室里都具备某种独有的特色。在学校走廊的墙壁上、在教室里、在活动室里，所经常看到的一切都不是偶然出现的，它们都体现着教育者的意志和学校对学生的期望。如在一块色彩鲜艳的标语牌上，天蓝的底色显著地衬托着致学生的一段话："你在咱们学校应该探索的最主要的东西，就是生活的目的。请你认真思考这些杰出人物的卓越见解。"标语下面悬挂着一些杰出人物的画像，画像旁也是他们的语录。各种各样的橱窗中陈列着爱人类、爱祖国、爱和平、爱科学、爱父母的宣传图片和文章，也有学生的学习体会和推荐书目等。孩子所看到的每幅画、读到的每句话都是同该年龄段的儿童的精神生活和情趣相适应的。一切都是"会说话的"，一切都是富有教育意义的。走进校园，像是进入了一个诗一般的世界，一个精神王国的美丽宫殿。他还非常注意创设良好的读书环境。在帕夫雷什中学主楼的每一层和其余三幢楼都设有阅览室，并且注意不断更新书刊。楼道里设置陈列架，配有适合相应年级阅读的书籍。各学科专用室里也配备了该学科的书籍，学校图书馆收藏有教学大纲规定要学的全部书籍及充足的世界文学宝库的作品。① 借鉴这一做法，我们在开发学校物质环境时，应着重考虑如何使礼仪文化附着于学校的物质环境，如可以建一些有礼仪文化背景的雕塑；也可以在院墙、橱窗位置用文字、绘画等方式展示一些礼仪故事等。

其次，如果说学校物质环境是学校经过精心设计和开发而形成的一种"硬件"，那么，学校的组织和制度建设则是教育者设计和选择的一种"人为"因素，是一种"软件"。学校选择什么样的组织和领导方式、学校教学、生活与其他一切活动的安排方式、学校教育教学的评价制度等，都对学生的思想道德和礼仪素质产生无形的影响。

制度层面的隐性礼仪德育课程建设，总的趋势是日益走向以人为本，坚持公平、公开和公正。研究表明，学校的组织和领导方式、管理制度，直接影响学生的礼仪素质。例如，在教师授课过程中，如果主要采取命令、威胁与惩罚等方式进行，不符合礼仪精神，不利于学生礼仪素质的提高；如果教师采取赞赏与有效帮助的方式进行授课，与礼仪精神相一致，有助于提高受教育者的礼仪素质。另外，由于教师在课堂上所呈现的领导方式不同，学生行为也会出现巨大差异。在专制环境下，学生具有明显的侵犯性和被动性，往往不积极适应礼仪规范要求；而在民主的环境下，则表现得更为合作和友好，对礼仪规范的亲和度较高。学校组织管理文化对学生发展也产生影响，"通过支持、公开交往、合作和理智而得到成就和成功的学校，比那些强调通过竞争、限制、约束、规章和标准操作程序而取得一致的学校，工作完成得更出色"②，也更有利于培养提高学生的礼仪素质。因此，设计和开发礼仪德育隐性课程，必须在坚持以人为本的基础上，对学校组织运行和制度进行公开、公平和公正的设计。

最后，学校精神和文化层面的隐性课程是指弥漫于整个学校校园的一种精神和文化氛围。精神和文化层面的校园文化是校园文化的"核心和灵魂"，"它体现学校的本质和个性特点"，是学校的"校魂"③。校园文化和校园精神所营造的氛围，使学校每个成员都浸润其中，对个体的言行举止产生熏陶和感染。这种氛围的辐射与传承，便形成某种趋向和定势，

① 黄炜、陈芳其：《苏霍姆林斯基论校园环境建设》，《外国教育研究》2003 年第 6 期。

② 罗伯特·G. 欧文斯：《教育组织行为学》，窦卫霖等译，华东师范大学出版社 2001 年版，第 227 页。

③ 龚海泉：《当代大学德育史论》，华中师范大学出版社 1997 年版，第 195 页。

形成学校的传统与风气，对学生精神生活的建构有着极为深刻的影响。

精神和文化层面的隐性礼仪德育课程建设，与物质环境和制度建设相比，是一个更具长期性、艰巨性的系统工程。这是因为，精神和文化层面的隐性课程，处于学校价值体系最内隐、最深的层次，似乎是一种看不见、摸不着的东西，只有通过更为深入的考察和洞悉，才能从学校的校训、学校的历史传统和办学风格等方面体味出来。因此，在学校隐性礼仪德育课程设计过程中，应着力于设计和开发学校的精神和文化要素，通过办学理念、办学思想、办学目标、办学宗旨等内容引领和提升教育教学活动，进而影响学生的思想和行为，促进礼仪德育目标的实现。2010 年 3 月 24 日，时任教育部基教一司德育处处长于长学实地考察了石家庄一中的校园文化建设和学校德育实践，在深入了解该校德育工作的同时，也对所接触的学生的言谈举止、形象气质、精神风貌留下了很好的印象。其实，这些同学并未受过专门的礼仪培训，其素质只是作为石家庄一中的普通学生，长期浸润于石家庄一中的校园文化的结果。石家庄一中建校至今已有 70 余年，该校秉承"一切为了学生未来的生涯与幸福""教育的生命即生命的教育"的教育理念，把育人目标定位在"民族文化底蕴、现代意识、世界眼光、责任与使命、卓越与贡献、修养与品位"等方面，既重视教育对升学就业的短期作用，更考虑学生长远的发展，为孩子的一生打好必要的基础，提供必要的准备。学校建立了 30 多个学生社团，本着"自建机构、自筹经费、自主活动、自主发展"为社团活动原则，以"思想引领、自主发展、注重体验、自主参与、主动介入、跟踪指导"作为社团活动策略，组织开展了大量有益于学生全面发展、主动发展、特长发展的活动，并在德育实践中形成了"修德向善、知礼乐行、忠孝两全、珍惜人生"的德育文化，"国学底蕴、六艺多能、追求卓越、肩负使命"的学生文化，以及追求"校园之真、善、美、乐、健、慧"的品质表征和文化导向，凝聚起了具有强大教育功能的石家庄一中精神，形成了个性鲜明、魅力无穷的石家庄一中文化，促进了学生素质包括礼仪素质的全面发展。

（3）切实做好学校礼仪德育的保障工作

礼仪德育课程的实施离不开一定的条件，最主要的是师资、课时、教材以及物质和制度保障等。

凡在礼仪德育课程实施过程中承担教育责任和施加教育影响的人，都可称为礼仪德育的教师。礼仪德育既需要有专门的学科教师,又因学校全体教职员工都参与了学校隐性课程的建设或教学,因此,每一个教职员工都是广义上的礼仪德育教师。为保障礼仪德育课程顺利实施并取得应有成效,应合理配备礼仪德育教师。一是有必要配备适量的专职教师,以满足开设专门礼仪德育课程的需要;二是切实调动辅导员、班主任老师的积极性,使之担当起开发及实施礼仪德育活动课程的重要责任;三是加强其他学科专任教师、教育管理人员及教辅人员的礼仪培训,使之具备实施间接的礼仪德育学科课程、活动课程和隐形礼仪德育课程的意识和能力。

课时是课程实施的基本条件之一。礼仪德育课程的实施,离不开必要的课时。课时安排要服从和服务于教育需要,并根据具体的课程类型来确定。开设专门的礼仪德育课程需要有独立的课时,一般每1—2周安排一课时为宜;开设礼仪德育活动课程,不必须有独立的课时,可以与其他学科课程相结合,如利用地方课程、校本课程、班(团、队)会活动或礼仪德育实践教学合理安排礼仪德育活动;间接的礼仪德育学科课程和隐性礼仪德育课程,则对独立的礼仪德育课时没有要求。

任何课程都离不开教材支持。对于礼仪德育课程而言,无论是显性课程还是隐性课程或者活动课程,都需要有教材作为课程实施的重要条件,这里的教材可以是教科书等文字材料,也可以是录音、视频等视听材料。根据礼仪与礼仪德育的特点,要突出视频的作用,以便于学生模仿、练习,如果片面强调教科书,会导致学生死记硬背一些礼仪规范却不会应用。而对于专门的礼仪德育课程来说,还需要有独立的礼仪德育教科书。在当前基础教育课程改革的背景下,国家倡导建立国家、地方和学校三级课程体系,为此,教科书可以由学校自主开发和研制,也可以由国家或地方教育行政部门组织开发和研制并由学校、教师和学生自主选用。

礼仪德育的实施还需要组织领导、教学研究指导、经费、设施等方面的保障。从学校层面看,实施礼仪德育,需要学校切实加强对礼仪德育课程设计与实施的领导,明确责任人及具体的管理机构、实施部门和人员。要按照培养、培训相结合的原则,加强礼仪德育教师队伍建设,不断提高礼仪德育教师的理论水平、专业素质和教学技能。要加强礼仪德育教研队伍建设,有专(兼)职的礼仪德育教研员对礼仪德育课程进行理论研究和业务指导。要建立和完善礼仪德育课程实施的保障体系,提供经费支持、设施保障等必要的物质基础。

二 家庭—礼仪德育的基础

(一) 家庭礼仪德育的地位和作用

就教育而言，家庭是人生中的第一所学校。现代心理学研究表明，一个人的品行萌芽于童年时期，长成于少年时期，定型于青年时期，良好的品行大多是在幼年和童年时期建立起来的。作为人生起点的家庭和家庭教育，对于个体进入社会角色具有起始定势作用。在家庭中进行礼仪德育，是对儿童进行礼仪德育的重要途径，也是个体礼仪素质形成的基础。

1. 家庭礼仪德育是个体社会化的起点

每一个人都是社会的人，都要进入社会并适应社会生活。然而，人在刚出生时，只不过是一个生命的自然体，还不能构成完整意义上的具有社会性的人。从生命自然体向社会性个体发展的过程，就是个体社会化的过程。家庭教育是个体由自己的小家走向社会大家庭的准备时期，也是最为关键的时期之一。个体能否成功地进入社会、适应社会生活并最终被社会所完全悦纳，在很大程度上取决于其在幼年、童年时期接受家庭礼仪教育的程度和水平。

学前幼儿时期，个体易接受外界信息，可塑性极强。正如 17 世纪英国教育思想家洛克所指出的，儿童就像"一张白纸或一块蜡，可以随心所欲地描画或铸造成时髦的式样"①。这种观点虽然在某种程度上带有外因决定论的意味，但是，它也反映出了儿童时期的教育对于个体素质的形成，特别是对于良好礼仪行为习惯的养成，具有十分重要的意义。

对儿童进行礼仪启蒙教育，通常是由长辈，特别是由父母在家庭生活中来实施的。成功的家庭礼仪启蒙教育，可以帮助儿童习得基本的礼仪行为并逐步养成良好习惯，有助于促进儿童社会化，对其一生中个性、社会性的发展具有奠基性作用。

2. 家庭礼仪德育是社会个体化的重要渠道

个体社会化和社会个体化是一个问题的两个方面。个体要通过进入社会适应社会生活来实现个体的生存与发展，社会则要依靠个体的融入和活

---

① ［英］洛克：《教育漫话》，傅任敢译，人民教育出版社 2005 年版，第 203 页。

动来实现和推动自身的发展与进步。

人类世代延续的社会文明，尤其是作为精神财富的非物质性文明，需要附着于一代又一代的人类个体身上，才能实现代际之间的有效传递和发展。以父母为代表的教育者，可以在家庭生活中将自身通过多年的社会经历习得的礼仪知识和规范传递给后辈，经过耳濡目染、潜移默化的过程，使后辈将社会生活中的礼仪规范和要求转化为自身的礼仪习惯。为此，家庭礼仪德育在社会个体化的过程中具有学校教育、社会教育所不可替代的作用，并成为社会个体化的重要渠道之一。

3. 家庭礼仪德育是联结个体与社会的纽带

现代社会集高度开放性与高度协作化为一体，人的发展则兼容充分个性化和高度社会化于一身。每一个社会个体都要与其他的社会个体或群体交往、合作，一生中要反复经历个体社会化和社会个体化的过程。无论是个体的发展还是社会的发展，都无法脱离个体社会化和社会个体化循环往复的关系链条。在这一过程中，家庭礼仪德育作为个体社会化和社会个体化的首发站，发挥着联结个体与社会的重要的纽带和桥梁作用。

(二) 家庭礼仪德育的实施策略

1. 重建家庭礼仪文化，建立良好的家礼、家规、家训

家庭礼仪文化是中华传统礼仪文化的重要组成部分。在我国传统社会，礼仪德育的启蒙任务是在家庭生活中完成的，自古就有很多出自名家的《家礼》《家规》《家训》《家范》《家法》《家诫》《家箴》《祖训》《长训》等传世，成为中华民族珍贵的非物质文化遗产和宝贵的教育资源。家礼、家规、家训是家庭中长辈对晚辈的教育和训诫方式，也是用来规范和约束晚辈行为的准则。这种教育的特点是从血缘关系出发，以长辈对晚辈耳提面命的方式进行。在教育内容上，是从最基本的礼仪规范教育入手，包括对亲属的称谓、进退出入等细节、寒暄应答问候的语言以及端茶递饭的规定性动作等。随着儿童年龄的日益增长，长辈还要在日常礼仪行为规范教育的基础上对晚辈进行勤学、修身、养性、励志、处世等方面的原则或规范的教育。由于家礼、家规、家训恩威并重，同时家长身体力行，在居家生活中随时随地可以进行，因而成为行之有效的教育方式①。

---

① 马征：《多维视野中的礼仪文化》，天津社会科学院出版社1996年版，第138页。

在我国古代不计其数的家庭教育读物中，以南北朝时期颜之推的《颜氏家训》流传最广，影响最大，历经千年而不衰，至今仍对传承中华美德、教育子孙、整齐家风、维系国家和社会关系的和谐稳定发挥着重要作用。

在建设社会主义和谐社会的新的历史时期，我们强调重建家庭礼仪文化，并不是照搬照抄古人留下的家礼，而是要建立符合社会主义核心价值体系、具有新的时代特征、简便易行的家庭礼仪规范。概括起来，也就是要求每个家庭中的每位成员都要学会在家庭生活中使用礼貌用语，举止高雅，变得更加宽厚和体谅，更加平易近人。通过家庭礼仪文化建设，要使家庭成员在家庭生活中得到真、善、美的启迪、熏陶和享受，从而不断升华精神、净化心灵。要通过具体的礼仪规范和生活实践，对家庭成员特别是未成年人进行指导，使之"养成朴素的生活作风，不追求高档、时髦，塑造青春自然美；养成文明的行为习惯，待人接物举止大方，谈吐文雅，热情诚恳……塑造风度美；建立健康的人际关系，'见贤思齐，见不贤自内省'，以'纯洁健康、互助互励、取长补短、竞争进取'为择友、交友准则，塑造人情美；丰富家庭文化娱乐生活，提高审美的感受能力，塑造艺术美"①。

近年来，越来越多的地方和家庭把家礼、家规、家训建设作为提升文明程度的抓手，特别是在社会主义新农村建设的过程中，涌现出一批重视家礼、家规、家训建设的典范。例如，湖南省岳阳市云溪区开展"家规家训进万家"活动②；江苏省靖江市在全市范围内统一征集家规、家训，择优在媒体上刊发，并集中向社会推广③；上海市松江区新浜镇以"勤、礼、孝"3个字为主线，拟定了100多条"家规家训"，制作成牌匾挂在村民家中④。这些做法使居民在学习家礼、家规、家训的过程中自觉践行礼仪，弘扬中华民族的传统美德，提高了居民特别是受教育者的礼仪素质。

2. 以日常生活规范教育为重点，注重礼仪行为养成

教育过程是一个由浅入深、由低到高、循序渐进、不断发展的过程。

---

① 晓闻：《构建家庭礼仪文化》，《价格与市场》1997 年第 2 期。

② 唐湘岳、李憬：《岳阳家规家训传承文明》，《光明日报》2003 年 4 月 20 日。

③ 王海平：《江苏靖江全国首征家规家训》，《新民晚报》2006 年 8 月 15 日。

④ 朱全弟、李圆圆、郑小春：《家庭和睦要讲"勤礼孝"　农家挂上"家规家训"牌匾》，《新民晚报》2006 年 12 月 17 日。

因此，家庭礼仪德育应遵循青少年生理心理发展变化的一般规律，从日常小事和具体的生活规范教育抓起，注重礼仪行为的养成。正如《礼记·冠义》中有言："礼义之始，在于正容体，齐颜色，顺辞令。"①也如南宋大教育家朱熹在教育实践中所做的，从"洒扫应对"教育开始，逐步养成良好的行为习惯，进而懂得修身、齐家、治国、平天下的道理。

教育走向成功的必要条件之一是采用科学的方式方法。儿童活泼、好动、好奇心强、天真无邪，为此，家庭礼仪德育要从儿童身心成长发育的规律出发，注意增强趣味性、吸引力和感召力。实践证明，家庭礼仪德育中最为有效的方式之一是在游戏中进行教育，家长应借助游戏、唱歌、跳舞、讲故事等生动活泼的方式，创设愉快的教育情境，让儿童在不知不觉中接受礼仪知识，养成良好的礼仪行为习惯。相反，如果家长以简单、粗暴的方法进行礼仪德育，不但不能取得应有的教育效果，而且可能对孩子的身心造成不应有的伤害。

另外，重复和练习是养成习惯的关键。抓好日常生活规范教育，养成良好的礼仪行为习惯，不是一蹴而就、一劳永逸的事情，而要依赖于反复的训练和强化。在这一过程中，家长不但要细心观察儿童的行为和心理变化，而且要有极大的耐心和足够的恒心。现实生活中，一些家长由于生活节奏快，竞争和工作压力大，往往无暇悉心学习有关礼仪德育方面的知识，对孩子礼仪行为的养成也缺乏足够的耐心，致使家庭教育成为礼仪德育体系中的一个薄弱环节。更有甚者，面对激烈的升学和就业压力，有的家长对孩子智力发展的期望远远超过对礼仪行为养成的关注，甚至为了让孩子"抓紧时间专心学习"，个别家长对孩子的日常行为疏于规范和引导，对不良礼仪行为倾向不闻不问、放任自流。如果这种现象任其滋生、蔓延，长此以往，将很难保证朱熹数百年前慨叹的"蒙养弗端，长益浮靡。乡无善俗，世乏良材"②的悲剧不会在21世纪的中国重演。到那时，受害者将不仅是个别人、个别家庭，危及的可能是整个民族和国家的未来，伤及民族的根本。

3. 家长要自觉践行礼仪，发挥榜样和示范作用

家长是孩子的第一任老师，从孩子呱呱坠地起，便无时不刻不对孩子

---

① （西汉）戴圣编纂：《礼记·冠义第四十三》，载胡平生、张萌译注《礼记》（下），中华书局2017年版，第1177页。

② （清）戴凤仪纂：《诗山书院志》，厦门大学出版社1995年版，第133页。

起着言传身教的作用。青少年的人格和礼仪行为习惯，最初都是从父母那里观察、效仿得来的。家长的言谈举止、举手投足、一颦一蹙、为人处世等各方面的作风和行为方式，都对孩子具有样板和示范作用，对其产生默然的影响。父母的一个简单动作，往往比千万句指令性灌输的影响力要大得多。

在家庭礼仪德育实践的过程中，家长要提高"身教"意识，以身作则，率先垂范，通过加强自身修养，规范自身言行，发挥好榜样和示范作用。可通过多读书、参加礼仪培训班等方式，不断提高自身的礼仪素质。另外，还要避免在家庭教育中执行"双重标准"，也就是家长在要求孩子规范言行的同时自己却不修边幅、散漫随意、出言粗俗。这样做不但难以实现家庭礼仪德育的目标，而且容易导致孩子的双重人格，甚至出现道德虚伪。对此，河北省保定市赵宇、张燕、张红梅等人不但有着深刻的认识，而且已经有了较为深入的实践。作为一群特殊的志愿者，她们利用业余时间，免费对小学生及其家长进行国学和礼仪教育。在她们的组织帮助下，保定市的一些孩子和家长自发形成了若干个规模在二三十人的学习小组。在学习小组内，家长和孩子一起诵读《弟子规》《童蒙须知》《无财七施》《老子》等经典名篇，并在诵读、牢记的基础上，根据其中的内容和精神，自编自导自演小品，讲自己的生活故事等，家长和孩子一起学习做人的道理和方法。8 岁男孩豆豆的妈妈和孩子一起参加这项活动已经有了半年时间，通过活动，不但豆豆的思想和行为习惯有了明显改观，豆豆妈妈也深受教育，改变了以往动辄打骂孩子的习惯。谈起自己行为的初衷，张红梅反复强调，"有什么样的父母，就有什么样的孩子"。"要想孩子进步，家长是关键！"在她们的示范和引领下，保定市正在有越来越多的家长和孩子一起接受中华传统文化和礼仪教育，自觉提高礼仪素质，加强思想道德修养，成为保定市精神文明建设工作特别是未成年人思想道德建设工作中一道亮丽的风景。

三 社会—礼仪德育的依托

"生活即教育""社会即学校"[1]，这是人民教育家陶行知先生的至理

---

[1] 陶行知：《生活即教育》，载陶行知研究会编《陶行知文集》（上），江苏教育出版社 2008 年版，第 354—355 页。

名言。社会教育是相对于学校和家庭教育而言的，是各级社会组织、各种社会团体、社会传播媒体、社会舆论习俗、社会文化环境等对受教育者的影响和熏陶作用的统称。社会教育的发达程度是一个社会先进与否的关键性指标。它是培养和提高受教育者的礼仪素质的重要依托。

（一）社会礼仪德育的地位和作用

1. 社会礼仪德育能够营造良好的礼仪文化环境

按照马克思主义关于人与社会关系的理论，社会环境影响和制约着人的成长与发展；同时，人能够发挥主观能动性，反过来影响和改造社会环境。礼仪德育与社会环境之间的关系正是这种相互影响与制约的关系。一方面，社会环境影响和制约着礼仪德育的效果；另一方面，在社会生活中自觉开展礼仪德育，可以创造良好的礼仪文化环境，促进社会精神文明程度的提高，并反过来增强礼仪德育的效果。

社会环境影响和制约着礼仪德育的效果。礼仪素质形成的过程是行为主体不断实现角色认同和自我悦纳的过程。研究表明，置身于光洁明亮、干净卫生的环境中，人们一般不随手丢弃杂物，注意保持环境卫生；长期置身于整洁文明的环境中，人们更容易养成讲文明、讲礼貌的良好习惯。社会环境不仅具有思想上的导向作用，还具有行为上的规范作用。

良好的社会礼仪环境有利于巩固学校和家庭礼仪德育的效果。学校和家庭的礼仪德育，对于受教育者礼仪意识的形成和良好礼仪习惯的培养起着基础性作用。但是，从礼仪素质形成、发展和不断提高的全过程看，无论是在学校所接受的礼仪德育，还是在家庭所受到的礼仪文化熏陶，要固化为个人的礼仪素质，都离不开社会的作用。如果社会礼仪环境的影响与学校教育、家庭教育的内容要求相互冲突，那么，学生从学校和家庭教育中所受到的正面影响就会被大大削弱，很难积淀为社会所需要的礼仪素质，甚至会起到完全相反的作用。

2. 社会礼仪德育是一体化礼仪德育体系的重要组成部分

社会礼仪德育与学校礼仪德育、家庭礼仪德育是礼仪德育体系中的三个基本方面，三者共同构筑形成了"三位一体"的礼仪德育体系。社会礼仪德育既是对学校和家庭礼仪德育的补充和延伸，同时也是一种拓展和超越。学校礼仪德育工作者应充分利用社会教育资源，积极争取社会力量的配合，综合协调校内外各种教育和影响因素，以形成合力，推动礼仪德育的发展。

实践中，多数学校重视学校礼仪德育与社会礼仪德育的接轨，注重学生的礼仪实践，通过加强学生的社会实践环节，因地制宜地开展各种形式的社会礼仪德育实践活动，并注重创新和完善制度化、规范化的运行机制。事实证明，通过开展礼仪德育实践活动，一方面可以发挥学校教育的"文化高地"作用，通过学生将学校教育主渠道中所传播的优秀礼仪文化向社会和家庭辐射，推动社会和家庭的和谐与进步；另一方面，通过参加礼仪德育实践活动，学生可以加速完成礼仪的社会教化向个体内化转变的过程，实现礼仪素质的全面提高。

3. 社会礼仪德育具有独特的优势

尽管社会礼仪德育在整个礼仪德育体系中处于辅助和补充地位，但是却有着自己特点和优势：一是教育体系的开放性。和学校礼仪德育相比，社会礼仪德育不受年龄、时间、地点等的局限，随时随地都可进行教育。同时，社会礼仪德育具有将礼仪德育与社会生活、生产劳动、休闲娱乐等沟通和衔接起来的发展趋势，打破了学校教育相对封闭的教育体系，教育方式非常灵活。二是教育对象的群众性。社会礼仪德育的对象不仅是青少年，而是各个年龄阶段、各行各业的人员。教育内容既可以是专门的、有针对性的，如社会上有很多专门针对服务行业人员组织的职业礼仪培训，也可以是普遍性的，如很多城市和社区通过市民讲堂等平台为全社会提供开放的、具有普适性的礼仪讲座。三是教育形式的多样性。社会礼仪德育以社会为背景和教育场所，广播、电视、电影、报纸、杂志、书籍、网络以及社会文化设施等，这比学校和家庭礼仪德育范围更广阔，更有利于学生广泛接触社会。四是教育内容的形象性。社会礼仪德育多是通过现实生活或各种视听技术手段传播丰富的礼仪文化。这种传播方式与学校教育相比，更容易引起受教育者的情感共鸣，更有利于起到潜移默化的引导和教育作用。五是教育手段的融合性。现代社会的礼仪德育已经渗透到社会生活的方方面面，并与社会的政治活动、生产实践、日常生活、娱乐休闲等融为一体，处处都可以发挥着社会礼仪德育的作用。

（二）社会礼仪德育的实施策略

社会礼仪德育是一项社会系统工程，需要通过政府、行业、社区等部门和各个社会组织之间的协作、支持和相互配合才能完成。

1. 充分发挥政府职能部门的组织、领导和协调作用

科学推进社会礼仪德育的基本前提是建设中国特色社会主义礼仪文化。礼仪文化建设需要国家的力量，这也是国家发展的需要。在中华民族五千年积淀下来的礼仪文化瑰宝中，有很多优良的、传统的礼仪规范，至今仍有强大的生命力。中华传统礼仪文化以"和"作为价值追求之一，这与我国构建社会主义和谐社会的理念是相吻合的，因此，礼仪文化应成为当前和谐文化的重要内容。建设社会主义和谐社会，需要大力加强社会主义礼仪文化建设；同时，在传承民族优秀文化的过程中发挥好组织、领导和协调作用，也是政府的责任和义务。国家职能部门应通过法律和制度的形式将礼仪德育纳入社会教育体系，使之成为终身教育体系的一个有机组成部分，同时发挥好礼仪文化对于建设社会主义和谐社会的促进和保障作用。

（1）要组织制定并不断完善有中国特色的社会主义礼仪规范体系

礼仪具有民族性、时代性、地域性、阶级性等特点，是民族文化的重要表征，对于传承民族文化血脉、凝聚民族精神具有重要作用。正是由于礼仪的这一特殊地位和作用，我国自古就有"非天子不能制礼作乐"之说。在当今国际风云变幻、世界文化大交融的时代背景下，国家应切实担负起制定和发展、完善民族礼仪规范体系的历史重任，以确保中华民族礼仪文化在世界文化大交融的过程中不至于丧失自我，而是实现与时俱进，破茧重生。

然而，令人堪忧的是，在当前的礼仪文化建设和礼仪德育实践过程中，由于有关部门的作用还未充分发挥出来，各种力量依然处于相对迷茫和混沌状态。具体表现为，数以万计的礼仪教材、读本大多是东拼西凑而成，甚至各种版本的教材说法各异。有的教材照搬照抄现代西方商务礼仪，有的则片面强调传承中华传统文化并要求复兴古礼。即便非常严肃的国旗礼，面对冉冉升起的五星红旗，国人的行礼方式也是"多姿多彩"。例如，在奥运冠军的领奖台上：有的是左手放在右胸前站立，有的是右手放在左胸前站立，有的是双手下垂站立，还有的是双手拿花于胸前站立等，不一而足①。事实上，我国于1990年6月28日第七届全国人大常委

① 朱行书：《"国旗礼"不规范》，2004年9月6日，光明网，http://www.gmw.cn/content/2004-09/06/content_94719.htm。

会第十四次会议通过并颁布了《中华人民共和国国旗法》，并于 2009 年 8 月 27 日第十一届全国人大常委会第十次会议予以修正，虽然对国旗的性质、使用地点、时间、方法及使用时禁止的事项等做了较为全面的规定，但对升旗仪式的规定过于简略，没有对参加者的行为做出更为具体、统一的规范，而只是规定"举行升旗仪式时，在国旗升起的过程中，参加者应当面向国旗肃立致敬，并可以奏国歌或者唱国歌"[①]。原国家教委发出《关于施行〈中华人民共和国国旗法〉严格中小学升降国旗制度的通知》，对升旗仪式的程序做出规定，要求在校的全体师生在升旗仪式中"整齐列队，面向国旗，肃立致敬"[②]，"面对国旗，肃立致敬"，也就是"面对国旗恭敬庄严地站着致敬"，由于人们对什么是"恭敬庄严地站着致敬"存在不同的理解，不同的人也就有各自不同的"国旗礼"形式，以致出现有损我国国家形象和国旗尊严的现象。因此，有必要由国家权力机关对现行《国旗法》做相关解读、补充说明或细化实施细则等，对"国旗礼"进一步加以规范和明确。

百家争鸣、百花齐放固然有助于繁荣发展礼仪文化，但如果长期缺乏有效的引导和制约，则后患无穷。因此，国家应尽快担负起"制礼作乐"的历史重任，积极推进有中国特色的社会主义礼仪文化体系建设工程，并对社会礼仪德育发挥应有的主导作用。建设有中国特色社会主义礼仪文化体系，要以社会主义核心价值体系作为根本准则，继承中华民族优秀传统礼仪文化，扬弃西方发达国家凭借经济上的强势而在全球推行的西方礼仪文化；既要富有民族特色，又要体现社会发展的时代精神。

（2）要发挥好国家公务人员的引领和示范作用

在开展社会礼仪德育的过程中，国家的作用还表现为国家公务人员的引领和示范作用。礼仪本身不具有全民遵守的强制性，但加强礼仪德育、推行礼仪规范的过程可以适当借助强制的力量，特别是对于国家公务人员等特定人群，可以适当采取一些纪律约束、行政手段等具有一定强制性的措施，使人们在礼仪方面"不这样不行"，以发挥好引领和示范作用。山东省潍坊市奎文教育局在开展礼仪德育活动中，严格监督考核，强化责任

---

① 全国人大常委会：《中华人民共和国国旗法》，2009 年 9 月 12 日，中央政府门户网站，http：//www.gov.cn/zhengce/2009-09/12/content_ 5201759.htm。

② 国家教育委员会：《关于施行〈中华人民共和国国旗法〉严格中小学升降国旗制度的通知》，1990 年 8 月 24 日，法律图书馆，http：//www.law-lib.com/law/law_ view1.asp？id=6887。

落实。他们确定礼仪督导员，负责监督、记录、纠正机关人员日常工作中出现的不文明行为，并在机关醒目位置悬挂或放置"礼仪警示牌"，用于随时记录工作人员的不文明行为。这一做法不无借鉴意义。

2. 充分利用大众传媒进行礼仪文化的宣传普及教育工作

大众传媒是指面向大众传播一定的社会信息的媒体。人们习惯上将大众传媒分为印刷媒体和电子媒体两大类。印刷媒体主要包括书籍、报刊、画册等以印刷文字、图片为内容的媒体。电子媒体包括广播、电视、电影、录像、游艺机、卡拉 OK 及电脑网络等。大众传媒的社会影响具有中介性、大众性等特点。随着科技的飞速发展，我国的报纸、杂志、书籍、广播电视、网络等大众传播媒介也得到快速发展，传播媒介的发展不仅能够准确、快捷、广泛地向国内外传递信息，而且越来越成为社会礼仪德育的重要阵地。

大众传媒在社会礼仪德育过程中可以发挥其独特功效。正如 19 世纪英国著名哲学家赫胥黎所说："人们所真正害怕的往往不是法律，而是别人的议论。"我们通过大众媒体进行社会礼仪的宣传和教育，传输积极向上的礼仪知识，但更重要的是通过这种现代化的教育手段引导舆论，营造浓厚的知礼行礼的文化氛围，强化礼仪规范的约束力。2005 年，中央宣传部主办，人民网、新华网、光明网、央视国际和中青网等单位承办了"公民道德建设网上谈：讲礼仪、促人际和谐"的活动。有关部门和高校的专家学者与广大网友围绕"讲礼仪、促人际和谐"的主题展开坦诚的交流。网友们就营造文明环境、弘扬传统文化、倡导身边的文明行为、文明与社会发展的关系等问题发出了近千个跟帖，提出了大量意见和建议，收到很好的宣传和教育效果。在 2008 年北京奥运会期间，北京市主要媒体开办了礼仪的专版专栏专刊，主要报纸每天用半个版面配合当月的礼仪专题，介绍礼仪知识，报道礼仪活动，宣传礼仪典型。北京电视台在北京新闻黄金栏目，每天播出文明 30 秒动漫短片，讽刺曝光不文明的行为。通过这些宣传教育，在广大市民中增强了礼仪意识，形成了学礼仪、讲礼仪、用礼仪的社会风气。

3. 积极开展丰富多彩的礼仪德育创建性活动

美国教育学家杜威认为，教育并不是一件"告诉"和被告知的事情，而是一个主动的和建设性的过程。目前，我国新时代礼仪德育还处于初级发展阶段，所以，大力支持和鼓励礼仪德育的创建性活动非常重要。这种创建性活动主要通过以下形式进行：

（1）政府及各行业结合部门实际组织开展礼仪德育活动

政府及相关职能部门对于组织开展创建性礼仪德育实践活动具有得天独厚的优势。例如，在国家机关工委、中宣部、教育部、团中央等10部委联合组织的全国中小学"关爱成长行动——全国青少年礼仪普及活动"中，全国青少年礼仪领导小组组织开展了"全国青少年礼仪教育示范基地"评选活动；义乌市委结合"打造人文义乌"，制定"开展礼仪宣传教育实践活动"；海口市党政机关结合投资环境建设，开展礼仪教育，把礼仪教育同建设投资环境结合起来，同提高服务质量和服务水平结合起来，塑造公务员良好的职业形象；四川省大邑县国土资源局开展"作风整顿暨礼仪教育活动——转变作风树形象、文明礼仪促养成"活动；等等。

（2）开展礼仪德育进企业活动

企业在整个社会礼仪德育实践活动中也扮演着重要角色。企业及其员工的礼仪形象，既是企业文化、企业形象的重要表现形式，也是一定地区和社会的礼仪文化的组成部分和具体反映，并对学校和家庭礼仪德育产生一定的影响。近年来，随着经济竞争日益加剧和企业文化建设活动的蓬勃开展，越来越多的人认识到了职业礼仪也是重要的生产力元素，积极开展礼仪德育。在河北省高碑店市，受多年来中小学坚持不懈开展国学及礼仪教育的影响，很多企事业单位纷纷开展职工读诵及礼仪教育。该市鑫华新采暖公司一改过去以制度管人、用惩罚追究责任的做法，转而以诵读《弟子规》作为突破口，开始了"以礼治厂"的人性化的管理。该厂以中华传统文化朴素的做人准则来教育职工，使职工不愿去违反规定，而不是过去的"不敢"。每天上班前，公司2000多名职工集聚多功能厅，全体起立，齐诵《弟子规》。工人们在耳熟能详的基础上，结合实际开展讲心得活动，对照《弟子规》，审视、检点自己的言行，然后以演讲的方式向大家陈述。其中有一名女职工讲到，她结婚18年了，没向婆婆叫过一声"妈"，当她学了《弟子规》，向婆婆喊出第一声"妈"的时候，年迈的婆婆竟然老泪纵横！职工们像对待亲人一样对待同事，像爱护自己的家一样爱护公司，像感恩父母一样感谢他们的老板。公司路边的垃圾有人默默捡起，车间里的设施有人主动修好。公司内安静有序，职工敬业知礼，程序规范，积极主动，形成了一种特有的企业文化。目前，该公司与教育系统的联系日益密切，一是每年主动出资数十万元为全市中小学生提供读诵教材，二是公司本身正在转化为重要的教育资源。2009年12月，公司董事长贾树军为全市200余名中小学校长举办专场报告，介绍国学及礼仪教育的理念与方法；2010年1月，高碑店市教育局组织全市校长、德育处主任和教育局机关公务员赴企业实地考察，感受企业文化，反思教育理念。通过活动，这些资深的教育工作者深受触动，深有启发。高碑店教育局负责中小学德育工作多年的于桂霞认为，企业也可以成为重要的教育资源。加强企业与学校的互动，既可以发挥学校的文化高地作用，又可以挖掘企业资源为中小学生服务。应创造条件，把鑫华新采暖公司这样的企业建设成中小学德育实践活动基地，进一步凝聚企业与学校的教育合力。

（3）开展礼仪德育进社区活动

社区应成为礼仪德育实践活动的重要平台。如深圳市开展了"社区有礼"实践活动，以创建文明家庭、学习型家庭为载体，通过组织"礼仪进万家""美德在我家""做合格父母、育文明新苗"等活动，弘扬家庭美德，倡导文明新风；辽宁省朝阳市喀左县大城子街道开展了文明家庭、文明楼道、文明庭院、文明社区创建活动，组建礼仪宣讲团，开办"文明礼仪知识大讲堂"，组织"我心目中的社区文明礼仪"座谈会，制定《社区居民文明公约》《楼组公约》等礼仪规范，同时树立文明礼仪典型，积极创建文明礼仪社区、文明礼仪楼院（小区）、文明礼仪楼道、文明礼仪家庭等。

4. 重视传统节日和重大庆典活动中的礼仪德育

利用传统节日开展民族礼俗教育，是社会礼仪德育的一种好形式。每一个民族都有自己的节日和独特的礼仪习俗。我国是一个多民族国家，也是一个传统节日多样的国家。生生不息的传统节日有着自己强大的生命力，已经成为民族的生存方式之一，也是民族生活的礼仪盛典。节日期间，民族的风情礼俗、文化风貌、民族歌舞、民间工艺等均以"集锦"的形式得到充分的展现，具有极强的教育感染力。传承和发扬传统节日中的礼俗文化，不仅可以弘扬民族精神，增进民族认同感，加强民族团结，而且还可以凝聚海内外华人，增强炎黄子孙的自尊心、自信心和民族自豪感。为此，国务院于2007年12月16日正式颁布修订后的《全国年节及纪念日放假办法》，将清明、端午及中秋三个传统节日列为法定假日，就是保护传统节日和传统礼俗文化的一种有效手段和措施。同样道理，春节是中国人民最重要的传统节日。每到春节，党和国家领导人都会走到群众中间，察民情，问冷暖，和群众一起过年。近年来，习近平分别和北京市民一起贴福字、包饺子、拉家常；在四川汶川县映秀镇与当地群众一起打酥油茶、炸酥肉、磨豆花；与河北张家口市张北县群众一起炸年糕、分享当地节令美食"开口笑"；与江西井冈山的村民一起打糍粑；自己出钱为陕西延川县文安驿镇梁家河村的村民采购饺子粉、大米、食用油、肉制品以及春联、年画等年货；在内蒙古锡林浩特市宝力根苏木（乡）冬季那达慕"五畜祈福"仪式上亲自祈福，祝福来年风调雨顺，五畜兴旺，人民幸福安康等①。

庆典，是对各种庆祝仪式的统称。当今社会，随着人们经济生活水平的不断提高，各行各业举办的周年庆典、荣誉庆典、节日庆典等各种庆典活动也越来越多。一般来说，一些重大的社会庆典活动，具有参加人员多、涉及面广、社会影响大的特点，堪称绝佳的礼仪德育机会。每当中华人民共和国成立逢五周年、十周年之际，我国通常在天安门广场举行盛大的阅兵典礼和群众游行，堪称振奋民族精神、激发爱国热情的重大举措，对于鼓舞和激励全国各族人民团结奋斗、开创美好未来具有重要现实意义和深远历史意义。

发挥传统节日和重大庆典活动的礼仪德育作用，要注重政府、民间、媒体和商家协同配合。在历史上，我国的传统节日礼仪主要依靠民间力量自发地延续与传承，通过祖辈的言传身教实现代际传递，具有很大的局限性。例如，对于礼节和仪式的执行，难免在相传过程中有所遗漏；对于节日的文化内涵，由于传播者的素质、水平的限制，也难免产生歧义、有失偏颇。因此，在中国特色社会主义进入新时代的今天，政府有必要运用行政资源来引导、支持、帮助民间力量，促进节日礼仪文化的保护、传承和发扬；媒体则应利用其发达的传播媒介，指引正确、积极的舆论导向，通过多种途径向民众宣传学礼、知礼、守礼、行礼的优良传统；商家在参与节日经济的同时，要注重培育和渲染传统节日的礼仪文化氛围，形成良性互动，在传承和延续我国的传统节日礼仪的同时，充分发挥节日礼俗的教育作用。

---

① 中央广电总台央视新闻：《习近平的新春牵挂》，2019 年 2 月 4 日，CNR（http：// news. cnr. cn/native/gd/20190204/t20190204_ 524503358. shtml）。

四　网络—礼仪德育的拓展

（一）网络礼仪德育的地位和作用

"网络礼仪"是从英语 Netiquette 一词翻译而来，由网络（Network）和礼仪（Etiquette）组合而成①，意思是指人们在网上交往活动中形成的礼节和仪式，或者理解为人们在虚拟空间交往时所应遵循的礼节，是一系列使人们在网上有合适表现的行为规范。有人说：如果不学习网络礼仪便上网冲浪，就如同在国外还未了解车辆是靠左行还是靠右行便开车上路一样，风险非常大②。

1. 网络社区的兴起与发展

20 世纪 90 年代新经济的鲜明特征是网络化。随着网络时代的到来，90 年代后期，虚拟社区和网络社会进入人们的研究视野③。有社会学家、人类学家认为在现实社会之外出现了一个网络社会（network society），也有人叫它网络社区或网上社区。在网络社区，人们的交往空间不再具有地域含义，而是变成了一个数字化技术支撑下的虚拟空间。我国 1994 年接入互联网，1996 年"网易"建立了我国第一个虚拟社区，从此国内许多网站都有了自己的虚拟社区。据国家网信办发布的《第 44 次中国互联网络发展状况统计报告》，截至 2020 年 6 月，我国网民规模达到 9.40 亿人，较 2020 年 3 月增长 3625 万人，互联网普及率达到 67.0%，较 2020 年 3 月提升 2.5 个百分点④。网络社区呈持续迅猛发展态势，在人们的生活中扮演着日益重要的角色。在以文明、和平、发展、和谐为主流的信息社会，越来越多的人类活动迁移到了网络空间，网络聊天、网上交友、网络商务、远程教育、远程医疗等活动越来越普遍，正在改变并将进一步改变人们的生存方式。日益拓展的网络社

---

①　周寰：《点击网络文明》，中国城市出版社 2001 年版，第 288 页。

②　李树青、王贺兰：《礼仪课堂》（中学版），河北少年儿童出版社 2005 年版，第 131 页。

③　杨立雄：《从实验室到虚拟社区：科技人类学的新发展》，《自然辩证法研究》2001 年第 11 期。

④　中华人民共和国国家互联网信息办公室：《第 46 次〈中国互联网络发展状况统计报告〉》，2020 年 9 月 29 日，中国网信网，http://www.cac.gov.cn/2020-09/29/c_ 1602939918 747816. htm。

区，日益复杂的网民结构，日益深刻的网络影响，使网络道德、网络礼仪等问题成为新的时代性课题。

2. 网络交往的双重影响

网络虽然是一个虚拟空间，但网络交往并不完全是虚拟的。网络交往是现实交往的延续和有益补充，对现实生活具有双重影响。

一方面，网络交往具有现实交往所不可比拟的优势。网络交往的空间是特殊的网络空间，这就超越了时空限制，扫除了传统人际交往中人们由于社会地位、文化层次、生活方式，以及年龄、性别、职业等方面的差别所导致的交往障碍，像一座四通八达的立交桥，让人们轻松地跨越时空，建立起普遍、多样的人际关系，比现实交往更为开放和多元。同时，网络交往由于扫除了空间障碍，比现实交往更自由、更隐蔽，并通过视频、音频等媒介产生一定的真实性，客观上可以帮助人们摆脱一时的现实苦恼和困惑，找到一时的精神寄托。另外，由于网络没有中心，没有直接的管理者和领导机构，没有等级和特权，每个网民都有机会成为中心，这就使得在网络交往的过程中人与人之间的地位趋于平等，个体的平等意识、权利意识得到进一步增强。

另一方面，网络交往是一把"双刃剑"，对现实交往也构成一定的威胁。网络交往是借助人机对话的方式进行的，具有间接性和匿名性的特点，使得外部力量难以对网民行为形成有效的外在约束。由于网民行为主要依靠自我管理、自我调节，容易出现网民的网上行为失范，或者产生网络与现实中的双重人格，甚至出现虚假交往、网络欺诈等行为和现象。同时，网络交往中虚拟化的交往方式，使得一些网民抱着游戏的心态参与交往，加剧网络交往中的信任危机并影响到现实环境中的交往行为，引起现实社会的信任危机。也有人过分沉溺于虚拟世界，不愿直面现实，与现实生活日益疏离，进而造成现实社会的人情日益淡漠等。

3. 网络礼仪德育的意义和价值

作为培养学生礼仪素质的新途径，网络礼仪德育既包含网络礼仪应作为礼仪德育的内容，又包含网络应作为礼仪德育的实施渠道。

（1）将网络礼仪作为礼仪德育的重要内容，是帮助青少年学生正确使用和对待互联网的需要

青少年学生由于人生观、价值观尚未完全成熟，自控能力欠缺、认知能力有限、自我意识强烈，为此成为网络成瘾的多发人群。相当数量的受

教育者由于过度使用互联网，导致明显的行为失控和社会、心理功能损害，不仅影响了正常的学习、生活和人际交往，而且也对家庭和社会造成了巨大危害。通过开展网络礼仪德育，可以运用多种方式指导受教育者文明参与网络活动，矫正不良网络行为，养成良好的上网习惯，帮助他们学会正确使用和对待网络。

（2）将网络礼仪作为礼仪德育的重要内容，是促进受教育者个性全面发展的需要

网络礼仪是网民个体在网络社区生活并参与网络活动的基本准则。因此，深入开展网络礼仪德育，必然有助于促进网民个体特别是青少年网民的个性发展。通过网络礼仪德育，可以强化网民的自主意识和独立意识，使之不断调节外在行为和内心世界，以适应网络交往的需要；教育学生网上网下行为一致，可以减少"双重人格"的困扰，有助于形成健全人格；还可以培养学生广泛的兴趣和爱好，最大限度地开发学生的个性潜能。

（3）以网络礼仪作为礼仪德育的切入点，便于有效开展网络道德建设

网民身处网络空间，对网络生活有着更高的精神追求，普遍渴望营造充满友爱、真诚、尊重、理解、宽容、互助、温馨的网络社区生活环境。然而，由于多种原因，目前的网络环境中却充斥着网民价值判断错位、道德观念扭曲、人格冲突严重、网络犯罪增多等问题。由于网络的虚拟性和间接性等特点，网络道德建设缺乏强有力的外部制约机制。而通过开展网络礼仪德育，可以引导网民自觉践行网络礼仪，有助于激发网民的行为自律意识，促进网络道德建设。

（4）依托互联网加强礼仪德育，有助于营造健康、向上、和谐的网络环境

网络社区具有鲜明的交互性。教育者通过微信、微博、QQ、论坛等渠道介入网络社区，既能够以正确的观点、恰当的网络行为来发挥引领和示范作用，又可以清楚地了解网民的真实情感和思想困惑，进而在解决问题的过程中凝聚力量，还可以及时制止和纠正不恰当的网络行为，及时批判和揭露错误的甚至反动的思潮和言论，进而营造健康、向上、和谐的网络环境。

（二）　网络礼仪德育的实施策略

1. 正确处理虚拟与现实的关系

网络礼仪德育的实施过程中，要正确处理虚拟与现实的关系。既要坚持虚拟与现实相一致，又要坚持虚拟与现实相区别。

（1）坚持虚拟与现实相一致

虚拟与现实相一致，也就是网络礼仪德育与现实礼仪德育在教育原则、教育方向上要保持一致。这是建设网络礼仪文化、加强网络礼仪德育的首要前提。网络礼仪实际上是一个虚拟命题。网络礼仪概念的提出，并不意味着一种全新的礼仪文化的出现，而是强调在传统社会中形成的礼仪文化在虚拟社会有了不同的表现。也就是说，网络礼仪是因网络空间的出现而提出的新要求，它虽与植根于现实空间的礼仪文化有所不同，但二者却具有相同的本质和精神。决不能片面强调网络礼仪完全不同于现实社会的礼仪，进而认为网络礼仪建设要另立门户、从头做起，制造网络礼仪与现实生活礼仪的分立甚至对立局面。网络礼仪德育应立足于发展既有礼仪文化，利用既有的礼仪文化的一般原则培育网络礼仪的生成、运行机制和网络礼仪规范体系，通过协调既有礼仪文化与网络礼仪文化之间的关系，使之整体发展为更高水平、更高文明程度的人类礼仪文化。因此，现实世界中人与人之间的相互尊敬、以礼相待，在虚拟世界同样不能缺少。

（2）坚持虚拟与现实相区别

虚拟与现实保持一致，并不是将虚拟与现实完全画等号。网络礼仪是与网络社会相适应，在网络交往中形成的，具有不同于现实礼仪的特点[1]：一是虚拟性，网络信息依靠数字化来传输，网络礼仪的表达受到网络技术的制约，具有虚拟性。现实生活中表示礼仪的方式，如微笑、握手、敬礼等，在网络社区只能是符号化。为此，网络礼仪是一种符号礼仪、虚拟礼仪。二是强制性较弱。一般来说，现实生活中的礼仪具有一定的强制性，在某些场合"必须"执行。然而，由于网络社会的独特性，使得网络行为主体具有更强的自主性和更高的自由度，网络礼仪和规范在很大程度上只是一些"建议"，缺乏有效的制约和监督。三是普遍性。网络礼仪具有普遍意义，要求网民遵从一致的"格式"，认同一致的行为方

---

[1]　周寰：《点击网络文明》，中国城市出版社 2001 年版，第 292—293 页。

式，这种遵从和认同不仅限于一般意义上的"可以理解"，而是要求大家共同遵守。

坚持虚拟与现实相区别，也就是网络礼仪德育与现实礼仪德育在教育内容、教育方法等方面要有所区别。

（1）要教育引导受教育者自觉践行网络礼仪

通过多种渠道帮助受教育者掌握网络礼仪规范，使之做到文明使用网络，自觉维护网络秩序，在享用网络资源的同时，争当网络文明的使者。

（2）要教育受教育者分清虚拟和现实

网络交往具有虚拟性。一是交往主体具有虚拟化倾向，网友一般不以自己真实姓名和身份进行网络交往，并且往往随心所欲地扮演各种网络角色。二是交往情感也具有虚拟化特征，在网络交往中，口是心非的现象比比皆是。要教育受教育者不能轻信虚拟情境。据香港小童群益会的调查显示，48.6%的网友承认在网络上曾向朋友撒谎，或用另一身份结交朋友①。虚拟化的主体和虚拟化的情境，必然造就虚拟化的情感氛围，由此带来的情感体验也就带有较强的理想主义色彩。如果轻信虚拟情境，将虚拟情境带到现实生活中来，把网络交往转化为现实交往，有可能导致不应有的伤害后果。

2. 加强网络监管，强化网上行为监督与制约

对互联网进行必要的管控已成为世界性的趋势。西方国家普遍将网络空间界定为一种法律调整的新型空间和媒介，并采取有针对性的管控措施。在德国，警察局、检察院、税务局等部门设有专门机构对网络色情等行为进行监控。在瑞士，国民一旦遇到网络违法经营行为，第一反应往往是联系律师，向法院起诉②。英国政府一是将网络媒体视同为平面媒体，适用相同的法律；二是大力推进网络监管治理的法律体系建设，对网络内容分类标准予以详尽规定：将煽动种族仇恨等网络内容明确为"非法内容"加以惩治，将虽不违法但有可能引起用户反感的内容进行分级和标注等。新加坡则制定《网络行为法》《互联网操作规则》等法律法规，对互联网行为进行严格管理③。韩国大力开展减少网上暴力、推进网络礼仪

---

① 陈昌灵：《青少年网络交往行为分析及其引导》，《思想理论教育》2003 年第 1 期。

② 上海市工商局浦东新区分局赴欧考察团：《构筑五项基础 加强网络经营监管——德国、瑞士网络监管的启示》，《中国工商管理研究》2005 年第 12 期。

③ 刘恩东：《国外对网络内容的监管与治理》，《理论导报》2019 年第 6 期。

的活动，[①] 不但在大中小学开展网络礼仪德育活动，开展"对自己行为负责"的国民运动，而且强调制定网络行为规范和具有可操作性的法律法规。

我国应不断完善互联网立法，采取积极措施加强青少年网络礼仪、网络道德教育。要根据具体情况和现实条件，制定有针对性的网络礼仪和网络道德约束机制，通过利益调控、制度约束、法律制裁等强制措施和手段来促进网络礼仪、网络道德教育工作的实施。如建立《校园网文明公约》《学生网络违纪处理办法》《网络礼仪规范》等制度，在一定范围和人群中营造自觉遵循网络礼仪的环境和氛围。

3. 注重示范和引导，营造浓厚的网络礼仪文化氛围

网络礼仪作为一种缺乏有效制约机制的行为规则，主要依靠网民的自觉遵守来发挥作用，这就决定了对网络礼仪德育要大力加强引导，尤其要发挥好教师、家长和各界有识之士的榜样和示范作用。教师、家长和各界有识之士应积极主动学习网络知识，了解网络礼仪，自觉提高自身的网络礼仪和网络道德修养，做青少年网民的表率。只有掌握了网络工具，教师、家长才能与受教育者基于同一的网络平台进行交流，并有针对性地引领和示范网络礼仪，营造良好的网络文化氛围。有条件的学校、社区和网站还可以组织青少年举行适合的网络礼仪专题教育活动，如发帖竞赛、博客竞赛等，为网上言论提供示范和引导。

4. 重视网络社区的发展与投入，开展特色化网络社区建设

由于网络社区兴起的时间还比较短，我国网络社区建设目前还存在一定的自发性和盲目性。国家应进一步加大网络社区建设与管理力度，通过资金、技术等方面的扶持，引导网络社区进一步朝着服务和教育的功能发展，引导网络社区建设中创品牌、出精品、有特色。

总之，建构礼仪德育的实施体系，必须坚持整体思维，注重发挥各教育渠道的不同功能和独特作用。只有遵从青少年身心成长规律和教育发展规律，充分考虑礼仪和礼仪文化的固有特点，构建学校、家庭、社会和网络"四位一体"的育人体系，礼仪德育的目标才能顺利实现。

---

① 沈林：《韩国注重网络礼仪 提倡文明用语关闭非法论坛》，《环球时报》2006年1月19日。

第八章

礼仪德育评价

　　"有什么样的评价指挥棒，就有什么样的办学导向"，因此，要"从根本上解决教育评价指挥棒问题，扭转教育功利化"①。2020 年 6 月 30 日，中央全面深化改革委员会第十四次会议审议通过《深化新时代教育评价改革总体方案》②，为深化教育评价改革指明了方向。改进结果评价、强化过程评价、探索增值评价、健全综合评价，建立科学的、符合时代要求的教育评价制度和机制，成为新时代教育评价改革的目标追求。因此，新时代礼仪德育应树立科学的评价观，并将评价作为改进实践、促进发展的重要环节，以彻底远离"只问耕耘不问收获"③、高投入低成效的德育发展怪圈。

一　礼仪德育评价的基本要素

　　礼仪德育评价是在一定的价值观引领下，依据一定的标准，通过一定的方法和手段，对礼仪德育实践及其结果进行价值判断，为改进实践、优化决策提供依据的过程。根据辩证唯物主义价值观，价值是客体对主体特有的效用，是客观事物本身的效用性与人们主观需要相结合的产物，兼具主观性和客观性。客观事物较好地满足人们的主观需要，就被视为价值大，反之则被视为价值低或价值小。礼仪德育评价就是衡量礼仪德育价值

---

① 《习近平谈治国理政》（第三卷），外文出版社 2020 年版，第 348 页。
② 新华社：《中央深改委审议通过〈深化新时代教育评价改革总体方案〉》，2020 年 7 月 1 日，中国教育在线，https://www.eol.cn/news/yaowen/202007/t20200701_1736125.shtml。
③ 鲁洁、王逢贤：《德育新论》，江苏教育出版社 1994 年版，第 551 页。

的过程，包含评价主体、评价对象、评价中介等要素①。

（一）礼仪德育评价主体

探讨礼仪德育评价主体，要解决的是谁来评的问题。传统的教育评价是一种以管理主义为指针、自上而下进行的评价，由评价的组织者和实施者（通常是政府、学校管理者和教师）作为单一的评价主体，将被评价者完全置于被动地位，将其他利益相关者均排除在外，为此难免带有较强的主观色彩，也必然导致评价结果片面化。礼仪德育评价应坚持多元主体全面参与原则，在学校或职能部门统领下，将学生、家长、社会群体等利益相关者整合为"利益共同体"参与到评价过程中，加强多元评价主体互动，以提高评价的可靠性和有效性。

1. 学生评价主体

在传统的教育评价活动中，学生作为受教育者，通常只是作为被评价者，处于被动地位。对于学生是否作为评价主体，至今仍有不小的分歧②。有学者指出，现代教育评价讲求评价主体多元性，主张评价者与被评价者人格平等，评价者应由多方人员组成而非只有少数"权威"，重视被评价者的自我评价，这些虽具有合理性但人格平等与知识平等、评价权力平等不是一回事，要维护评价的权威性和评价者的中心地位③，这成为学生由评价对象向评价主体转变过程中的思想障碍。但教育现代化是大势所趋，每个学生都应当作为礼仪德育评价的主体，以便对自己的成长过程和学习成效有更深入的了解。这也是由学生在教育关系中的主体地位决定的。缺失学生主体的礼仪德育评价，不利于礼仪德育健康发展。

尊重学生在礼仪德育评价中的主体地位，要注意以下几点。

（1）切实重视学生个体的自主评价

自主评价是学生自觉的检查、反思与完善，是学生作为教育主体所固有的能动性、自主性和创造性在评价过程中的体现。学生自主评价的核心是正确评价和反思自己。传统的教育评价忽视了学生的主动性、能动性和创造性，"权威"的评价者过于追求外部价值取向，将学生视为实现社会

---

① 肖新发：《评价要素论》，《武汉大学学报》（人文科学版）2004 年第 5 期。

② 刘五驹：《学生作为教育评价主体的意义分析》，《教育导刊》2012 年第 3 期。

③ 胡中锋、董标：《教育评价：矛盾与分析——在基础教育新课程改革的观照下》，《课程·教材·教法》2005 年第 8 期。

和他人愿望的工具，置于被动的客体地位，容易导致学生的厌倦、逆反甚至对抗。礼仪德育评价要尊重学生的主体地位，顺应其主体心理，切实发挥其主体作用，才能调动其主体积极性，通过自我检查与反思、自我教育与完善来努力建构自身的礼仪素质，真正成为自己的主人。

（2）让学生群体在自主互评中共同进步

学生主体的自主评价不仅指个体评价，也指群体评价，也就是同学之间的相互自主评价。要切实培养学生的主体责任意识，倡导学生的自主管理、自主发展，提高全体学生的主体意识，激发每一个学生的内在潜能。通过相互之间对礼仪意识、礼仪行为和习惯方面进行评价，可以让学生们在民主、平等的氛围中取长补短、共同提高。

（3）统筹协调学生自主评价与礼仪德育其他主体评价之间的关系

要切实坚持多元主体，无论是在学校教育、家庭教育还是社会教育的过程中，都要充分尊重学生的评价主体地位。但要坚持辩证的观点，不能过于强调学生自主评价的重要性而忽视其他评价主体的作用。要对多元主体进行统筹、整合，以使各个评价主体充分发挥其在礼仪德育评价中的作用。

2. 学校礼仪德育评价的其他主体

学校的每位教师都应当在担负礼仪德育评价主体的同时，善于反思自身的显性或隐性礼仪德育实践，在帮助学生健康成长的过程中不断提高自身的专业化水平。

（1）要将礼仪德育教师作为礼仪德育评价的首要依靠力量

礼仪德育教师直接承担学校礼仪德育任务，并因学校作为文化高地的地位而对家庭和社会礼仪德育具有引领、整合与示范作用，因此，礼仪德育教师当之无愧应作为礼仪德育评价的第一主体。

（2）其他科任教师也是礼仪德育评价的重要依靠力量

每一位任课教师都与学生密切接触并言传身教，对学生礼仪素质培养具有重要责任。各科任教师要根据平时学生课上表现、课下举止以及参加社会实践活动的表现等方面，担当好礼仪德育评价主体的责任。

（3）班主任、辅导员、校领导以及校园中的其他利益相关者也是不可忽视的礼仪德育评价主体

在全员育人环境中，班主任、辅导员因工作岗位职责而在礼仪德育评价中处于得天独厚的优势地位。学校的其他管理者、教辅人员等，也应发

挥好礼仪德育评价主体的作用。

3. 家长是家庭礼仪德育的首要评价主体

世界各国普遍重视家校合作。家长既是家庭礼仪德育的主要践行者和评价主体，也对学校礼仪德育具有监督、反馈、支持和帮助作用。

家长作为礼仪德育评价主体，主要承担以下职责：

家长应对学生在家庭生活中的礼仪表现进行评价，并将评价情况在与学生做民主沟通、平等交流的基础上反馈给学校。

家长根据学校和学生反馈的情况，知悉学校礼仪德育状况并进行客观评价，提出意见建议以利于学校改进。

家长作为评价主体不仅要致力于促进学生发展、改进学校礼仪德育实践，也要自觉对标和反思，不断提高自身礼仪素质。

4. 社会评价主体

世界各国对于社区在儿童和青少年成长过程中的作用越来越重视。社区相关人员与教师、家长等必然按照某种规则进行交流与合作，成为礼仪德育利益共同体的重要部分和礼仪德育评价的主体。

社区评价主体主要协调儿童和青少年与社区环境之间的互动，在与教师、家长的交流合作中完成礼仪德育评价任务。具体包括：

（1）收集整理儿童和青少年在社区生活中的行为表现，对其礼仪素质高低做出判断

通常情况下，处于思想和行为养成阶段、礼仪素质尚不稳定的中小学生，在学校的行为表现要优于家庭和社会。社区相关人员既是社会礼仪德育的教育主体，也是礼仪德育的评价主体，应担负起协调延续学校和家庭礼仪德育、促进儿童和青少年与社区环境良性互动、为学校和家庭提供反馈信息的责任。

（2）在礼仪德育评价过程中改进社区建设，为儿童和青少年成长提供良好的环境

社区礼仪德育评价也是评价主体与评价对象之间的双向互动。通过"小手牵大手"，儿童和青少年在学校礼仪德育过程中所形成的礼仪知识和良好礼仪习惯，可以反哺社区环境。这一过程需要通过礼仪德育评价来完成。

5. 来自专业机构的第三方评价主体

礼仪德育实践需要专业指导，因此相关专业机构应作为相对游离于礼

仪德育利益共同体之外的第三方机构，担负礼仪德育评价的主体责任。从现实情况看，第三方评价主体主要由来自各级文明办、教育行政部门、教研机构、各级各类学校等的教育专家来共同担任。

（二）礼仪德育评价对象

传统的教育评价往往将评价对象简单指认为教育活动或者教育过程，将评价对象简单化，难以达到应有评价效果。参照思想道德教育评价的研究成果①，本章将礼仪德育的评价对象归结为由四个方面构成的评价域。

1. 对礼仪德育决策部门的评价

这里的决策部门，大体可以归结为两类，一是教育行政机关，二是各级各类学校。

（1）教育行政机关

各级教育行政机关对礼仪德育负有决策、组织实施、检查和督导责任，对礼仪德育实践的全局有着决定性影响，为此有必要作为首要的礼仪德育评价对象。例如，从教育系统的最高管理层来看，教育部通过我国基础教育课程改革将课程体系划分为国家课程、地方课程和校本课程三级课程体系，礼仪德育虽未被列入国家课程，但早在2010年教育部就已印发《中小学文明礼仪教育指导纲要》②，不仅提出各年级、分学段的文明礼仪教育要点，还要求通过课堂教学使学生全面了解文明礼仪，通过学校日常管理强化学生文明礼仪意识，通过丰富多彩的校园文化活动营造文明礼仪氛围，通过社会实践活动使学生践行文明礼仪，通过教师模范行为引领文明礼仪等，同时从保障机制、长效机制、资源开发与利用、督导与评价等方面对组织实施进行安排部署。这在决策上是及时的，也在实践上掀起了我国礼仪德育的新高潮。针对该文件精神的逐级落实情况，有必要对各级教育行政部门进行专项督导与评价。

（2）各级各类学校

学校是教育活动的直接组织者，不但拥有自觉贯彻落实上级精神的权利和义务，也拥有自主研发校本课程的权利。学校的决策和组织情况，直

---

① 项久雨：《思想道德教育价值评价的主体与客体》，《南京师大学报》（社会科学版）2002年第5期。

② 教育部：《中小学文明礼仪教育指导纲要》，2010年12月30日，教育部网站，http://old. moe. gov. cn/publicfiles/business/htmlfiles/moe/s3325/201101/114631. html。

接决定着本校是否开展以及如何开展礼仪德育。因此，将学校列为礼仪德育评价的对象并做出正确评价，具有十分重要的意义。

对教育部门和学校进行礼仪德育评价，主要是对影响全局的指导思想、决策部署、制度管理和人员条件等方面进行评价。例如，是否有礼仪德育发展规划，是否有对礼仪德育实践的检查、督导情况；相关制度和规定是否科学完善；礼仪德育队伍建设以及礼仪德育理论研究情况等。只有搞好对教育部门、学校领导层的评价，才能为礼仪德育提供强有力的正确领导。

2. 对礼仪德育教育者和受教育者的评价

（1）对礼仪德育教育者的评价

教育者是礼仪德育的主导者，也是学生接受礼仪教育、提高礼仪素质的帮助者，始终居于主导地位，发挥着主导作用。为此，对教育者做出正确评价，才能不断提高教育者的素质进而改进礼仪德育实践。对教育者的评价应从以下两个方面入手：一是对教育者的综合素质特别是礼仪素质进行评价。要对教育者的思想政治素质、道德修养、心理品质和礼仪素质等方面做出正确的评价，在此基础上提出教育者素质提高的指导意见，制定切实可行的改进措施，促进教育者素质提高和专业成长。二是对教育者的教育效果进行评价。教育者的教育效果通常直接反映和表现教育者的素质，因此，对教育效果进行科学公正的评价是正确评价教育者素质的必不可少的方面。

（2）对礼仪德育受教育者的评价

对受教育者的评价是礼仪德育评价的中心环节。一方面，评价礼仪德育受教育者，可以确立礼仪德育的前提和起点。礼仪德育归根结底是为了受教育者提高礼仪素质。只有在认真调查研究、切实科学评价的基础上，才能形成对受教育者礼仪素质状况的科学判断，为制订正确的礼仪德育计划打下基础。另一方面，评价礼仪德育受教育者也是对礼仪德育结果的检验。受教育者当前的礼仪素质状况是以往礼仪德育过程的结果，对受教育者的礼仪素质状况做出科学评价，才能准确评价以往的礼仪德育过程。

3. 对礼仪德育过程的评价

一切过程都将带来一定结果，一切结果都是过程的产物。科学、完善合乎规律的礼仪德育过程会带来良好的教育效果，而礼仪德育过程不科学、欠完善必将导致不良后果。因此，必须对礼仪德育过程做出及时有效、全方位立体的科学评价，以便采取及时有效的措施来保证礼仪德育过程科学有序发展。

（1）对礼仪德育计划和方案的评价

科学完善的过程通常是在完备的计划和方案指导下形成的。制订礼仪德育计划和方案是实施礼仪德育的第一步，是整个礼仪德育过程的起点。要对礼仪德育计划和方案进行全面检查和评价，判断教育目标、内容、手段和组织的活动是否科学合理。

（2）对礼仪德育的实体性要素的评价

礼仪德育过程包含教育者、受教育者、教育内容与方法四大实体性要素。要对上述要素进行全面检查和评价，判断其在方向上是否一致、进程上是否协调等。

（3）对礼仪德育的过程要素的评价

礼仪德育的过程性要素大体可概括为教育目标、教育活动、教育结果三个方面。要对上述过程要素进行全面检查和评价，看是否形成了良性循环。

4. 对礼仪德育效果的评价

礼仪德育是一项社会系统工程，评价工作涉及方方面面。因此不仅应在礼仪德育系统内、系统间对其进行效果评价，还要放在历史发展的进程中来评价现时的礼仪德育效果。

（1）礼仪德育系统内进行评价

在整个礼仪德育系统内部，要考虑各个子系统之间是否协调并形成了合力，如要判断礼仪德育的内容、方法、途径等是否与礼仪德育目标保持一致，礼仪德育是否与其他学科教学及学校管理工作相结合等。

（2）在礼仪德育系统与社会大系统的关系中进行评价

礼仪德育是整个社会大系统的一部分。礼仪德育的最高境界是全员、全社会都成为合格的礼仪德育教育者，由此形成微观的礼仪德育系统与社会大系统之间的教育合力。具体做法上，既要考察礼仪德育系统是否很好地吸收了来自社会大系统中的积极因素，抵制和排除了消极因素，又要考察学校、家庭、社区及社会大环境之间是否形成了立体的教育网络，能够从各个角度对受教育者施加礼仪德育影响。

（3）在历史发展的过程中进行动态评价

任何事物都是一个历史发展的进程，礼仪德育也一样。因此，评价礼仪德育效果需要考察现时的礼仪德育是否符合其所处的历史阶段，是否延续了历史上的优良传统并保持连续性，是否始终坚持正确的目标导向并由浅入深、由低到高、循序渐进实现了礼仪德育的良性循环；是否遵从教育发展规律并按照受教育者的身心特点及发展阶段性，针对受教育者的实际情况有重点、有步骤地开展教育，使礼仪德育呈现螺旋式上升的发展态势。

（三）礼仪德育评价中介

礼仪德育评价主体与评价对象之间需要由某种中介来联结，才能完成评价过程。虽然主体的评价活动需要有物质层面的中介，但由于评价的本质是对事物的"合目的性"进行判断，因此更重要的是精神层面的中介。

1. 礼仪德育评价标准

礼仪德育评价的精神中介中，最重要的是衡量是否有"合目的性"的价值标准，这一价值标准必将变成衡量客观对象的主观尺度，也就是评价标准。评价标准是评价的依据。没有评价标准，任何评价都将无法进行。评价标准虽是一种主观尺度，但这一尺度必须具有科学性、合理性和先进性，切忌盲目性和随意性。因此，制定礼仪德育评价标准应坚持以下原则。

（1）目的性与规律性的统一

礼仪德育评价实质上是对礼仪德育的"合目的性"进行判断，基础工作是检验礼仪德育实践是否符合礼仪德育的预设目标，并通过评价结果来反馈于礼仪德育目标，进而对礼仪德育的预设目标体系进行校正。在这一过程中，无论是评价标准的制定还是礼仪德育目标的确立，都要遵循礼仪德育自身固有的内在规律以及教育与经济、社会发展相适应的规律。

（2）相对性与绝对性的统一

礼仪德育评价标准具有相对性，这从根本上是由运动的绝对性决定的。随着社会的发展进步，礼仪德育无论是内涵还是表现形式都随之发生变化，评价目的也必然有所改变。因此，人们会根据时代发展和形势变迁不断调整完善礼仪德育评价标准。同时，礼仪文化具有多样性，这就决定了礼仪德育评价标准在不同地区、不同人群中应有所调整，即便在同一地区的不同学校或者在同一学校内部针对不同班级和人群，评价标准也应有所区别。如果千篇一律执行完全相同的标准，非但不能达到预期目标，甚至有可能适得其反。

礼仪德育评价标准的相对性并不排斥绝对性。所谓绝对性，指的是客观性、无条件性、普遍适用以及不可改变性。礼仪德育评价标准具有相对性，但礼仪德育评价本身具有绝对性，这种绝对性是客观的、不以人们的意志为转移的、由礼仪德育评价的内在规律性所决定的。

坚持评价标准的相对性与绝对性的统一，就是在坚持评价的根本方向、目标的前提下，坚持从实际出发，实事求是，具体问题进行具体分析。

（3）多样性与主导性的统一

礼仪德育是个社会系统工程，多元教育主体、多元评价主体必然决定了礼仪德育评价标准的多样性。但这并不意味着放任自流，而是应当加强主导。礼仪德育评价标准的主导性，首要的是价值观的引领，要始终坚持把社会主义核心价值体系作为礼仪德育评价的根本原则。在具体操作层面上，要有评价主体方面的主导、评价内容方面的主导等，要把评价的主导权牢牢掌握在党和人民的手中，确保礼仪德育评价不偏离方向，始终在正确的轨道上运行。

如果片面强调多样性而忽视主导性，礼仪德育就会陷入众说纷纭的怪圈，有悖于礼仪德育的规范性，失去礼仪文化应有的感召力和凝聚力。如果只强调主导性而抹杀多样性，礼仪德育有可能失去群众基础，最终流于形式。只有将二者结合起来，才能发挥礼仪德育评价的应有功能，推动礼仪德育健康有序发展。

2. 礼仪德育评价方法

礼仪德育评价的前提是收集信息，评价过程就是信息加工和处理的过程，评价结果及其反馈则是发布信息。整个评价全程都离不开信息，因此，如何收集、传递、加工信息，就成为礼仪德育评价方法应着重考虑的问题。应广开信息收集渠道，开发运用多种评价工具，并以量化评价与质性评价相结合的方法来进行评价。

（1）广开信息收集渠道

应进一步增加信息收集的观测点。礼仪德育评估应打破传统的以查阅资料为主的评估方式，走进被评价者活动的不同地点去采集信息。学校可作为主要的信息观测点，同时也不忽视家庭和社区观测点的选取。应着重考虑被评价者的主要活动地点，观测点要尽量信息量大、有代表性，从观测点采集到的信息可以覆盖评价指标体系。

（2）研发并利用好多样化的评价工具

在每一个观测点，评价的组织实施者都要提供评价工具包，如观测记录表、调查问卷等。评价工具包的研制应发挥专门机构、专业人员的作用，以增加评价工具的有效性和评价信度。要选取评价指标体系中最重要、最具代表性的评价要点并加以分解、细化，形成科学、适用的评价工具来完成信息采集。

（3）以质性评价为主，量化评价为辅

量化评价是指按一定的量化标准来进行价值判断的评价方法。传统评价一度认为量化评价是比较科学的评价方法。但由于教育领域的很多因素是不可量化的，为量化而量化显然是欠科学的。即便有些评价内容可以量化，但量化评价标准的制定以及指标的赋值也很难客观，因此难免出现量化标准欠科学、操作过程欠规范以及由此带来的评价结果欠准确问题。礼仪德育评价的特点决定了量化评价的适用范围比较窄，除考察礼仪知识的掌握情况适合采用量化评价外，其他评价内容应主要通过质性评价来实现。

质性评价是指在自然情境下，采用调查、参与式观察、开放式访谈等形式来收集信息，通过评价主体和评价对象之间的互动进行的评价。相对于量化评价而言，质性评价更为简便易行。在某种意义上，评价者自己就是评价工具，这使得质性评价的客观性遭量化评价拥护者的怀疑、批评，评价效度、信度也被指不够。可见，质性评价和量化评价各有优势与不足，也各自有一定的适用范围和局限性。根据礼仪德育自身特点，以质性评价为主、量化评价为辅应当是一种有效的选择。

二　礼仪德育评价的分类与功能

（一）礼仪德育评价的分类

从不同的角度，依据不同标准，可以对礼仪德育评价进行多重分类。例如，根据对礼仪德育影响的关注维度，分为增值性评价和标准化评价；根据评价功能，分为过程评价和结果评价；根据评价内容的复合程度，分为单项评价和综合评价；根据评价方法，分为质性评价和量化评价；根据评价对象和层次，分为宏观评价和微观评价等。

1. 增值性评价和标准化评价

评价教育影响的方向是多维的。从纵向上进行历史的比较和考察，可知评价对象在一定教育影响下发展变化的过程，进而判断评价对象是否取得进步以及进步的程度。从横向来进行比较和考察，可知评价对象在一定教育影响下、在特定时期达到了何种程度和水平，进而判断这一时期该评价对象在同类人群或同类事物中处于何种位置。从纵向上进行的、能较好地反映评价对象自身成长和发展成就的，是增值性评价；从横向上进行的、能较好地权衡评价对象在同类事物中所处位置的，是标准化评价。

（1）增值性评价

增值性评价将被评价者成长进步的幅度作为衡量标准，评价的是自身进步情况而不是进行横向比较。简单地理解，就是一所薄弱学校、一名后进生或者曾经表现一般的教师，如果在原有基础上取得了较大进步，将在增值性评价中得到较高评价，应予褒奖；相对而言，一所优质学校、一名优秀学生或一位杰出的教育者，虽然各方面都处于前列，但自身取得的进步却不够大或者原地踏步，在增值性评价中得到的评价并不一定高，甚至会遭到批评。

增值性评价具有以下明显优越性：一是增值性评价将评价对象的现在与过去相比较，而不是以相同的尺度或标准进行横向比较，有助于激发相对落后的评价对象的发展动力。二是增值性评价通过对评价对象变化发展情况的系统追踪，能够对评价对象的发展原因、变化轨迹等进行诊断，为评价者找出评价对象存在的问题提供依据，也为过程评价和结果评价打下基础。三是增值性评价的目的是让所有被评价者都能以相同的速率取得进步，比如，让礼仪素质较差的学生和礼仪素质良好的学生在一定时间里都取得相同的进步，这使得学校和教师必须关注每一位学生的成长，因此更能满足评价对象的需求。

增值性评价也有明显的短板。如针对教师的增值性评价注重考察教师个体进步情况，但缺乏对大的社会背景的整体评价视角，这导致处于教师队伍两极的"优秀教师"和"不合格教师"无法得到科学的认定和合理的评价。又如对学生的增值性评价，难以完全胜任遴选和甄别职责等。

（2）标准化评价

标准化评价就是通过观察或者量化考核，对评价对象按照系统的评价标准来进行衡量。标准化评价以一系列评价条目作为衡量标准，评价结果主要表现的是评价对象与评价标准之间的具体差异，并将依据这些具体的差别来对评价对象进行水平上的定位。例如，通过对教师的课堂教学行为进行观察，并根据标准化工具（听课记录表等）来进行信息采集进而提出评价意见，有利于调动教师的课堂教学积极性，激发教师内在的发展潜能。又如，中考、高考、公务员考试、各种执业资格考试等，属于典型的标准化评价，对于人才选拔、甄别等具有较高的效能。

标准化考试也有其明显缺陷。例如，以课堂观察为主对教师进行质性评价，容易受评价主体的主观影响，不同的评价主体给出的评价结论可能存在较大差异，因此造成评价的信度和效度不够。而且，这一评价方法忽视了对教师自身所处的发展阶段、教育环境等因素的评价，因此，老少边穷地区教师、新任教师等弱势群体均在评价中处于明显劣势。再如，选拔性的标准化考试容易导致"一考定乾坤"，不利于落榜者的后续发展，变相制造出新的教育不公平。

（3）礼仪德育评价应坚持增值性评价和标准化评价相结合

对于礼仪德育评价而言，增值性评价和标准化评价各有利弊，但比较适合的是增值性评价，因此应坚持增值性评价和标准化评价相结合，构建以增值性评价为主、标准化评价为辅的礼仪德育评价体系。

2. 过程评价和结果评价

按评价的功能和作用，礼仪德育评价可以分为过程评价和结果评价。

（1）过程评价

过程评价是对评价对象的礼仪德育活动动机、过程、效果三位一体的评价，也就是在礼仪德育实施过程中，通过对评价对象的直观观察，对获取的各方面信息予以即时、动态的解释，最终形成相应的价值判断以及辅助进一步教育决策的活动。过程评价的重点是介入过程管理，以便及时进行调整或纠偏，激励并引导评价对象的教与学行为。它不是脱离教育过程之外独立进行的，而是融合于教育活动过程之中，参与教育价值的建构。过程评价旨在通过评价改进和优化礼仪德育的教与学。

（2）结果评价

结果评价也称总结性评价，大多是在某项教育活动告一段落，也就是一个学期或学年结束时，将教育结果与评价标准做比较。结果评价以预设的教育目标作为评价标准，判断评价对象接近评价标准的程度。

结果评价并不仅限于在活动结束之后进行，在活动中进行的旨在判断活动效果的评价，也属于结果评价。由于结果评价是对活动的最终效果进行评判，以确认评价对象达到评价标准或者教育目标的程度，因此，这种评价方式在我国一直就是比较传统的评价方式。

结果评价具有不可比拟的优势。一是具有广泛适应性，可以适用于教育教学的所有工作，其评价对象具有综合性。如对学生进行结果评价，可以包括对其综合素质、学习能力的评价，也可以包括对其学习成绩的评判。二是具有简便性和客观性。与过程评价相比，结果评价的优点是简便易行、容易操作，评价结果也较为客观，因此在学校教育中被广泛运用。

结果评价也有明显不足。一是对教育过程的调整和纠偏功能受限。由于结果评价是一种后测评价，属于事后评价，对评价对象本身的改进和完善作用相对薄弱，难以及时纠偏和更正。二是结果评价只看结果不问过程，也不关注原因，因此无法体现教育过程中的某些不可比因素，使得评价游离于教育过程之外，甚至与教育教学相脱节。三是结果评价的客观标准是预先设定的教育教学目标，评价的可靠性很大程度上受到这一标准的影响。一旦评价标准或教育教学目标欠完善、不科学或难以检测，评价的可靠性将受到影响。

（3）礼仪德育评价应坚持过程评价和结果评价相结合

过程评价与结果评价是对立统一关系，二者既相互区别又紧密联系。一是二者相互区别，在评价目的、方法方面具有明显不同。在评价信息的处理方式上，过程评价中的任何测试或者其他方式的信息采集，均与评定不发生关联，只是针对教育过程内部提供信息，为教师的教与学生的学提供参考和帮助。而结果评价必然与教育教学效果、学习结果相关联，从中获得判断优劣、划分等级的依据。二是它们之间存在着密切联系，具有优势互补关系，并在一定条件下相互转化。如当结果评价试图找出问题及其原因时，也就具有了过程评价的意义。系统的教育教学评价是过程评价与结果评价相结合，缺一都会影响教育教学评价的有效性，进而削弱教育质量。过程评价与结果评价要相互借鉴，并在评价过程中交叉融合使用。

3. 单项评价和综合评价

按评价内容的复合程度，礼仪德育评价可分为单项评价与综合评价。

（1）单项评价

单项评价是指预先将评价内容分解为若干项目并分别进行评价。如对礼仪德育过程进行评价时，可分为目标是否全面准确，内容是否科学合理并难易适度、多寡适量，教育教学方法是否妥当，教学过程是否高效，教学效果是否明显等方面。

（2）综合评价

综合评价是指对评价内容进行全面、整体的评价。由于综合评价可以反映被评价者的整体状况，因此在礼仪德育评价中处于重要地位。

（3）礼仪德育评价应在单项评价基础上不断健全综合评价

根据礼仪德育的特点，礼仪德育评价要重视单项评价，但更重要的是不断健全完善综合评价。离开单项评价的综合评价必然由于缺乏客观基础而陷入主观，过于强调单项评价则往往有失全面。因此，礼仪德育评价要坚持单项评价和综合评价的辩证统一。

（二）礼仪德育评价的功能

1. 诊断与改进功能

与传统的教育评价注重选拔进而优胜劣汰相比，现代教育评价注重发现问题并分析、解决问题，进而改进教育实践。新时代礼仪德育评价的最主要目的不是甄别和遴选，而是为了改进。因此，诊断和改进礼仪德育实践是礼仪德育评价的首要功能。

所谓诊断，就是礼仪德育评价能够揭示和分析礼仪德育实践中存在的问题，找到问题的原因，进而提出改进意见和建议。通过对整个礼仪德育系统过程的分析，礼仪德育评价将设想的礼仪德育目标、内容、方法与礼仪德育运行中的实际情况进行比较，从而得到信息，并反馈给礼仪德育组织者、实施者等，便于对教育过程进行及时调整，为礼仪德育实践改进什么、如何改进等提供支持，从而促进礼仪德育目标的实现。

发挥礼仪德育评价的诊断与改进功能，要特别注意两个方面：其一，评价的根本目的不是诊断，而是改进。礼仪德育评价的诊断功能是其自身所固有的，诊断结果通常为教育决策提供参考资料。不能将诊断功能简单理解为对教育结果进行评判，更重要的是诊断后的改进。其二，评价的关键是确立适合的评价标准。如何对被评价者在教育教学进程中取得的实际效果进行恰当的诊断，尤其是在超越考试、实操来进行的知识和技能诊断基础上，情感、态度、价值观领域的诊断并不是一件容易事，需要制定切实可行的评价标准。

总之，礼仪德育评价的诊断功能是为了改进，诊断的结论是新的发展起点而不是评价的终结。要把诊断功能与改进功能紧密结合，充分发挥礼仪德育评价的诊断与改进功能。

2. 导向和激励功能

在评价活动中，评价者通常先要根据国家和社会的需要来提出评价标准。评价对象则努力满足评价标准的要求，这就使得评价标准成为评价对象前进的方向，进而对整个教育工作发挥导向作用。通过评价，评价对象可以看到自己的成就和不足，发现问题并找到原因，从而激励和调动评价对象的积极性和主动性，促使教育过程得以优化。

（1）导向功能

礼仪德育是以教育目的为导向的，这种导向功能需要通过教育评价来实现。只有将教育目的转化为具体的评价标准和评价指标体系，并通过实施评价才能对具体的礼仪德育活动的价值予以肯定或否定。

现代社会是一个多元社会，教育价值也呈多元性。这决定了教育评价的导向功能比以往更为重要。教育评价的导向功能是指可以调整学校、家庭和社会的教育观念，树立正确的教育价值观进而产生预期的教育实践。不同的人对教育价值持有不同的看法，因此需要以科学的教育价值观来进行引导和统领，这需要通过评价标准将国家的教育方针和政策以一定形式表现出来，引导人们的礼仪德育价值取向和行动。评价标准的制定要切实坚持以人为本、科学发展，既要考虑国家和社会需要，又要注意满足评价对象的个体需要，以形成科学合理的礼仪德育评价。

（2）激励功能

礼仪德育评价的激励功能是指科学合理的礼仪德育评价能够激发被评价者的发展内驱力，调动他们的积极性和创造性。心理学研究表明，评价可以影响人的心理，具有激励功能，可以使人积极向上。奖赏、肯定的评价可以增强评价对象的成就感，激励其保持行为的持续性并增强发展后劲，这将成为教育活动的发展动力；惩罚、否定的评价则会促使评价对象反思教育过程，并根据评价结果及改进方案，对礼仪德育中存在的不足进行改进。

如何发挥好礼仪德育评价的激励功能，切实激发评价对象的内部动机，是评价者需要高度重视的问题。有必要将评价过程打造成评价对象展示的平台和机会，鼓励评价对象充分展示自我，以便获得更多的赞赏进而形成激励。实施评价的过程中经常要将评价对象与评价标准进行比较，而且往往是将多个评价对象同时与评价标准进行比较，以此确定每一个评价对象在群体中所处的位置。这种方式具有较强的激励功能，但同时也可能由于排名次而伤害后进生的自尊心和进取心。为此，要对评价过程做科学设计，以便正确发挥激励功能。

（3）礼仪德育评价要发挥好导向与激励功能

要注意把握好评价标准及评价指标的方向性。评价标准、评价指标集中体现着教育评价的导向功能。有什么样的评价标准，就会形成什么样的教育，相应就会出现什么样的结果。要建立科学的评价标准和指标体系，就必须准确把握教育教学规律，洞察教育教学实践中存在的问题及其特点，顺应未来教育发展的大趋势，以符合新时代礼仪德育实践和社会发展需求。

要努力提高评价的客观性和评价结果的合理性。在制定评价标准过程中，要遵循客观性原则。只有符合规律的客观的评价标准，才能激发被评价者的内在动力，切实发挥好激励功能。与此相对应，评价结果的解释也需要完善合理。只有让被评价者正确认识到自己的优点与长处，才会获得心理上的满足感并保持进步的动力；同时，让被评价者正确认识自己的问题和不足，才能有的放矢加以改进，推动礼仪德育过程不断优化。

3. 反馈与调节功能

（1）反馈功能

礼仪德育评价的反馈功能指的是礼仪德育评价主体将有目的、有针对性的评价信息传递给评价对象并收集反馈信息，在信息循环过程中评价双方的行为不断得以修正，进而实现对整个礼仪德育活动的调控。

礼仪德育评价能否如期实现其反馈功能，取决于评价信息的传输渠道是否通畅、传递的信息是否真实可靠、行为的调控是否及时等。要发挥好礼仪德育评价的反馈功能，需要为信息的传递与返回提前做好准备，建立高效的信息传输渠道和可行的修正程序。

（2）调节功能

礼仪德育评价的调节功能指的是通过对评价结果的反馈，让被评价者认识到自身优势与不足，进而对自身参与的教育过程进行调整以促进其发展。

要发挥好礼仪德育评价的调节功能，既要准确聚焦礼仪德育活动中存在的问题，又要把这些问题以恰当方式反馈给评价对象，促使其对自身行为进行调整。只有以科学、妥当、富有建设性的方式将评价结果反馈给被评价者，并获得最大限度地认同和接受，才能使其对礼仪德育活动形成客观、全面、准确的认识，并对自己的礼仪德育过程进行调节和修正。

（3）礼仪德育评价要发挥好反馈与调节功能

首先，要注意反馈与调节的及时性。礼仪德育评价过程中要采集并及时反馈有用信息，以便评价对象据此及时做出调整，确保礼仪德育活动朝着预期目标不断趋近。

其次，要倡导民主、平等的评价方式。评价双方要在民主、平等、尊重和互利基础上进行对话，以便评价对象接受评价结果并据此调节和完善礼仪德育活动。

三　礼仪德育评价的原则与流程

（一）礼仪德育评价的原则

礼仪德育评价事关整个礼仪德育优化的过程，科学、合理的评价会对礼仪德育优化起到巨大的推动作用，反之，非但不能推动礼仪德育实践，反而有可能给礼仪德育带来负面影响。因此，礼仪德育评价必须遵循一定的原则，以免因滥用或误用评价而导致礼仪德育出现不应有的问题。

1. 发展性原则

礼仪德育评价的首要原则是发展性原则，也就是礼仪德育评价不是为评价而评价，而是要以促进发展为目标，要坚持评价与发展相结合。坚持发展性原则，礼仪德育评价应做到以下几点。

（1）处理好长期效益与近期成效的关系

"十年树木，百年树人"，礼仪德育的效果往往不是在短时间内立即显现的，需要在特定条件下、具体环境中才能显露出来，是一个由量变到质变循环往复、螺旋上升的过程。在这一过程中，既不能过于强调教育效果的长期性而忽视近期成效，也不能片面追求近期的速成而导致将礼仪德育狭隘化为简单的行为训练。要坚持长期效益与短期效益相结合，处理好量变与质变的关系，片面强调一方都将导致礼仪德育异化。

（2）处理好外力牵引与内力驱动的关系

要始终坚持内因与外因相结合的观点，将内因作为变化发展的依据，同时重视外因的条件作用。因此，礼仪德育评价给出的发展建议作为外因必须科学、合理，要建立在客观评价的基础之上，同时要具体明确、切中要害，避免"瞎指挥"。提出建议时，要充分尊重被评价者的自主权，要给评价对象留出思考和选择的空间，切忌强制要求。只有充分激发评价对象的内驱力和发展热情，才能圆满实现评价目标。

2. 科学性原则

礼仪德育评价的科学性原则就是评价过程的每个环节都要符合科学性要求，包括确定评价标准和指标体系、编制并实施评价方案、提交评价结论等。坚持科学性原则，礼仪德育评价应做到以下几点。

（1）从客观实际出发提出科学合理的评价标准和指标体系

设计出科学的评价方案及实施程序，并运用正确的评价方法、评价工具和技术来完成评价，最终形成科学合理的评价结果。

（2）将定性分析与定量分析相结合

要从评价对象的实际出发，把定性评价和定量评价统一起来，并在总体上以定性评价为主、定量评价为辅。这是由礼仪德育的特点决定的。切忌片面强调定性评价而忽视定量评价，也不能不顾礼仪德育自身的特点生硬地将难以量化的评价指标强行量化。

（3）将结果评价和过程评价相结合

结果评价注重活动告一段落时的效果，过程评价注重发展过程。过程评价与结果评价相结合，才能形成更为全面、合理的评价结果。根据礼仪德育的特点，在二者的结合过程中总体上要更加注重过程评价，但也不能忽视结果评价。

（4）坚持评价的综合性

礼仪德育是一个由多要素构成的综合体。因此，要将礼仪德育的评价对象作为一个整体，对各个评价要素进行多侧面、多层次、全方位评价，切忌以偏概全、以局部替代整体。

（5）坚持增值性评价与标准化评价相结合

既要考察礼仪德育评价对象纵向上的成长进步过程，做好增值性评价；也要对全体被评价者所达到的标准进行客观权衡，做好标准化评价。任何偏颇一方的做法都是不科学的。

3. 客观性原则

礼仪德育评价的客观性原则是指评价过程和评价结果都符合客观实际、实事求是。坚持客观性原则，礼仪德育评价应做到以下几点：

（1）注重调查研究

要通过多渠道、多形式全面收集资料，从而保障评价信息在来源上的客观性。切忌以偏概全、偏听偏信。

（2）整理和分析资料要客观准确

要力戒个人主观偏见或情感因素对分析过程的干扰，切忌放大或缩小客观事实，以便明察真相，洞悉原因，以客观事实为基础正确分析和把握问题。

（3）评价结论要客观

做出评价结论时也要力戒主观，谨防以主观印象代替客观评定。要以事实为依据来做评价结论。

4．可行性原则

礼仪德育评价的可行性原则是指评价方案要切实可行，评价标准及指标体系符合实际，并能为评价对象所理解和接受。坚持可行性原则，礼仪德育评价应做到以下几点。

（1）评价方案的制定要综合考虑各种客观条件

如人力、物力、财力、技术、空间和时间等。因此，在方案全面实施前有必要先在小范围内试行，以评估该方案的可行性，对完善的、切实可行的评价方案再做逐步推广。

（2）评价指标体系宜简不宜繁

切忌长篇累牍，给评价双方带来不必要的负担。

（3）评价指标要具有可操作性

评价指标就是被评价者的具体目标和努力方向，如果评价指标体系不具有操作性，则难以实施评价。如，提高受教育者的礼仪素质是礼仪德育的根本目的，但是，如果把"礼仪素质高"列为评价指标，则由于礼仪素质概念较为宽泛而难以操作。这一目标可转化为可测量的要素，分解为在各个场合、处理各种关系时所表现出的礼仪行为，从而使得评价指标具有可操作性。

（二）礼仪德育评价的流程

评价流程也就是评价实施的整个过程。根据工作任务、目标和工作重点的不同，通常认为一个完整的评价流程包含三个阶段，也就是准备阶段、组织实施阶段和结果处理阶段[1]。在第四代评估方法论指导下，有学者将一个完整的评估分成了 12 个步骤[2]。这些步骤看似以线性依次排序，但各个步骤之间并非严格的承接或递进关系，在不同的评价过程中各环节

① 胡德海：《教育学原理》，人民教育出版社 2013 年版，第 502 页。
② ［美］古贝、林肯：《第四代评估》，秦霖、蒋燕玲等译，中国人民大学出版社 2008 年版，第 185 页。

经常多次往复，有时也会跳过一些环节。12 个步骤如图 8-1 所示。

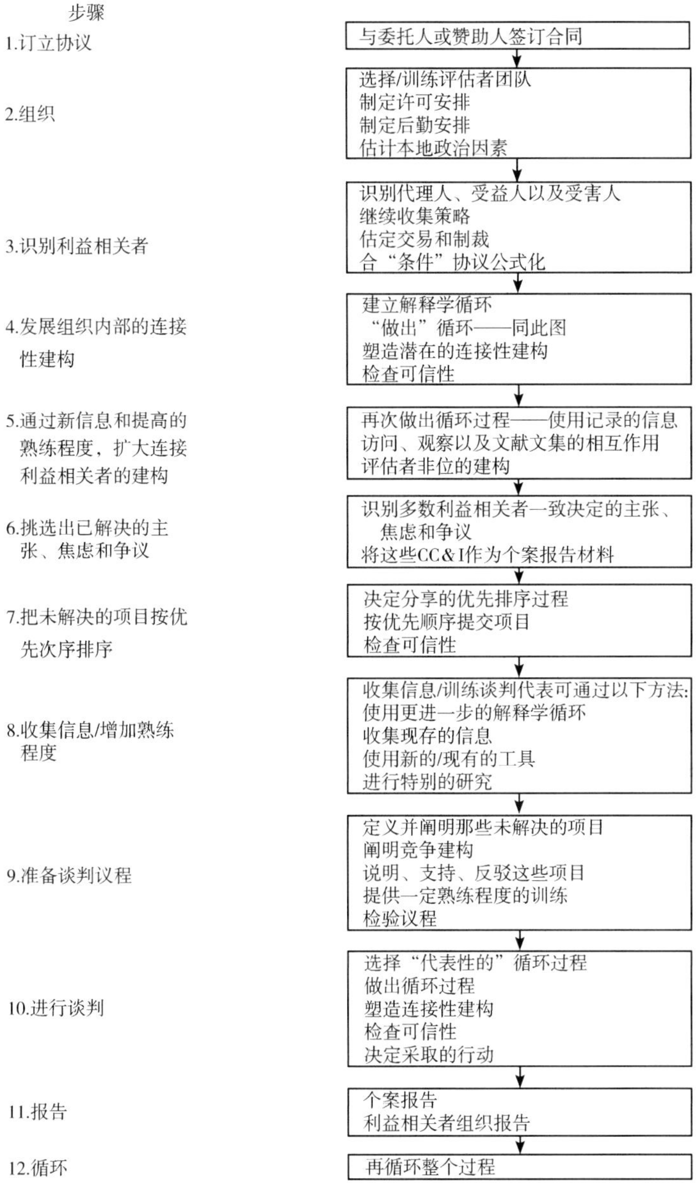

步骤

1.订立协议 —— 与委托人或赞助人签订合同

2.组织 —— 选择/训练评估者团队
制定许可安排
制定后勤安排
估计本地政治因素

3.识别利益相关者 —— 识别代理人、受益人以及受害人
继续收集策略
估定交易和制裁
合"条件"协议公式化

4.发展组织内部的连接性建构 —— 建立解释学循环
"做出"循环——同此图
塑造潜在的连接性建构
检查可信性

5.通过新信息和提高的熟练程度，扩大连接利益相关者的建构 —— 再次做出循环过程——使用记录的信息
访问、观察以及文献文集的相互作用
评估者非位的建构

6.挑选出已解决的主张、焦虑和争议 —— 识别多数利益相关者一致决定的主张、焦虑和争议
将这些CC&I作为个案报告材料

7.把未解决的项目按优先次序排序 —— 决定分享的优先排序过程
按优先顺序提交项目
检查可信性

8.收集信息/增加熟练程度 —— 收集信息/训练谈判代表可通过以下方法：
使用更进一步的解释学循环
收集现存的信息
使用新的/现有的工具
进行特别的研究

9.准备谈判议程 —— 定义并阐明那些未解决的项目
阐明竞争建构
说明、支持、反驳这些项目
提供一定熟练程度的训练
检验议程

10.进行谈判 —— 选择"代表性的"循环过程
做出循环过程
塑造连接性建构
检查可信性
决定采取的行动

11.报告 —— 个案报告
利益相关者组织报告

12.循环 —— 再循环整个过程

图 8-1　第四代评估流程①

① ［美］古贝、林肯：《第四代评估》，秦霖、蒋燕玲等译，中国人民大学出版社 2008 年版，第 187 页。

综合学界对评价流程的核心观点，结合礼仪德育评价实际，我们将礼仪德育评价概括为五个步骤。

1. 确定评价目的

人类实践是有目的有意识的，礼仪德育评价实践首先要做的就是明确评价目的，也就是解决"为什么评"的问题。评价目的统领评价活动的全过程，是评价活动的出发点和最终归宿。有什么样的评价目的，就有什么样的评价目标和手段。不同的评价目的决定了具体的评价任务、评价范围、评价工具以及处理和利用资料的方式。

礼仪德育评价目的具有多样性，大体包括促进学习、加强管理、改善决策等。

2. 确定评价对象和评价活动的组织方案

根据不同的评价目的，确定评价对象和评价活动的组织方案，也就是解决"谁来评"以及"评什么""怎么评"的问题。具体包括以下几点。

（1）确定评价对象

明确评价对象，也就是确定所要评价的对象是教师、学生、学校还是教育行政部门，是评价礼仪德育质量还是礼仪德育管理水平等。

（2）确定评价类型

明确该评价是结果评价还是过程评价，是增值性评价还是标准化评价，是自评还是他评等。

（3）确定评价活动的组织方案

也就是明确参与评价的人员、时间、地点、操作流程等。

3. 提出评价内容、评价标准并建立评价指标体系

在确定了评价目的、评价对象和评价范围后，应进一步确定具体的评价内容和评价标准，并建立评价指标体系，也就是解决"以什么来评"的问题。礼仪德育评价内容通常与礼仪德育目标相一致，评价标准根据评价对象以及时间地点和条件的不同而有所差异。要在评价目的的统领下，针对不同的评价对象和具体条件将评价目标分解为可操作的评价指标体系。各指标项目应当内涵明确、外延清晰，具有较高的区分度，表述方式严密而又简洁。还要根据指标的属性明确评价方法，如是质性评价还是量化评价等。

4. 收集和处理评价信息，形成评价意见

收集评价资料是实施评价的实质性环节，也是进行评价的依据。评价

工具的选择是评价资料收集过程中最为重要的工作。只有评价工具符合评价的目标要求并适合评价对象的特点，才能提高信息收集工作的有效性。例如，根据礼仪德育评价内容和评价标准制定详略得当的《学生礼仪行为观察记录表》，应作为观察学生礼仪行为并评估其礼仪素质的得力工具。评价者应根据评价指标体系，遵照评价标准，运用评价工具，较为全面、客观、详尽地逐项收集资料，以提高资料的有效性。

对收集到的评价资料进行处理，既要验证真伪、核实检查，确认资料真实可靠有效，又要进行筛选、比对和分类。要经过去粗取精、去伪存真的加工过程，将那些反映本质和规律的评价资料精选出来，并加以分类、梳理，以便给出客观公正、富有建设性的评价结论，形成评价报告，提出评价意见。

5. 评价结果的解释与利用

评价结果的解释与利用是单次评价的最后一环，具有衔接、转化与改进功能[①]。通过评价结果的解释与利用，评价的价值才能最终得以实现。

礼仪德育评价结果的解释，是站在礼仪德育主体的立场上展开的针对问题的分析和为了改进的分析。当前实践中，评价结果的解释环节在整个评价流程中处于相对较低的地位，这是造成评价的实际效用偏低的重要原因。为此，新时代礼仪德育评价要致力于提高评价主体对评价结果的解释能力，将评价结果解释能力作为对评价者的核心要求之一，力求评价效益最大化。

评价结果反馈是评价结果解释的核心环节。评价结果反馈的呈现方式应具有多样性，以符合不同评价对象的自身特点。如对于学校和管理机关的评价结果反馈方式比较适合采用完整、正式的评价报告，对于礼仪德育教师的评价结果反馈可能比较适合谈话，而对于学生的评价不妨更为灵活和富有感染力，可以为单个学生量身定制一封信，或对获得优秀评价结果的学生进行公开表彰奖励等。以多样的呈现方式对评价结果进行解释，相当于辨证施治，有助于调动被评价者的积极性，切实发挥评价的引领、导向、转化和改进作用。

总之，礼仪德育评价是礼仪德育实践的重要环节。只有切实做好礼仪德育评价，礼仪德育实践才能健康有序科学发展，最终实现礼仪德育功能的最大化。

---

① 王薇：《学校评价结果的解释模型研究》，教育科学出版社 2018 年版，第 6 页。

主要参考文献

一 经典文献与文件报告

菏泽市教育局：《关于在全市中小学生中开展文明礼仪德育活动的实施方案》，2007 年 2 月 7 日。

教育部：《关于印发〈中小学文明礼仪教育指导纲要〉的通知》，教育部办公厅 2010 年 12 月 30 日。

教育部：《教育部关于印发〈中小学心理健康教育指导纲要（2012 年修订）〉的通知》，教育部办公厅 2012 年 12 月 18 日。

教育部：《教育部关于整体规划大中小学德育体系的意见》，教育部办公厅 2005 年 4 月 20 日。

《马克思恩格斯文集》（第一卷），人民出版社 2009 年版。

《马克思恩格斯选集》，人民出版社 1995 年版。

新华社：中共中央办公厅、国务院办公厅印发《关于规范国歌奏唱礼仪的实施意见》，2014 年 12 月 12 日。

新华社：中共中央办公厅国务院办公厅印发《关于实施中华优秀传统文化传承发展工程的意见》，2017 年 1 月 25 日。

新华社：中共中央办公厅国务院办公厅印发《国家"十三五"时期文化发展改革规划纲要》，2017 年 5 月 27 日。

原国家教委：《关于施行〈中华人民共和国国旗法〉 严格中小学升降国旗制度的通知》，国家教育委员会 1990 年 8 月 24 日。

原国家教委：《国家教委关于颁发〈中小学德育工作规程〉的通知》，国家教育委员会 1998 年 3 月 16 日。

中共北京市委教育工作委员会、北京市教育委员会：《关于印发2005—2008 年首都青少年学生"情系奥运，文明礼仪伴我行"主题宣传教育实践活动实施方案和 2005 年校园礼仪——"文明礼仪伴我行"主题宣传教育实践活动计划的通知》，2005 年 1 月 14 日。

中共中央：《公民道德建设实施纲要》，学习出版社 2001 年版。

中共中央：《中共中央关于构建社会主义和谐社会若干重大问题的决定》，人民出版社 2006 年版。

中共中央：《中共中央关于社会主义精神文明建设指导方针的决议》，人民出版社 1986 年版。

中共中央、国务院：《新时代公民道德建设实施纲要》，载中国法制出版社编《〈新时代爱国主义教育实施纲要〉〈新时代公民道德建设实施纲要〉》，中国法制出版社 2019 年版。

中共中央文献研究室：《中共中央关于加强社会主义精神文明建设若干重要问题的决议》，载中共中央文献研究室编《社会主义精神文明建设文献选编》，中央文献出版社 1996 年版。

中共中央文献研究室：《中共中央宣传部、教育部、文化部、卫生部、公安部关于开展文明礼貌活动的通知》，载中共中央文献研究室编《社会主义精神文明建设文献选编》，中央文献出版社 1996 年版。

二　中国传统典籍

（春秋）孔丘编订：《诗经》，北京出版社 2006 年版。

（春秋）孔子：《论语》，载王国轩等译《四书》，中华书局 2007 年版。

（春秋）左丘明：《春秋左传正义》，（晋）杜预注，（唐）孔颖达疏，《十三经整理委员会》整理《十三经注疏之七》，北京大学出版社 2000 年版。

（战国）管子：《管子》，上海古籍出版社 2015 年校点本。

（战国）孟子著，万丽华、蓝旭译注：《孟子》，中华书局 2007 年版。

（战国）荀子著：《荀子》，安小兰校注，中华书局 2008 年版。

（战国）荀子著：《荀子》，孙安邦、马银华译注，山西古籍出版社 2003 年版。

（战国）韩非子著，徐翠兰、木公注：《韩非子——中国家庭基本藏书·诸子百家卷》，山西古籍出版社 2003 年版。

（西汉）戴圣编纂：《礼记》，胡平生、张萌译注，中华书局 2017

年版。

（西汉）董仲舒：《天人三策》，载陈蒲清校注《春秋繁露天人三策》，岳麓书社 1997 年版。

（东汉）班固：《汉书·礼乐志第二》，中华书局 2007 年版。

（东汉）许慎：《说文解字》，（宋）徐铉等校，上海古籍出版社 2007 年版。

（北宋）李觏：《礼论第六》，载王国轩点校《李觏集》，中华书局 2011 年版。

（北宋）司马光：《资治通鉴》，中华书局 2007 年版。

（南宋）王应麟等著：《三字经·百家姓·千字文》（国学典藏），吴蒙标点本，上海古籍出版社 2017 年版。

（元）汪大渊著：《岛夷志略·龙牙门》，苏继庼校释，中华书局 1981 年版。

（清）颜元：《习斋记余卷一·〈代族人贺心洙叔仲子吉人入泮序〉》，载王星贤、张芥尘、郭征点校《颜元集》，中华书局 1987 年版。

（清）陈宏谋：《诸儒论小学》，载《五种遗规》译注小组译注《养正遗规译注》，中国华侨出版社 2012 年版。

（清）戴凤仪纂：《诗山书院志》，厦门大学出版社 1995 年版。

方韬译注：《山海经》，中华书局 2011 年版。

何九盈、王宁、董琨：《辞源》（第三版），商务印书馆 2015 年版。

李学勤主编：《十三经注疏·仪礼注疏·士冠礼》，《十三经注疏》整理委员会整理《十三经注疏注疏之五》，北京大学出版社 1999 年版。

钱伯城：《国学经典导读〈韩愈文集〉》，中国国际广播出版社 2011 年版。

汤勤福、王志跃：《宋史礼志辩证》，上海三联书店 2012 年版。

三　当代中国学术著作

陈万柏、张耀灿：《思想政治教育学原理》，高等教育出版社 2015 年版。

成晓军：《曾国藩与中国近代文化》，湖南出版社 2006 年版。

单中惠：《西方教育思想史》，教育科学出版社出版 2007 年版。

单中惠：《西方教育学名著提要》，江西人民出版社 2000 年版。

范树成：《德育过程论》，中国社会科学出版社 2004 年版。

范莹、王子弋、卢隽美：《礼仪基础》，华东理工大学出版社 2006 年版。

冯文全：《现代教育学新论》，电子科技大学出版社 2007 年版。

冯增俊：《当代西方学校道德教育》，广东教育出版社 1993 年版。

冯增俊、王学风、马建国：《亚洲"四小龙"学校德育研究》，福建教育出版社 1998 年版。

龚海泉：《当代大学德育史论》，华中师范大学出版社 1997 年版。

顾明远：《教育大辞典》，上海教育出版社 1990 年版。

顾希佳：《礼仪与中国文化》，人民出版社 2001 年版。

广东省陶行知研究会：《一代宗师——陶行知诞生 100 周年纪念文集》，广东教育出版社 1993 年版。

胡德海：《教育学原理》，人民教育出版社 2013 年版。

胡锐：《现代礼仪教程》，浙江大学出版社 1995 年版。

黄菊良：《大学生礼仪修养》，华东师范大学出版社 2007 年版。

贾永堂：《大学素质教育：理论建构与实践审视》，华中科技大学出版社 2006 年版。

蒋璟萍：《礼仪的伦理学视角》，中国社会科学出版社 2007 年版。

匡亚明：《孔子评传》，南京大学出版社 1990 年版。

李建军、俞慧霞：《与客户有效沟通的 N 个技巧》，中国纺织出版社 2006 年版。

李满苗、张和仕、赵美珍等：《大学素质教育论纲》，江西教育出版社 1999 年版。

李荣建：《华夏文化与文明礼仪》，中国三峡出版社 2006 年版。

李树青、王贺兰：《礼仪课堂》，河北少年儿童出版社 2005 年版。

李水海：《世界伦理道德辞典》，陕西人民出版社 1990 年版。

林崇德：《品德发展心理学》，陕西师范大学出版社 2014 年版。

刘连兴、王景平、张美君：《大学生礼仪修养》，山东大学出版社 2004 年版。

刘明翰、刘丹忱、刘苏华：《文艺复兴时代的教育思想家》，山东教育出版社 2006 年版。

鲁洁、王逢贤：《德育新论》，江苏教育出版社 1994 年版。

陆辉编译：《日本住友银行经营管理方法》，中国人民银行外事局、干部学校 1984 年编印。

罗国杰：《中国伦理学百科全书·伦理学原理卷》，吉林人民出版社 1993 年版。

马征：《多维视野中的礼仪文化》，天津社会科学院出版社 1996 年版。

毛礼锐、瞿菊农、邵鹤亭：《中国古代教育史》，人民教育出版社 1997 年版。

彭林：《礼乐人生——成就你的君子风范》，中华书局 2006 年版。

邱伟光、张耀灿：《思想政治教育学原理》，高等教育出版社 1999 年版。

桑新民：《呼唤新世纪的教育哲学》，教育科学出版社 1993 年版。

沈之兴、张幼香：《西方文化史》（第二版），中山大学出版社 1999 年版。

石佩臣：《教育学基础理论》，教育科学出版社 2018 年版。

时蓉华：《社会心理学词典》，四川人民出版社 1988 年版。

宋铮主编、查向红编：《让孩子出类拔萃：西方家庭教育成功之谜》，线装书局 2005 年版。

孙鼎国：《西方文化百科》，吉林人民出版社 1991 年版。

孙鼎国主编：《西方文化百科辞典》，吉林人民出版社 2006 年版。

孙双锐主编：《商业银行营销管理》，兰州大学出版社 1999 年版。

檀传宝：《学校道德教育原理》，教育科学出版社 2003 年版。

汤勤福、王志跃：《宋史礼志辩证》，上海三联书店 2012 年版。

陶西平：《教育工作博览》，北京工人大学出版社 1994 年版。

陶行知研究会编：《陶行知文集》，江苏教育出版社 2008 年版。

陶愚川：《中国教育史比较研究》（近代部分），山东教育出版社 1985 年版。

王金玲、王艳府：《图说礼仪》，重庆出版社 2008 年版。

王薇：《学校评价结果的解释模型研究》，教育科学出版社 2018 年版。

王玄武、骆郁廷：《思想教育·政治教育·道德教育比较研究》，武汉大学出版社 2002 年版。

韦政通：《中国思想史》，吉林出版集团有限责任公司 2009 年版。

武春华主编、张海涛编著：《国外家庭素质教育研究报告：让你的孩子超过美国人》，北京工业大学出版社 2001 年版。

谢朝晖：《海湾雄狮——斯瓦兹科普夫》，东方出版社 1995 年版。

谢谦编著：《国学词典》，中国人民大学出版年 2011 年版。

杨东平：《富贵与高贵》，载严文斌主编《我的财富观》，中国经济出版社 2005 年版。

杨志刚：《中国礼仪制度研究》，华东师范大学出版社 2001 年版。

袁桂林：《外国教育史》，东北师范大学出版社 1995 年版。

翟中杰：《网络思想政治教育过程导论》，人民日报出版社 2017 年版。

郑传芳：《邓小平理论学习与研究》，海风出版社 2001 年版。

中共中央党史研究室：《中国共产党历史（1949—1978）》，中共党史出版社 2011 年版。

钟敬文主编：《中国礼仪全书》，安徽科学技术出版社 1997 年版。

周寰：《点击网络文明》，中国城市出版社 2001 年版。

周青青：《中国民间音乐概论》，人民音乐出版社 2003 年版。

朱燕：《现代礼仪学概论》，清华大学出版社 2006 年版。

四　译著

［日］川西茂：《成功的三个周期》，王文博、罗雪梅译，金城出版社 2007 年版。

［英］弗兰西斯·培根：《世事箴言——培根论说文集》，王义国译，中国广播电视出版社 2000 年版。

［美］古贝、林肯：《第四代评估》，秦霖、蒋燕玲等译，中国人民大学出版社 2008 年版。

［美］卡扎米亚斯、马西亚拉其：《教育的传统与变革》，福建师范大学教育系、杭州大学教育系等合译，王承绪校，文化教育出版社 1981 年版。

［美］罗伯特·G.欧文斯：《教育组织行为学》，窦卫霖等译，华东师范大学出版社 2001 年版。

［法］孟德斯鸠：《论法的精神》，商务印书馆 2012 年版。

［俄］普列汉诺夫：《没有地址的信：艺术与社会生活》，曹葆华译，人民文学出版社 1962 年版。

［日］吾妻重二著、吴震编：《朱熹〈家礼〉实证研究》，吴震、郭海良等译，华东师范大学出版社 2011 年版。

［美］伊迪丝·汉密尔顿：《希腊方式——通向西方的文明源流》，徐齐平译，浙江人民出版社 1988 年版。

［英］约翰·洛克：《教育漫话》，傅任敢译，人民教育出版社 2005 年版。

五 论文

察哈尔学会：《关于恢复设立国家典礼局的建议》，载察哈尔学会《2011—2018 年察哈尔圆桌论坛资料合集》，2019 年。

陈昌灵：《青少年网络交往行为分析及其引导》，《思想理论教育》2003 年第 1 期。

陈卓：《重建新时代的文化礼仪——中国人要过中国节》，《美与时代》2008 年 2 月。

洪奕宜：《全国政协委员、全国政协外事委员会副主任、察哈尔学会主席韩方明建议：恢复设立国家典礼局》，《南方都市报》2015 年 3 月 6 日。

胡中锋、董标：《教育评价：矛盾与分析——在基础教育新课程改革的观照下》，《课程·教材·教法》2005 年第 8 期。

黄炜、陈芳其：《苏霍姆林斯基论校园环境建设》，《外国教育研究》2003 年第 6 期。

黄宇菲：《我国国家勋章和国家荣誉称号制度的创制性实践》，《中国人大》2019 年第 18 期。

蒋含真：《高职院校礼仪文化育人目标体系建构与实践策略》，《职教论坛》2014 年第 17 期。

蒋璟萍、熊锦：《成教学生礼仪素质培养的目标内容及其实现途径》，《中国劳动关系学院学报》2008 年第 8 期。

雷容丹、韦成全、李艳霞等：《大专护生职业礼仪素质培训模式的实践》，《中华护理杂志》2008 年第 10 期。

林琳：《浅谈孔子德育培养目标对培育初等教育专业教师礼仪素养的

启示》，《吉林广播电视大学学报》2017 年第 4 期。

刘恩东：《国外对网络内容的监管与治理》，《理论导报》2019 年第 6 期。

刘汉生：《当代社会青少年礼仪教育的缺失及重构》，《教育与职业》2008 年第 3 期。

刘五驹：《学生作为教育评价主体的意义分析》，《教育导刊》2012 年第 3 期。

刘志琴：《礼——中国文化传统模式探析》，《天津社会科学》1987 年第 6 期。

柳斌：《三谈关于素质教育的思考》，《人民教育》1996 年第 9 期。

龙应台：《为什么需要人文素养？》，《中国青年》2011 年第 8 期。

彭雨、管宁：《韩国、美国高校道德教育特色与启示》，《洛阳大学学报》2006 年第 3 期。

秦俊峰：《德国：礼仪课帮学生改恶习》，《小读者》2006 年第 2 期。

上海市工商局浦东新区分局赴欧考察团：《构筑五项基础加强网络经营监管——德国、瑞士网络监管的启示》，《中国工商管理研究》2005 年第 12 期。

沈林：《韩国注重网络礼仪提倡文明用语关闭非法论坛》，《环球时报》2006 年 1 月 19 日。

檀传宝：《论德育的功能》，《中国德育》2008 年第 9 期。

唐湘岳、李憬：《岳阳家规家训传承文明》，《光明日报》2003 年 4 月 20 日。

王海平：《江苏靖江全国首征家规家训》，《新民晚报》2006 年 8 月 15 日。

王涛、谭菲：《韩国当代中小学道德教育的历史变迁与德育课程改革历程》，《出国与就业》（就业版）2010 年第 21 期。

吴恺：《我国大学生创新创业教育的运行机理》，《中共山西省直机关党校学报》2017 年第 5 期。

武传君、杨江民、周文宣：《思想政治教育中教育者与受教育者互动运行机理分析》，《安康学院学报》2007 年第 1 期。

项久雨：《思想道德教育价值评价的主体与客体》，《南京师范大学学报》（社会科学版）2002 年第 5 期。

晓闻:《构建家庭礼仪文化》,《价格与市场》1997 年第 2 期。

肖新发:《评价要素论》,《武汉大学学报》(人文科学版) 2004 年第 5 期。

谢苗枫、王健:《最想得到是红包　最中意圣诞老人》,《南方日报》2009 年 1 月 22 日。

徐靖、赵琳琳、王飞等:《政协委员张晓梅:将礼仪课程纳入素质教育范围》,《广州日报》2010 年 3 月 4 日。

许立群:《中华礼仪之活——清华大学教授彭林访谈》,《人民日报》2007 年 5 月 15 日。

薛新芝:《幼儿文明礼仪教育目标体系的构建与实践路径》,《兵团教育学院学报》2015 年第 3 期。

杨爱琴:《以行为养成为目标的大学生礼仪教育》,《现代交际》2012 年第 5 期。

杨立雄:《从实验室到虚拟社区:科技人类学的新发展》,《自然辩证法研究》2001 年第 11 期。

杨志刚:《"礼下庶人"的历史考察》,《社会科学战线》1994 年第 6 期。

杨志刚:《中国礼学史发凡》,《复旦大学学报》(社会科学版) 1995 年第 6 期。

姚礼萍:《如何提高大学生的礼仪修养素质——对当代大学生礼仪情况的调查》,《安徽商贸职业技术学院学报》2007 年第 1 期。

曾昭皓:《德育动力机制研究》,博士学位论文,陕西师范大学,2012 年。

翟天山:《学校德育的有效性问题初探》,《华中师范大学学报》(哲学社会科学版) 1992 年第 2 期。

张晓松:《"大礼仪之争"对明代史学的影响》,《漳州师院学报》1997 年第 1 期。

张奕:《高职服务类专业礼仪教学与职业素养教育分析》,《管理观察》2020 年第 18 期。

赵克生:《童子习礼:明代社会中的蒙养礼教》,《社会科学辑刊》,2011 年第 4 期。

朱全弟、李圆圆、郑小春:《家庭和睦要讲"勤礼孝"　农家挂上

"家规家训"牌匾》,《新民晚报》2006年12月17日。

六　电子文献

新华社:《中央深改委审议通过〈深化新时代教育评价改革总体方案〉》,2020年7月1日,中国教育在线,https://www.eol.cn/news/yaowen/202007/t20200701_1736125.shtml。

张演钦、李宜航等:《粤籍人大代表建议尽快制定〈礼典〉规范礼仪》,2005年3月12日,搜狐网,http://news.sohu.com/20050312/n224659876.shtml。

中华人民共和国国家互联网信息办公室:《第46次〈中国互联网络发展状况统计报告〉》,2020年9月29日,中国网信网,http://www.cac.gov.cn/2020-09/29/c_1602939918747816.htm。

中央广电总台央视新闻:《习近平的新春牵挂》,2019年2月4日,CNR,http://news.cnr.cn/native/gd/20190204/t20190204_524503358.shtml。

后　记

"礼仪德育论"一词首次出现在我的脑海，至今已将近 15 个年头。

那时候，我博士入学不久，就博士论文选题问题向导师和导师组求教。

"你的这个礼仪问题，和我们马克思主义理论与思想政治教育专业有什么关系？"

导师组如此发问，令我心里隐隐不安。记得当时我用升旗仪式问题做了简要解释，老师听后只是略点了一下头，未有下文。时至今日，老师那一刻的神情我仍然不能全部读懂。仔细琢磨，是虽勉强认可了我的选题方向，还是为我能否完成这篇论文而深深担忧？

果不其然，写作过程中遇到的最大困难是查不到具有较高相关性的文献。好在我的导师范树成教授不但一直支持我的研究方向，而且在很多细节上给予指导帮助。记得 2007 年岁末的一天，我突然接到范老师的电话，"王贺兰，我看到一本你需要的书"，我赶紧放下手头的工作，手忙脚乱急奔新华书店。如今回想那一刻，一向气定神闲、处变不惊的范树成教授见到我急需的文献时，该是一种怎样的欣喜？

由于实践和理论基础都不够成熟，原本打算作为博士论文的《礼仪德育论》于 2009 年搁浅，换作以《当代中国青少年礼仪教育的反思与建构》为题，跌跌撞撞完成了博士研究。令我欣慰的是，该文目前在中国知网的下载量已达 8000 余次，被引几十次，可见礼仪教育在理论研究和实践探索上都在大踏步前进。

2010 年 6 月 5 日，对于我来说是不寻常的一天：博士毕业论文答辩。答辩委员会主席是一位陌生但慈祥、目光睿智的长者——后来才知道，他是中国社会科学院马克思主义研究院教授、博士生导师侯惠勤先生。侯先生对我的博士论文的点评令我醍醐灌顶，几乎快要放弃继续深入研究的信念被他重新点燃。经激烈角逐，终于得到追随他从事博士后研究的机会，从意识形态和社会主义核心价值体系建设的视角重新审视礼仪和礼仪教育问题，确定《礼仪的意识形态功能研究》一题。

在开题报告会上，赵智奎老师有些激动地对我说"王贺兰，从你的开题报告，我能感受到你的一腔热血，你有一个宏愿……但是，做起来不容易，别让自己太辛苦！"辛向阳老师语重心长劝诫我"你这个选题，有点太晚了，又有点太早了……先写几篇论文试试，实在写不下去的时候可以换"。胡乐明老师告诉我，"选题非常有价值。建议你借鉴一些制度经济学的观点，需要的时候我可以给你一些支持"。散会后，翟胜明老师和我议论研究选题，轻声感叹"这题目？你应该是第一个，不容易！"……两年多的博士后研究过程中，各位老师多次对我的研究进行指导、校正、勘误、推动。有幸融入这一团队，时光虽然短暂，但却终身受益。

转眼之间，我博士毕业已经十载有余，博士后出站已经七八年。虽然近年来四处奔波，但始终未曾放下那份执念。为此，在范树成教授的督促下，我对博士论文进行大篇幅修改，并吸取了博士后研究报告的部分观点，最终形成了《礼仪德育论》。

由于视野和阅历所限，研究过程中即便付出再多的努力，也未必能够产出理想的研究成果。文中依然有不在少数的疏漏和不足，恳请海涵。

衷心感谢在我研究过程中给予大力支持的张继良教授、李建强教授、王莹教授、田秀云教授、肖贵清教授、李士菊教授、齐守印教授、王凤鸣教授、张骥教授、王玉平教授、周振国教授、李树青教授、冯秀军教授、李素霞教授、王军教授、任广浩教授、陶艳华教授、孙燕山教授、储秀彦教授、谢有光教授、陈晓玉教授、赵忠祥教授、薛德合教授、白国红教授、王计军副教授、王昕副教授、葛兆爽副教授、杨文圣博士、徐文华博士、岳雪侠博士、郭冬梅博士、王利迁博士、强晨博士、冯惠遵副研究馆员、杨琨副研究馆员、白彦兵老师和杜凌飞老师，以及基础教育领域的李自生、刘万金、裴东业、马庆荣、王娣、赵宇、张燕、张红梅、于桂霞、冯立学、刘金花、刘明丽、秦保红、田运隆、米秉玺、周囡等朋友。

最后，我想把此书献给我挚爱的家人，无数次跌跌撞撞后让我依然选择义无反顾地坚持，根源在于亲人们数十年如一日的理解、陪伴与支持。

那份从未言说却一直涌动的爱，给了我无形的力量和克服一切困难的信心与勇气。谢谢你们，我的家人、我的爱人、我最亲爱的孩子。

王贺兰

于阿拉伯埃及共和国首都开罗

2020 年 12 月 8 日